南通民营经济发展报告
(2021—2022)

THE DEVELOPMENT
REPORT OF
NON-STATE-OWNED ECONOMY
IN NANTONG

主编 ◎陆建新

南通市工商业联合会(总商会)
南通市工业和信息化局

中华工商联合出版社

《南通民营经济发展报告2021~2022》编委会

主　　任　刘　洪　凌　屹
主　　审　吴亚军　曹海锋
主　　编　陆建新
副 主 任　缪　晗　罗加宏　张伟其　陆志祥
　　　　　黄卫星
副 主 编　陆志祥
成　　员　范志军　范亚林　欧海东　龚庆庆
　　　　　陶　霞　张晓伟　陆　健　李仁祥
　　　　　陶道佩

序

  2021年是党和国家历史上具有里程碑意义的一年,我们迎来了中国共产党百年华诞,"十四五"实现良好开局,全面建设社会主义现代化国家开启新征程,站在"两个百年"历史交汇、"两个大局"激荡交织的关键节点,南通市再出发、阔步新征程,大事之年焕发了昂扬向上的精神状态,确立了走在前列的目标追求,展现了锐意进取的奋斗姿态,扛起了接力奔跑的使命担当,"强富美高"新南通建设步履铿锵、行稳致远。

  2021年,南通市委、市政府坚持以习近平新时代中国特色社会主义思想为指导,认真贯彻党的十九大和十九届历次全会精神,深入落实习近平总书记视察江苏重要讲话指示精神,带领勤劳勇敢的江海儿女劈波斩浪、踏波弄潮。统筹疫情防控和经济社会发展,统筹发展和安全,着力推动高质量发展,较好地完成了全年目标任务,实现了"十四五"发展良好开局。全市完成地区生产总值11026.9亿元、增长8.9%;一般公共预算收入710.2亿元、增长11.1%;全社会研发投入占地区生产总值比重2.62%;固定资产投资增长5%,社会消费品零售总额增长16.8%,进出口总额增长29.7%;城乡居民人均可支配收入分别达到57289元、29134元,增长9.2%、11.4%;居民消费价格涨幅1.8%;城镇登记失业率3%以内;完成省下达节能减排任务。

  2021年,无论是面对经济下行的"压力考",还是疫情冲击的"应急考",南通市民营经济战线深入贯彻落实南通市民营经济发展大会精神,持续坚定信心决心,不断优化营商环境,着力推进转型升级,南通民营经济充分展现出蓬勃活力和坚强韧劲,奋力开辟着高质量发展的新境界,在惊涛骇浪中挺立潮头,在栉风沐雨中书写华章。

  2021年,全市新登记私营企业5.0万家,年末累计达27.4万家;新登记私营企业注册资本2234.3亿元,年末累计注册资本17748.2亿元;全年新登记个体户9.6万户,年末累计达80.3万户;新登记个体工商户资金数额115.2亿元,年末累计资金数额782.2亿元;全年规模以上民营工业增长13.8%;固定资产民间投资增长2.6%,民间投资占全部投资比重

78.8%。全年民营经济实现销售额2.69万亿元,同比增长7.9%,占全市销售总额的87.1%。全年入库税收845.5亿元,同比增长9.8%,占全市税收总额的81.2%,民营制造业实现销售9904.6亿元,同比增长8.7%;新增民营企业贷款658亿元,增速达18.9%;新增境内外上市公司11家,全市共有境内外上市公司54家,全市拥有优势产业链16条;2021年跻身全省200强民营企业和全国500强民营企业分别为32家和14家,新增制造业单项冠军企业4家,累计达20家;新增国家级专精特新"小巨人"企业14家,累计达27家。民营经济共吸纳从业人员370万人,同比增长6万人。年末全市拥有民营科技企业1.61万家,营业收入15253.78亿元。

为全面、准确地反映南通市民营经济的总体态势,研究民营经济发展中存在的问题,进一步促进民营经济高质量发展,市工信局、市工商联从2009年开始组织编写南通民营经济年度发展报告,主要收录全市及各县(市)区民营经济发展的总体情况、市有关职能部门、行业商会的专项报告,希望能够为各级党委、政府制定政策和工商企业界人士进行经营决策提供参考,也为相关部门、机构及社会各界了解和掌握南通民营经济发展情况提供基础资料。市委、市政府领导十分关注和支持南通民营经济年度发展报告的编辑出版工作,各县(市)区党委、政府和市有关职能部门、行业商会也给予了大力支持与帮助,这为我们进一步做好南通民营经济年度发展报告奠定了坚实的基础。希望通过本书的出版,进一步提高南通民营经济研究水平,也使民营经济得到社会各界的更多关注。

征途漫漫,惟有奋斗,2022年是党的二十大召开之年。当前,南通正处在蓄势起飞、跨越赶超的关键阶段。全市民营企业要自觉融入大局大势,树立勇立潮头的远大追求、保持做强主业的战略定力、坚守科技创新的发展路径,凝心聚力、勇毅前行,汇聚起"建设大门户、同奔共富路"的强大合力,瞄准好"一枢纽五城市"的主攻方向,为南通奋力打造全省高质量发展重要增长极,谱写"强富美高"新南通现代化建设新篇章而努力奋斗!

刘 洪

2022年6月

目 录

综合篇

南通市民营经济发展报告 …………………………………… (1)
南通市资本市场发展报告 …………………………………… (8)
南通市民营企业外经贸发展报告 …………………………… (19)
南通市民营科技企业发展报告 ……………………………… (23)
南通市民营经济纳税报告 …………………………………… (29)
南通市民营企业吸纳就业报告 ……………………………… (35)
南通市民营企业质量发展报告 ……………………………… (40)
南通市民营经济信贷和融资报告 …………………………… (46)
南通市商会发展报告 ………………………………………… (52)

行业篇

南通市新材料产业发展报告 ………………………………… (56)
南通市纺织业发展报告 ……………………………………… (67)
南通市生物医药业发展报告 ………………………………… (73)
南通市汽车维修业发展报告 ………………………………… (77)
南通市餐饮业发展报告 ……………………………………… (85)
南通市钢材贸易业发展报告 ………………………………… (95)
南通市家具业发展报告 ……………………………………… (104)

海安市机器人业发展报告 …………………………………… (113)
海安市制造业高质量发展报告 ………………………………… (120)
如皋市花木盆景业发展报告 …………………………………… (129)
如东县新能源业发展报告 ……………………………………… (133)
如东县食品业发展报告 ………………………………………… (138)
启东市电动工具业发展报告 …………………………………… (143)
启东市建筑业发展报告 ………………………………………… (149)
通州区家纺业发展报告 ………………………………………… (156)
通州区建筑业发展报告 ………………………………………… (164)
海门区生物医药业发展报告 …………………………………… (171)
海门区紧固件业发展报告 ……………………………………… (177)
南通经济技术开发区生物医药业发展报告 …………………… (182)

县(市)区篇

海安市民营经济发展报告 ……………………………………… (189)
如皋市民营经济发展报告 ……………………………………… (194)
如东县民营经济发展报告 ……………………………………… (200)
启东市民营经济发展报告 ……………………………………… (204)
崇川区民营经济发展报告 ……………………………………… (210)
通州区民营经济发展报告 ……………………………………… (215)
海门区民营经济发展报告 ……………………………………… (221)
南通经济技术开发区民营经济发展报告 ……………………… (227)

专题篇

弘扬张謇企业家精神　唱响新时代通商品牌 ………………… (232)
打造南通市"8+8"优势产业链群路径研究 …………………… (238)
南通市上规模民营企业调研报告 ……………………………… (248)

坚持统战性、经济性、民间性有机统一 打造商会组织高质量发展的
　　南通样板 …………………………………………………………(253)
民营企业"走出去"引发劳务纠纷分析报告 ………………………(261)
南通企业实施国家援外工程情况浅析 ………………………………(265)
支持异地南通商会在招商引资中更好发挥作用 …………………(269)
加强党建引领　激发党组织活力　促进商会高质量发展
　　…………………………………………………………………………(273)

附录：

2021年南通市民营经济发展大事记 ………………………………(278)
2021年南通市入围中国民营企业500强名录 ……………………(292)
2021年南通市入围中国制造业民营企业500强名录 ……………(293)
2021年南通市入围中国服务业民营企业100强名录 ……………(293)
2021年南通市入围中国民营企业发明专利500家名录 …………(294)
2021年南通市入围中国民营企业研发投入500家名录 …………(295)
2021年南通市入围江苏省民营企业200强名录 …………………(296)
2021年南通市入围江苏省民营企业制造业100强名录 …………(298)
2021年南通市入围江苏省民营企业创新100强名录 ……………(298)
2021年南通市入围江苏省省长质量奖和省长质量提名奖名录
　　…………………………………………………………………………(299)
2021年南通市市长质量奖和市长质量提名奖名录 ………………(299)
2021年"张謇杯"杰出企业家名录 …………………………………(301)
2021年杰出通商名录 …………………………………………………(301)
2021年南通市优秀民营企业名录 …………………………………(302)

综合篇

南通市民营经济发展报告

南通市工业和信息化局　南通市工商业联合会

2021年,在市委、市政府的正确领导下,南通市民营经济战线全面贯彻习近平新时代中国特色社会主义思想,深入落实习近平总书记对江苏工作重要指示精神,持续贯彻国家及江苏省促进民营经济发展部署要求,积极应对复杂多变经济环境以及疫情持续的不利影响,紧扣全市民营经济发展大会相关目标任务,坚定信心、凝心聚力、攻坚克难,推动全市民营经济实现平稳健康发展。

一、全市民营经济发展基本情况

(一)主体总量稳定增长

2021年全市新增个体工商户149 164户,同比增长35.79%;新增私营企业85 475家,同比增长140.96%;累计全市个体工商户达80.3万户,比年初增长5.02%,私营企业达27.44万家,比年初增长11.56%。私营企业注册资本达17 766.9亿元,比年初增长11.25%。

(二)民营工业企业势头较好

2021年,全市规模以上民营工业企业实现增加值同比增加13.8%,比全市规模工业增幅高0.4个百分点;完成产值同比增加24.5%,比全市规模工业增幅高0.5个百分点。

(三)民间资本表现活跃

2021年,固定资产民间投资同比增长2.6%,其中私营个体固定资产民间投资同比增长11.5%,比全市固定资产投资增幅高6.5个百分点。

(四)民营税收总量增长

2021年,全市民营经济入库税金753.52亿元,同比增长0.07%,占全部税收 72.39%。

二、推进民营经济发展的主要举措

（一）促进政策落地，推进精准服务

汇编各层级、各条线政策 200 余条，为基层单位和企业编印《惠企政策要点汇编(2021 版)》，推进政策落实落地。推动工业和信息化条线认定类资金项目"免申即享"率达 100%，符合条件的企业可免申报直接享受政策。修订完善市区产业转型升级专项资金政策，累计兑付认定类项目 160 个，拨付资金 2 702.5 万元。贯彻落实《保障中小企业款项支付条例》《政府投资条例》等政策，加强清欠工作力度，全年累计帮助民营企业追回拖欠款项 265.91 万元。深化"企业家面对面"等工作机制，开展"企业服务月""政企面对面""政策大讲堂"等活动，赴海门区、启东市等地举办"诉求对接"超市活动，充分利用全市星级平台机构，举办多场公益培训。做优民营企业服务中心、"政企通"APP 和政企互通微信群等服务平台和服务品牌。截至 2021 年底，南通市"政企通"平台累计注册用户 10 933 个，发布信息 1 701 条，答复企业诉求 201 条。

（二）深抓链群培育，着力强链补链

编制《南通市"十四五"制造业高质量发展规划》，结合现有产业体系多措并举，梳理出 5 大重点产业集群和 16 条优势产业链。建立市领导挂钩联系产业链工作机制，为各产业提供指导。组织开展产业链对接交流活动，推动产业强链补链。落实《关于加快培育先进制造业集群的实施意见》等政策，建立产业推进领导小组、行业协会、产业联盟三位一体产业促进体系，深化海工装备和高技术船舶等先进制造业集群培育。

（三）推动转型升级，积蓄发展动能

持续推动技术创新，组织林洋能源等 137 个项目参选省级重点技术创新项目，入选数全省第四。成功推荐 3 家企业 6 个重大装备入围国家首台(套)重大技术装备保险补偿项目。组织 6 个重大核心技术攻关项目入选省工信厅申报指南。赋能传统制造业发展，指导南通家纺园区利用"大数据+"赋能家纺产业。举办第七届"i 创杯"互联网创新创业大赛复赛，支持中威科技等企业入选国家级目录及省级产业图谱。推进企业信息化进程,新增江苏省工业互联网标杆工厂1家、星级上云企业229家,上云企业累计超2万家;新增获得两化融合管理体系贯标证书的企业数70家,累计233家。完善工业互联网平台,积极开展"强链拓市"专项行动,有效提升全市工业互联网技术产品服务能力。"中天互联ASUN平台"入选工信部第三批服务型制造示范名单、江苏省大数据产业发展试点示范项目。

(四)聚焦梯度培育,引导做强做优

深入实施"1521"工业大企业培育工程,发挥龙头企业在产业发展、集群培育和转型升级中的引领和示范作用。目前全市拥有中天科技、通富微电、中国天楹等超百亿工业企业达11家,全省排名第五位。大力推进单项冠军及专精特新企业梯队培育工作。健全基础台账,完善培育库信息,强化服务指导,赴如皋市、海安市多地开展单项冠军、专精特新企业培育专题辅导,举办企业对接资本市场专题活动,指导企业申报中央财政支持重点小巨人企业,全市3家企业入围。2021年,新增制造业单项冠军企业4家,累计达20家,总数全省排名第三位;新增国家级专精特新"小巨人"企业14家,累计达27家。成功推进全国首个国家级制造业单项冠军赋能基地落户南通市,为南通市制造业企业转型创新发展、加速跻身制造业单项冠军行列提供有效支撑。

(五)强化氛围营造,注重队伍培塑

持续开展"南通企业家日"活动,促进全市亲商安商和鼓励创业创新氛围升温。组织开展优秀企业家及优秀企业评选工作,表彰严圣军、顾志平2位"张謇杯"杰出企业家、石磊等11位"杰出通商"以及100家南通市优秀民营企业。重视企业家群体建设和培塑,引导传承张謇企业家精神。从2021年起,依托张謇企业家学院,对全市规模以上工业企业主要负责人,开展一轮系统化培训,努力壮大具有全球战略眼光、市场开拓精神、管理创新能力和社会责任感的优秀企业家队伍。有序推进群英馆商道精英企业家展陈工作,组织征集275位企业家的文字素材及实物展品入驻群英馆商道精英版块,彰显榜样力量,弘扬通商精神。

三、民营经济发展面临的挑战

一是总量效益有待进一步提高

全市民营制造业层次整体不高,总量效益与苏州市、无锡市存在不小差距。目前全市工业超百亿级企业仅6家,规模以上工业企业年平均税收不足32.9万元,仅为全省平均水平的一半。制造业企业能效水平偏低,度电应税销售仅为35.9元/度,分别比南京市、无锡市、苏州市低21.1、8.5、3.8元/度。新兴产业增速虽快,但占比仍较低,包括新能源、新材料、新一代信息技术和新医药及生物技术产值占全市工业经济总产值比重较低。

二是创新发展有待进一步加强

全市10.6万家民营制造业企业中,90%以上处于产业链中低端,高新技术产业产值占规模以上工业比重仅为42.9%。企业关键技术自给率低,装备和关键零部件对外依赖度高。国家级创新平台少,全省77家国家级科技创新平台,南通仅鑫缘茧丝绸集团股份有限公司的国家桑蚕茧丝产业工程技术研究中心。领军企业、细分行业"小巨人"企业数量较少,且仍集中在传统制造业领域。战略性新兴产业标识度和影响力还不明显,产值占比仅有35.6%,低于全省平均2.2个百分点。

三是要素瓶颈有待进一步破解

受国际形势及疫情持续影响,民营经济平稳运行压力较大。企业面临出口风险大、成本上涨多、供应链堵点多、缺芯缺柜缺工等突出矛盾,短期内难有根本改善。能源要素约束趋紧,产业绿色低碳转型和安全发展任务艰巨。部分中小企业生产经营尤为艰难,在原材料、用工、资金、市场等方面出现了前所未有的困难。例如家纺行业高端人才稀缺、用工缺口难补;新材料行业原材料供应不足、下游产业需求萎缩,产量及订单下降。部分战略性新兴产业融资难等情况仍然未得到有效缓解。

四、2022年民营经济发展思路及主要举措

2022年是全面实施"十四五"规划的关键一年,保持民营经济平稳健康运行意义十分重大。2022年全市民营经济发展的总体要求是:坚持以习近平新时代中国特色社会主义思想为指引,深入贯彻习近平总书记"七一"重要讲话和对江苏省工作重要指示精神,认真贯彻落实国家、省、市决策部署,坚持稳字当头、稳中求进,全力拼抢、真抓实干,努力克服疫情散发、能源要素紧张、原材料价格波动等因素叠加影响,紧扣集群和产业链建设、智能化改造数字化转型、专精特新"小巨人"企业培育、营商环境提升等工作重点,加快推进产业结构调整和发展动能转换,以制造业大发展推动民营经济大提速,为南通市打造全省高质量发展重要增长极,奋力谱写"强富美高"新南通现代化建设新篇章。

(一)推进链群建设,筑牢发展基础

扎实推进产业倍增三年行动计划,深入实施产业壮群强链工程,进一步优化政策支持、规划布局和配套服务,发挥好"三位一体"产业促进体系作用,推动船舶海工、高端装备等规模大、发展水平高的产业集群拓市场、强特色、提升品牌价值,推动新一代信息技术产业产值实现新突破。推动新能源、绿色环保等增长快、发展前景好的新兴产业和未来产业,抢抓发展机遇,加快形成规模效应。推动优势产业链升级,加大"链主"企业培育力度,增强其对产业链发展的带动能力。以推进产业基础高级化、产业链现代化为路径,支持南通市龙头骨干企业牵头建设产业创新中心、制造业创新中心、技术创新中心等创新平台,对标江苏省175项"卡脖子"技术清单和300项技术攻关项目开展攻关,鼓励企业积极承担国家重大科技攻关项目。新增省级星级服务平台2个、省级创业创新基地2个。强化培育合力,继续深化市领导挂钩联系制度,建立全市产业倍增工作联席会议制度,强化人才赋能产业链,围绕重点产业链开展产才融合,进一步完善市级层面产业群链培育工作机制。

(二)强化项目引培,积蓄发展后劲

继续围绕重点产业集群发展方向,聚焦16条优势产业链,大力开展民营资本招商工作,招引补链固链强链的项目,引进产业集群配套的项目和生产性服务业项目。把好项目准入关,科学设定项目落户门槛,综合考虑用地、用能、排放、产出、税收等因素,积极招引创新能力强、产业层次高、税收贡献大、安全环保过硬的大项目、好项目,切实以优质增量的持续引入,推动产业结构不断转型升级。研究修订推进企业技改政策措施,对照产业链地图,进一步加强投向引导,引导企业积极实施技术改造、增资扩股、提升产能,广泛应用新技术、新设备、新材料等,推动制造业高端化、智能化、绿色化发展。深入推进跨江融合,强化与上海市、苏南地区等重点地区产业协作、创新协同,建立重点园区"一对一"招商合作机制。加快推动项目落地转化,紧盯开工率、竣工率、转化率和实物工作量,进一步健全项目推进体系。依托省项目管理服务平台,对我市纳入省重大工业项目进行月度跟踪,市县联动加强对土地、能耗、环境容量、产能指标等要素的协调保障。

(三)推进梯度培育,激发主体活力

目标培育基地型龙头企业,大力实施"1521"工程,发挥龙头企业在产业发展、集群培育和转型升级中的引领和示范作用,全力支持大型企业开展战略合作、并购重组、上市挂牌,不断提升区域影响力、行业竞争力、产业整合能力。强化市县联动、部门协同,全年力争新增百亿级企业2家,上市企业10家左右。深入实施单项冠军和专精特新"小巨人"企业培育计划,加快推进国家级制造业单项冠军赋能基地建设,建立高成长型企业分层培育推进体系,推动企业实现从创业型、科技型企业到专精特新、单项冠军企业的梯次升级,鼓励行业内企业加快突破一批前沿科技和关键核心技术,有条件的龙头企业主导或参与制定国际标准、国家标准,加快抢占行业发展话语权。力争全年新增全国制造业单项冠军企业4家、省级以上专精特新"小巨人"企业40家。实施小微工业企业列规增收三年行动,全面开展摸底调查和监测分析,针对经营效益好、发展潜力大的企业,建立三年梯度培育库,指导支持企业规范经营、做大规模、提升效益,进一步释放全市工业发展潜力,确保今年新增规模以上工业企业1 000家以上。

(四)推进智转数改,赋能产业升级

加快推进智改数转。落实好智能化改造和数字化转型三年行动计划,优化服务指导,采取免费诊断、贷款贴息、设备补助等方式给予支持,确保今年实施智改数转项目2 000个。对标国内智能制造领先水平,分行业、分层次培育创建一批省级智能制造示范工厂、示范车间。加快数字基础建设。新建5G基站5 600个,实现全域覆盖率达90%。推动互联网络升级改造,开展"双千兆"宽带网络试点城市建设,全面完成城域网和接入网的

IPv6升级改造。加快工业互联网标识体系建设，建成电子信息、船舶、纺织和建筑四个行业级二级节点，接入企业累计达8 000家，标识注册量超100亿。加快产业数字融合。重点打造工业互联网标杆工厂10家、工业互联网平台5个。推动3万家企业上云用云，累计培育省级星级上云企业1 000家，实现两化融合管理体系贯标评定企业累计超300家。实施"大数据+"赋能制造业专项行动，打造"大数据+"家纺产业和"工业互联网+园区"样板工程。力争建成省级车联网先导区和省级信创先导区。w

（五）聚焦企业需求，优化营商环境

优化政策服务，积极构建南通"政企通"APP联动部门常态化沟通机制，推进政策精准分类、精准推送，为企业提供"一站式"互动咨询、政策查阅等服务，实现企业足不出户即可完成全流程处理。强化政策集成，持续梳理更新惠企政策兑现业务事项目录清单，全面推行惠企政策"免申即享"、"即审即兑"。加大政策供给，及时会同相关部门研究调整疫情下助企解难纾困政策举措，并加快研究专精特新"小巨人"企业针对性专项政策，提升政策精准度。打造企业全生命周期服务品牌，积极构建亲清政商关系，主动协调解决用地、用能、金融等重大要素保障难题，积极探索项目审批"前延"服务，在产业政策、能耗强度、投资强度等方面为企业提供综合研判，提升市场主体获得感。市县联动开展"企业服务月"系列活动，切实帮助企业解决困难、化解难题。持续开展服务企业专项行动，组织专家为企业提供"面对面"指导和服务。大力弘扬张謇企业家精神，办好"南通企业家日"系列活动，培育新时代"张謇式"企业家群体，持续推进企业家素质提升工程，组织开展企业家调研座谈、讲座培训、赴发达地区开展对接交流等活动，进一步拓宽企业家视野，促进企业间的交流合作。

张 姜

2022年4月

南通市资本市场发展报告

南通市地方金融监督管理局

近年来,南通市委、市政府高度重视资本市场发展,坚持把服务实体经济作为金融工作的出发点和立足点,不断完善政策扶持体系,持续创新工作举措,推动经济金融协同发展。2021年,南通市优化完善上市挂牌联席会议制度,出台拟上市企业"白名单"管理制度,全力推动企业上市挂牌和股权融资。全市新增上市公司11家(境内10家、境外1家),创历史新高;上市公司首发募资77.1亿元,为历年之最;新增北交所及科创板上市公司数分别为3家、2家,位列全省第二和第三位。截至2021年底,南通市共有52家境内外上市公司(境内45家、境外7家),新三板正常挂牌企业53家,当年新增直接融资1562.35亿元,资本市场直接融资在带动南通市产业和地方经济高质量发展中发挥了巨大作用。

一、南通市资本市场基本情况

(一)上市主体方面

2021年南通市新增境内上市公司10家(包含2020年在"精选层"公开发行的鹿得医疗),共有境内上市公司45家,主板公司数量及市值占比较高;上市公司主要集中在电气设备、机械设备等行业,医药生物等企业在行业市值排名中靠前,重点布局高端装备制造等战略性新兴产业(见表1)。

表1 截至2021年底江苏省各市境内上市公司总体情况

省会和地级市	上市公司数量(家)	全省排名	总市值(亿元)	全省排名	平均市值(亿元)	全省排名
苏州	175	1	18 338	1	105	9
南京	106	2	15 251	2	144	5
无锡	103	3	15 233	3	148	4

续表

省会和地级市	上市公司数量(家)	全省排名	总市值(亿元)	全省排名	平均市值(亿元)	全省排名
常州	56	4	7 154	4	128	6
南通	45	5	4 900	5	109	8
镇江	19	6	2 122	8	112	7
扬州	16	7	1 565	9	98	10
泰州	15	8	777	12	52	12
徐州	11	9	1 030	10	94	11
连云港	9	10	3 955	6	439	1
宿迁	8	11	3 377	7	422	2
盐城	5	12	212	13	42	13
淮安	3	13	899	11	300	3
合计	571		74 813		131	

截至2021年底南通市境内上市公司合计总市值为4 900亿元,平均市值为109亿元,省内市值占比较2020年上升0.48个百分点;在江苏省范围内,南通市境内上市公司数量占比为7.88%,同比上升0.62个百分点,上市公司整体情况位列苏州市、南京市、无锡市、常州市之后,省内综合排名第五位。

45家上市公司中,在深交所上市的共25家,市值2 725.08亿元;在上交所上市的共17家,市值2 122亿元;在北交所上市的共3家,市值54.53亿元。板块方面,主板上市公司27家,市值3 753.85亿元;创业板上市公司11家,市值933.3亿元;科创板上市公司4家,市值159.9亿元(详见表2)。

在行业分布方面,南通市境内上市公司约70%集中在机械设备、电气设备、化工、电子、纺织服装和医药生物等行业,其中医药生物、国防军工、通信、电子等行业上市公司的平均市值较大(详见表2);南通市45家境内上市公司中有37家公司归属于南通市"3+3"重点产业体系,其中8家公司属于三大重点支柱产业,29家公司布局三大重点新兴产业(详见表3);南通市各辖区在不同行业中仅有1~2家上市公司,行业分布具有较高的分散度。

表2 2021年底南通市境内上市公司市值及排名

证券代码	证券简称	市值（亿元）	所属申万一级行业	所属申万二级行业	市值排名
600522.SH	中天科技	578.8	通信	通信设备	1
600862.SH	中航高科	498.2	国防军工	航空装备Ⅱ	2
002044.SZ	美年健康	307.3	医药生物	医疗服务Ⅱ	3
301155.SZ	海力风电	267.8	电气设备	电源设备	4
002156.SZ	通富微电	258.2	电子	半导体	5
601222.SH	林洋能源	249.9	电气设备	电气自动化设备	6
300623.SZ	捷捷微电	231.8	电子	半导体	7
002484.SZ	江海股份	226.9	电子	元件Ⅱ	8
000961.SZ	中南建设	158.4	房地产	房地产开发Ⅱ	9
000035.SZ	中国天楹	151.7	公用事业	环保工程及服务Ⅱ	10
600389.SH	江山股份	122.1	化工	化学制品	11
002293.SZ	罗莱生活	120.2	纺织服装	服装家纺	12
002239.SZ	奥特佳	118.4	汽车	汽车零部件Ⅱ	13
600770.SH	综艺股份	103.9	综合	综合Ⅱ	14
002438.SZ	江苏神通	99.6	机械设备	通用机械	15
002201.SZ	正威新材	97.8	化工	化学制品	16
002349.SZ	精华制药	94.3	医药生物	中药Ⅱ	17
300091.SZ	金通灵	94.0	机械设备	通用机械	18
603313.SH	梦百合	84.2	轻工制造	家用轻工	19
603530.SH	神马电力	83.0	电气设备	高低压设备	20
002483.SZ	润邦股份	76.1	机械设备	专用设备	21
301179.SZ	泽宇智能	73.1	电气设备	电气自动化设备	22
601010.SH	文峰股份	64.1	商业贸易	一般零售	23
603115.SH	海星股份	62.7	有色金属	工业金属	24
688558.SH	国盛智科	59.7	机械设备	通用机械	25
300421.SZ	力星股份	54.3	机械设备	通用机械	26
300280.SZ	紫天科技	53.7	传媒	营销传播	27
688633.SH	星球石墨	45.9	机械设备	专用设备	28
603339.SH	四方科技	42.5	机械设备	通用机械	29
300265.SZ	通光线缆	39.3	电气设备	高低压设备	30

续表

证券代码	证券简称	市值（亿元）	所属申万一级行业	所属申万二级行业	市值排名
688113.SH	联测科技	38.9	机械设备	专用设备	31
603968.SH	醋化股份	38.2	化工	化学制品	32
300952.SZ	恒辉安防	33.9	纺织服装	服装家纺	33
301186.SZ	超达装备	32.6	电气设备	汽车零部件及配件制造	34
002722.SZ	金轮股份	28.4	机械设备	专用设备	35
002576.SZ	通达动力	27.4	电气设备	电机Ⅱ	36
300927.SZ	江天化学	27.2	化工	化学原料	37
002394.SZ	联发股份	27.0	纺织服装	纺织制造	38
300753.SZ	爱朋医疗	25.6	医药生物	医疗器械Ⅱ	39
832278.BJ	鹿得医疗	21.4	医疗保健	医疗保健设备与服务	40
603036.SH	如通股份	20.8	机械设备	专用设备	41
870436.BJ	大地电气	19.4	电气设备	汽车零部件及配件制造	42
688096.SH	京源环保	15.5	公用事业	环保工程及服务Ⅱ	43
871642.BJ	通易航天	13.7	国防军工	其他橡胶制品制造	44
603389.SH	亚振家居	13.7	轻工制造	家用轻工	45

表3　南通市"3+3"产业相关上市公司

南通市"3+3"产业		相关上市公司
重点支柱产业	船舶海工	润邦股份
	高端纺织	罗莱生活、联发股份、金轮股份、恒辉安防
	电子信息	通富微电、江海股份、捷捷微电
重点新兴产业	智能装备	中航高科、奥特佳、江苏神通、金通灵、通达动力、林洋能源、通光线缆、紫天科技、力星股份、四方科技、如通股份、神马电力、爱朋医疗、国盛智科、海力风电、泽宁智能、星球石墨
	新材料	九鼎新材、醋化股份、梦百合、海星股份、江天化学、通易航天
	新能源和新能源汽车	中国天楹、综艺股份、中天科技、联测科技、超达装备、大地电气

（二）上市后资本运作方面

南通市上市公司再融资方式多元，但募集资金投向项目的规模、上市公司并购规模有所下降。再融资方面，2021年南通市共有6家上市公司通过定向增发、发行债券等形式开展了8笔再融资，合计融资规模为56.22亿元，在全省排名第五，较2020年下降17.89亿元，同比减少24.1%。其中，定向增发融资的规模占到再融资规模的41.82%。项目投入方面，南通市上市公司在本市投资项目的规模总体情况较好。近五年，南通市上市公司计划使用540.9亿元募集资金投资157个项目，实际已投入资金261.5亿元。其中2021年计划投资51个项目，计划投入募集资金110.2亿元（较2020年上升30.4亿元，同比增长38.1%），实际已投入资金10.7亿元。并购重组方面，2021年南通市有7家上市公司合计发起9起并购案例，涉及技术硬件与设备、软件与服务、房地产、商业和专业服务等几个行业，并购总规模为4.08亿元，较2020年大幅减少约34亿元。

（三）新三板挂牌企业方面

2021年南通新增新三板挂牌企业2家，累计挂牌数达104家，正常挂牌53家，虽数量低于苏州、无锡、南京和常州，但盈利能力显著优于上述对标城市，企业资产规模与净利润正向关联度较强（详见表4）。南通市新三板挂牌企业分布于工业、材料、可选消费、信息技术、金融、能源、日常消费和医疗保健这8个行业，在"3+3产业"体系中智能装备和新材料领域的企业数量较多。

表4　截至2021年底江苏省各市新三板挂牌公司总体情况

序号	省会和地级市	挂牌家数	资产合计（亿元）	资产均值（亿元）	资产均值排名	净利润均值（万元）
1	苏州	267	769.7	2.9	6	550.5
2	无锡	135	267.7	2.0	11	524.8
3	南京	129	317.3	2.5	8	844.1
4	常州	95	740.7	7.8	2	871.7
5	南通	53	702.3	13.3	1	1171.7
6	扬州	39	105.0	2.7	7	366.1

续表

序号	省会和地级市	挂牌家数	资产合计（亿元）	资产均值（亿元）	资产均值排名	净利润均值（万元）
7	镇江	25	113.3	4.5	3	660.7
8	盐城	20	50.6	2.5	8	247.2
9	徐州	20	50.0	2.5	8	338.9
10	泰州	16	31.3	2.0	11	374.7
11	宿迁	16	49.7	3.1	5	839.8
12	淮安	13	23.3	1.8	13	457.8
13	连云港	11	39.4	3.6	4	176.5

二、南通市资本市场服务主要做法

(一)做好资本市场前沿服务

一是打造良好外部环境。推动上交所资本市场服务南通基地成功落地，我市与沪深交易所、全国股权系统、江苏省证监局、江苏股权交易中心、长三角资本市场服务基地等机构建立了全面稳定的战略合作关系。常态化组织企业对接上交所、深交所和北交所活动，经常性邀请相关专家、领导来实地或线上开展资本市场发展形势专题报告及专题培训。二是强化股权投融资对接。建立股权融资"六个一"全流程闭环服务机制，严格考评市级国有参股投资机构，深入开展"江海创投行"各类专场路演活动及投融资对接服务(其中，投融资对接活动13次、专题路演6场)，帮助50余家创新创业企业对接知名投资机构，为其中2家企业获得股权融资2亿元。全年全市引入股投创投资金56.01亿元，较2020年增加2.5倍，为创新创业企业发展、产业转型升级发挥了突出作用。三是加快凝聚上市合力。市委、市政府主要领导积极为上市企业"站台"，通过参加企业上市敲钟活动，定期开展调研走访、座谈交流等方式，鼓舞企业士气、增强企业信心，凝聚上市合力。

(二)大力推进企业挂牌上市

一是强化梯队管理。常态化开展上市后备企业资源排摸，加强与私募股权投资机构、证券机构沟通，掌握资本热点，及时将市场认可度高、成长性好的企业纳入上市入围企业资源库，进行重点跟踪服务。实行分级分类管理，针对上市入围企业，加强宣传引导，增进对资本市场认识，激发上市热情;针对入轨股改企业,搭建交易所、金融机构、企业三方沟通交流平台,为企业问诊把脉,推动快速发展;针对辅导备案受理企业,实行每周会商,掌握推进进度,扫清问题障碍。二是加大宣传培训。坚持每月组织一次资本市场专题培训,全年共组织召开各类培训活动10场,受众企业超3000家(次)。借助通易航天精选层挂牌以及北交所宣布设立契机,第一时间在全市宣传报道,扩面增效;举办2期"携手北交所·南通企业家沙龙"活动,邀请北交所专家、资深券商为我市专精特新等创新型企业开展北交所系列培训,帮助企业抢抓"窗口期";借助全市IPO上市境内外企业达50家契机,及时宣传我市上市工作成效,不断营造支持企业上市挂牌的浓厚氛围。三是优化组织机制。落实推进企业上市"三个一"机制,即每月一次专题辅导、每月一次对接交易所、每月一次集中会办,构建全流程、专业化、精准化服务体系。进一步健全和完善全市上市及新三板挂牌联席会议制度,研究出台拟上市企业"白名单"制度,持续加强全市企业上市挂牌工作的组织领导,优化工作协调机制,合力推动我市多层次资本市场发展。

(三)推进上市公司再发展

公司上市以后,已经站在较高的平台上,资本市场运作的空间更大。通过加大对上市挂牌企业重大事项和经营情况的关注力度,积极了解公司资本市场方面的需求,有针对性地对接证监系统和交易所系统,争取监管理解,力争让企业少走弯路。同时重点关注已上市公司发展情况,提前分析研判面上风险,针对部分亏损企业,主动了解情况,帮助分析现状,研究对策。对全市已上市公司、新三板公司进行了研究,为今后资本市场发展进一步明确道路。根据已上市公司发展情况,提前分析研判,帮助企业渡过发展中的难关,及时推动协调解决有关问题,帮助市场主体防范处置资金占用、股权质押、违规担保、债券兑付等风险隐患,保障南通市上市公司质量总体稳定并有所提升。

三、南通市上市企业存在问题

(一)上市公司总量较少

截至2021年底,南通市境内上市公司45家,全省排名第五位,比第一位苏州市少130家、比第四名常州市少11家,与苏南地区先进地市的差距仍然较大。近几年,南通市在省内上市公司中,数量占比、市值占比呈缓慢下降趋势,2020年最低,2021年两项占比略微回升,情况有所好转(详见图1)。

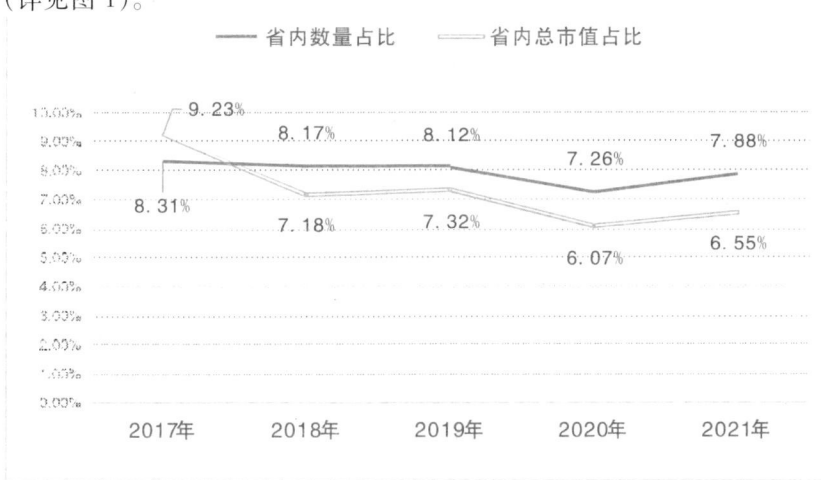

图1 2017-2021年南通市上市公司在省内数量、市值占比变化情况 资料来源:Wind

2021年,除原"精选层"平移至北交所的上市公司鹿得医疗外,南通市有9家企业在境内成功IPO,数量位列全省第四位(详见表5)。在江苏省证监局接受上市辅导的企业数量为27家,在全省排名第五位,比第一位的苏州市少70家。

表5 2021年度江苏省各市募集资金金额及境内IPO统计

地区	募集家数(家)	募集资金(亿元)	募资额排名	首发家数(家)	首发募集资金(亿元)	首发数排名
苏州	63	618.0	1	32	200.1	1
无锡	27	453.4	3	13	120.6	2
南京	26	575.9	2	11	69.3	3
南通	14	106.6	5	9	71.1	4
常州	15	165.0	4	8	63.9	5
镇江	8	60.8	6	4	29.6	6

续表

地区	集资金额合计 募集家数(家)	集资金额合计 募集资金(亿元)	募资额排名	境内IPO统计 首发家数(家)	境内IPO统计 首发募集资金(亿元)	首发数排名
泰州	4	25.7	8	3	19.7	7
连云港	3	16.4	9	2	11.4	8
宿迁	2	9.9	11	2	9.9	8
扬州	3	27.8	7	1	8.1	10
徐州	2	14.9	10	1	5.1	10
淮安	0	0		0	0	
盐城	0	0		0	0	
合计	167	2074.5		86	608.8	

(二)上市公司行业竞争力不强

在上市公司市值分布方面,截至2021年底,全省有9家市值千亿元以上的上市公司,但南通市还没有该级别的上市公司,最大市值企业为中天科技。在行业层面,南通市上市公司中能够得到绝大多数人认可的行业龙头企业有中天科技(579亿元)、中航高科(498亿元)、美年健康(307亿元)、海力风电(268亿元)、通富微电(258亿元)、捷捷微电(232亿元)、罗莱生活(120亿元)等,其他诸多企业都不具备龙头属性,使得企业的整体竞争力不强。2021年,南通市上市公司市值不足100亿元的企业有31家,占比68.8%,与2019年持平,平均市值比省内平均市值少22亿元。近几年,南通市上市公司的市值占比总体呈下降趋势,从2017年的9.23%下降到2021年的6.55%,降幅为2.68%。

(三)资本市场利用率不够充分

截至2021年底,南通市上市公司总市值约为4 900亿元,位列江苏省第5,同期GDP为11 026.9亿元,位列江苏省第四位,证券化率(上市公司总市值/GDP)为44.4%,排名全省第8,较2020年下降一位,比江苏省平均水平低19.4个百分点。"十三五"期间,南通市证券化率呈现先降后升趋势,2018年大幅下跌至27.2%,近三年逐渐回升(详见图2)。

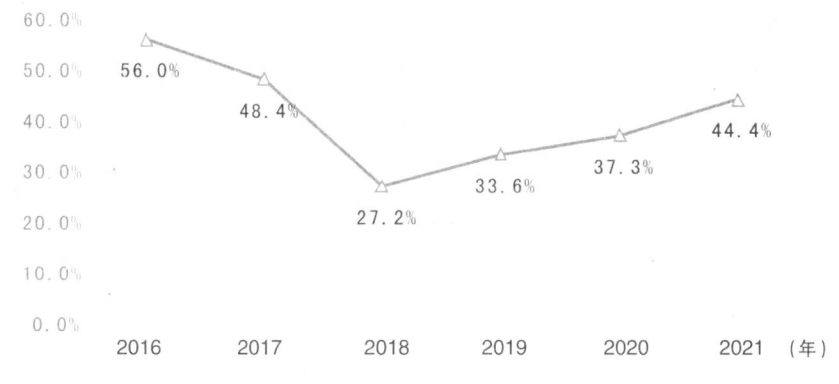

图 2　2016—2021 年南通市证券化率变化情况

(四)缺乏金融类上市公司

截至 2021 年底,江苏省共有 14 家金融类上市公司,总市值 5 269.8 亿元,实现归属母公司股东净利润总计 544.6 亿元(不完全统计),市值占同期江苏省上市公司总市值的 7.04%,但净利润占全部上市公司净利润高达 27.2%。金融行业上市公司一直是 A 股的"吸金兽",但南通市目前金融类上市公司还未破零。

四、2022 年南通市资本服务工作计划

2022 年,南通市将以深化落实企业上市及新三板挂牌联席会议月度工作推进会及拟上市企业"白名单"制度为着力点,坚持服务与监管两手抓,一方面大力推动企业上市挂牌,另一方面竭力提高上市公司质量。

(一)深入推进股权投融资对接服务

探索出台鼓励创业投资的相关政策,进一步优化南通市创业投资发展环境,构建从企业孵化、融资创新到产业扩张的全生命周期股权基金支持体系,助力科技创新型企业发展壮大。健全完善股权融资"六个一"全流程闭环服务机制,充分发挥现有合作资源,定期定点开展"江海创投行"专题路演活动,有效服务本地有股权融资需求企业;严格市级国有参股投资机构考评,引导投资机构提高服务南通本地企业的水平、加大投资南通市本地企业的力度。探索建立"上市导师计划",借助投资机构专业力量,从早从小加强资本市场服务,进一步挖掘、发现和培育上市"优质标的",通过持续指导和长期陪伴,帮助更多科技创新型企业加快对接多层次资本市场。

(二)着力发挥企业上市"两项制度"实效

进一步发挥上市联席会议制度和拟上市企业"白名单"制度作用,落实"三个一"闭环机制,加快推动企业上市挂牌、支持上市挂牌公司持续发展壮大。制定上市工作计划,有效分解全市近三年上市挂牌目标任务,加大推进落实力度,研究企业共性问题解决方案,推动新增上市公司数量在近两年内取得新突破。积极组织开展"白名单"企业申报,做好动态管理,为企业上市相关工作开辟"绿色通道"。加大"白名单"企业行政执法全面"体检",靠前指导、主动服务,对企业进行面对面精准指导,及时纠正企业不规范问题,积极引导企业守法合规经营。

(三)精准开展企业上市综合服务

准确把握好北京证券交易所设立"窗口期",指导并推动企业抢抓资本市场"政策红利",广为宣传发动,靠前指导服务,进一步加快企业登陆北交所。持续开展"携手北交所·南通市企业家沙龙"系列活动,通过上市公司企业家现身说法、经验分享,互动交流带动一批企业加快上市步伐,借助多层次市场实现发展壮大。联合上交所持续开展"科创沙龙",推动更多企业登陆科创板。积极打造线上线下综合服务体系,联合深交所探索建立企业上市地方培育系统,打造南通市企业上市一站式服务平台。

(四)全面支持上市公司加快发展

修订完善《关于进一步加强上市公司服务工作的通知》,将上市公司跟踪情况列入上市月度例会的会商议题,定期梳理上市公司情况,全面摸排上市公司发展现状和困难诉求,及时协调相关问题。发挥张謇企业家学院载体作用,通过系列培训、企业家沙龙等形式,做好民营上市公司接班人培养工作。针对已向省外主体转让控制权、公告拟转让、经营有困难或在低谷期的上市公司,加强管理服务和协调,防止上市公司注册地外迁。积极引导上市公司上市后用好用足上市资源,通过并购重组、再融资等方式持续投入优质项目,稳步提升市值规模,实现规模、效益双提升。

叶礼彬

2022 年 4 月

南通市民营企业外经贸发展报告

南通市商务局

2021年,南通市商务局在市委、市政府正确领导下,全力扩大高水平开放,充分激发民营企业国际化发展活力。

一、南通市民营企业开展对外贸易经济合作情况

(一)助力通商筑梦"一带一路"

深入实施"一带一路"倡议,完善综合服务体系,搭建信息、金融、风险防控等服务平台,帮助更多民营企业"走出去"。2021年全市新增境外投资1.85亿美元,完成对外承包工程营业额18.24亿美元,其中在"一带一路"沿线国家新增境外投资1.1亿美元,占全市境外投资总额的59.66%;完成对外承包工程营业额11.06亿美元,占全市境外总量的60.62%,同比增长35.37%。

以战略布局抢占市场先机。引导部分制造能力强、技术优势明显的企业加快海外布局设点、拓展业务,沿着"一带一路"开拓新蓝海。中天科技在"一带一路"沿线印度、印度尼西亚、摩洛哥等多个国家设立生产基地,海外收入同比增长40%以上。

以跨国并购延伸产业链条。引导部分制造业企业向"微笑曲线"的两端上行,实现本土企业产业链的国际延伸。全市20多家上市公司开展跨国经营业务,其中10家企业通过并购海外高价值项目,获取国际市场营销网络,加快向价值链中高端攀升。截至2021年年底,全市境外并购项目154个,并购金额16.17亿美元。

以海外建厂规避贸易壁垒。引导部分企业赴"一带一路"沿线国家开展投资合作,建立生产基地、研发中心、营销网络。梦百合家居先后投资美国和欧盟,打出"世界制造+全球销售"组合拳。

以优势产业推动扩量提质。发挥南通建筑产业突出优势,积极培育工程承包经营主体。华新建工、通州建总等11家企业获得对外援助项目实施资格,实现援外项目带动工程承包业务发展。4家企业入选江苏建筑外经十强和ENR全球最大国际承包商250强,江苏六建、江苏三建承建的两个项目荣获国家境外工程鲁班奖。完善以色列房建市场工程建设与外派劳务协调机制,促进以色列工程建设及外派劳务规范有序发展,以色列房建市场工程建设成为南通市外经高端承包劳务的一张亮丽名片。

(二)助力民企稳定外贸增长

全市有进出口实绩企业7 649家,比上年增加510家,增长7.1%;其中,1 419家企业为新增企业,占企业总数的18.6%。2021年民营企业进出口1 666亿元、出口1 286亿元、进口380亿元,占全市进出口、出口、进口的48.9%、56.8%、33.3%,同比增长26%、23.1%、37.2%。

全力开拓多元化市场。2021年共组织3场境内展会,开展14场出口转内销专场促销活动,共有123家外贸企业参加活动。共组织156家外贸企业参加尼日利亚纺织品专场、墨西哥防疫物资专场、海安名品海外行巴西专场等线上展会,安排洽谈超1000场次。经过持续不断的努力,我市外贸传统市场基本稳固,多元化市场开拓卓有成效,对RCEP协定15个成员国进出口同比增长3.7%。

全力发展外贸新业态。全市拥有国家、省级外贸新业态试点数量和质态排名全省第一位。跨境电商综试验区获国务院批复,为近年来我市获得的最高层次国家级试点;市场采购贸易方式超额完成省高质量发展考核指标;外贸集聚区全国首创,经验全省推广;省级海外仓数量占全省1/5。

全力完善服务新体系。出口信保平台实现市区外贸出口企业全覆盖,落实"苏贸贷"融资平台,设立"通贸贷"资金池,授信企业数及贷款总额均居全省前列。推动中国贸促会自贸协定南通服务中心成为首批服务中心地级支会,大力宣传自由贸易协定,优化原产地证书签发机制,为外贸企业减免关税近3亿元,切实增强了广大民营外贸企业获得感。国际贸易"单一窗口"、通关便利化水平提升,口岸环境竞争力持续增强。建立"四位一体"工作机制,建成省内首个地级市全行业公平贸易工作站并顺利获批省级工作站。凝聚公平贸易工作合力,提升外贸企业应诉的指导帮扶水平,有效应对贸易相关问题。全年共帮助35家涉案企业参加19起省级重点公平贸易案件应诉。目前已结案的公平贸易案胜诉率达80%,远高于全国平均水平。

(三)助力民企嫁接利用外资

2021年,南通市民营企业加快国际化发展步伐,通过与国外同行业大公司大集团、世界500强企业和知名跨国公司合资合作,以及嫁接改造、境外上市等渠道和方式,在资金、技术、人才、品牌和市场等方面实现跨越发展。为推动民营企业嫁接利用外资工作提供有力保障。

精心组织好重点招商活动。成功举办江海国际博览会、新一代信息技术博览会等经贸活动,78个重点产业项目签约,总投资1785亿元;组织投资促进周11场,洽谈项目600个,推动各县(市)区累计举办招商活动350多场。

切实做好服务保障工作。秉承做外资企业"娘家人"服务理念,为民营企业外资嫁接提供"店小二"式的服务,切实解决民营企业外资嫁接在许可经营、政策咨询、外汇业务等方面问题。建立100家重点外资企业"白名单","点对点"服务重点外资项目,斯堪尼亚重卡项目纳入商务部工作专班,成为《外商投资法》实施后全国首家新设立的外商独资商用车企业。研究制定《市政府关于稳外资促发展的若干意见》,提出15条外资扶持政策。研究制定外商投资企业投诉工作规程,强化投资促进、服务和保护。

二、推动民营企业外经贸发展的几点建议

2022年,南通市将继续大力优化民营企业发展环境,持续推动民营企业国际化发展。

(一)继续推动民营企业"走出去"

全面摸排民营企业对外投资合作情况,加强重点企业、重大项目调研,鼓励上市公司、大型企业集团开展绿地投资、跨国并购业务,推动企业通过境外投资实现"购并、引进、吸收、消化、再创新",高质量参与"一带一路"建设。以援外项目为切入点,以总包项目为突破口,以重点市场为着力点,鼓励民营企业参与国家援外项目招投标,承揽大型总包工程。

(二)继续优化外贸发展环境

加快跨境电商综合试验区建设,集聚一批跨境电子商务头部企业,壮大一批本土跨境电子商务企业,培育一批跨境电子商务服务企业。结合南通市产业特色,大力推动家纺服装、电动工具、体育用品等优势产业带发展跨境电子商务。加快发展战略新兴产业,特别是加大对计算机通信、生物医药、新能源产业领域等高技术产品外贸项目的招引力度,努力培育1~2家具备较大规模和较高影响力的头部企业,带动产业链配套完善。通过龙头企业引领,弥补全市外贸传统主导产业结构低端化短板,打造外贸进出口硬核支撑点。完善贸易促进计划,组织企业参加50个境内外重点展会,参展企业不少于1 000家(次)。重点打造10个"南通名品海外行"系列展会,抓住RCEP签署和中欧投资协定完成谈判的机遇,引导企业充分利用自由贸易协定优惠政策,大力开拓亚洲市场,稳住欧美市场,积极拓展"一带一路"新兴市场。支持公共海外仓、国际营销网络建设。进一步放大中国国际进口博览会的平台促进效应,充分发挥我市开放口岸功能、南通市综合保税区等海关特殊监管区功能,大力培育进口贸易集散地,做大进口总量。

(三)继续推动民营企业嫁接利用外资

精心组织15场招商活动,瞄准产业链关键环节上的龙头项目、核心项目和功能性项目,主动出击、精准招商。充分利用张謇企业家学院全国企业家培训的优势,提供志愿者服务,精准对接企业家,拓展招商资源。拓展利用外资领域,引导外资投向先进制造业,鼓励现有外资企业以利润、外债等方式进行增资扩股,对符合条件的企业实施奖励。贯彻落实外商投资法及配套法规,健全和强化对重点外资项目的精准化、特色化和全周期服务工作机制。建立外企投诉和纠纷调解工作机构,妥善处外商投诉纠纷。

张 明

2022年5月

南通市民营科技企业发展报告

南通市科学技术局

民营经济是市场经济最富活力、最具潜力、最有创造力的组成部分，随着南通市"如鱼得水、如鸟归林"的一流创新生态加速打造和更高水平国家创新型城市加快建设，民营科技企业创新主体融通共进，创新要素加速集聚，创新成果不断涌现，迸发出万马奔腾的创新力量，为南通市经济高质量发展提供了有力支撑。

一、南通市民营科技企业基本情况

截至 2021 年底，南通市拥有民营科技企业 16 107 家，营业收入合计 15 253.78 亿元，从业人员 151.27 万人，研发人员 11.60 万人，研发经费 241.72 亿元，拥有专利 10.63 万件。民营科技企业在南通市经济运行中占据举足轻重的地位，为南通市创新发展提供着强大的发展动能。

（一）民营企业创新主体融通共进

创新政策不断优化。南通市认真贯彻上级推动民营经济高质量发展的一系列政策要求，出台《关于建设更高水平创新型城市的若干政策意见》等具体措施，实现了全市创新政策"一张清单"、创新管理"一个系统"、创新活力"一个榜单"，大大激发了民营企业创新发展活力。

创新主体不断壮大。2021 年 1 790 家企业分三批次积极申报高新技术企业，较去年增加 160 家，总量突破 2 370 家，其中民营企业超过 2100 家；2021 年共 832 家企业积极加入"小升高"培育计划，申报市级高新技术企业培育库，通过认定 524 家；超 4 000 家民营企业参加科技型中小企业入库评价，3 800 多家通过入库评价，通过率是 2020 年的 2.5 倍。

创新联合不断加强。南通市积极响应国家科技创新战略规划，在全省首次提出以共同利益为纽带,以市场机制为保障的任务型、实体化创新联合体建设模式,出台《创新联合体认定管理办法》。由通富微电等民营龙头企业牵头,上下游几十家民营企业和科研院所共同参与的创新联合体逐步构建,目前已成立了以民营科技企业为主导,半导体和汽车及零部件两个产业协同创新联合体。

(二)民营企业创新要素加速集聚

创新载体持续增强。通过搭建创新载体,从根本上解决制约民营企业创新发展的各类问题。强化"科技创新+生态环境"的融合理念,依托沿江沿海生态带,将分散科创资源串点成线、连线成面,高标准规划建设沿江科创带,形成"一核、四区、多园"可拓展的发展布局。围绕打造全链条的创新创业载体,全力推进众创空间、科技企业孵化器、加速器等科创载体建设。新认定省级科技企业孵化器7家、省级众创空间20家,总数排名全省第三。扎实开展科创载体绩效评价,21家企业参与省级评价,全部合格。

创新人才持续集聚。扎实做好江苏省科技类"双创"团队项目申报,共计申报24项,其中6个项目获批立项,立项数与苏州市并列全省第一,项目获省级财政资助1 800万元。在全省率先实行外国专家工作、居留"不见面审批"工作制度,全年新引进外国人才349人,同比增长102%,在本市工作外籍人才达到1 299人。种种举措正为民营企业的高速成长提供源源不断的人才动能。

科技服务持续提升。南通市深入推进"科技金服360工程",构建从技术研发到创业孵化、再到产业化的全要素、全链条、全生命周期的闭环科技服务体系。全市技术合同成交3 269项,成交额达245.26亿元,全市科学研究和技术服务业营业收入同比增长51.6%,位列全省第二位。组织开展科技政策"集中宣传月"活动,组建了533人的"两员"(科技政策辅导员、科技政策专员)宣传队伍,培训民营企业1 000余家。

科技金融持续支持。积极拓宽"苏科贷""通科贷"等金融产品融资范围,支持和指导科技企业用好用足科技金融政策,最大化实现政策变现。2021年,全市"苏科贷"金额突破7亿元,"通科贷"金额突破38亿元,为上千家民营企业解决"融资难、融资贵"难题,减轻创新资金压力。

(三)民营企业创新成果不断涌现

"揭榜挂帅"成效初步显现。实施关键核心技术攻关"揭榜挂帅",通过"企业出题,政府立题,人才破题"的方式,大力突破"卡脖子"难题。首批发榜11项,悬赏总额达5 720万元,十几家龙头民营企业联合高校院所重点攻克5G基站、管焊机器人、芯片制备等领域关键技术,年度项目攻坚任务均已完成。南通市有7家企业入围全国"2021民营企业研发投入500家"榜单,11家企业入围全国"2021民营企业发明专利500家"榜单。

政产学研合作量质提升。南通市强化产学研项目备案规范化管理,共备案产学研合作项目1 308项,同比增长均超15%。创新"线上+线下"的产学研合作新模式,赴大连市开展精准对接洽谈,帮助43家民营企业与四家高校院所进行了合作交流。

科创项目引培成果突出。首次开展全市科创项目考核,2021年全市认定公示科创项目246个,是去年的2倍多。星球石墨、联测机电在科创板,恒辉安防、江天化学、海力风电、泽宇智能在创业板成功上市,大地电气、鹿得医疗、通易航天首批登陆北交所。全省创新能力建设项目立项2个,排名全省第二位。省重大成果项目立项8个,排名全省第四位。通富微电先进封测项目荣获国家科学技术进步一等奖。

二、南通市民营科技企业存在问题

南通市民营科技企业整体发展态势良好,其中不少优秀的企业注重核心技术突破,加强知识产权取得,在"泛科技型企业库—科技型中小企业库—'小升高'培育企业库—高新技术企业库—重点科创企业培育库"五级梯次培育库的帮助下,成长为高新技术企业,获得国家科技进步奖、全国制造业单项冠军和国家级专精特新"小巨人"等殊荣,为南通市"拥抱创新向未来"打下了良好基础。但由于民营企业自身的局限性和国内外经济下行压力增大等因素,南通市民营科技企业发展还存在一些问题。

(一)企业规模还较小

规模主要体现在两个方面,一方面南通市民营科技企业数量还不够多,总量还不够大。另一方面,除了少数龙头企业,南通市民营科技企业经营规模普遍不大,年销售收入不到1 000万的占多数,导致部分企业主对科技创新内涵把握及目标导向的认识还不够准确,不能正确处理研发和市场的关系,企业的成长方向不坚定;部分企业还是家族式管理模式,但抵御市场风险的能力比较弱,整体管理能力还有待提升;企业的研发制度不够规范,在后续的研发立项、知识产权获取、研发费用归集等方面存在隐患。

(二)对高端人才吸引力不够

当前多重国家战略在南通市交汇叠加,尤其是长三角区域一体化发展更是让南通市迎来百年未有之大机遇,但是面对机遇的同时也是面对挑战。交通的便捷,让上海等周边强经济体的人才虹吸效应更加明显。各城市间产业转移让高端人才的流动更加频繁。南通市大型科技企业、国内一流高等院校的相对匮乏,以及薪酬、职业发展等因素,造成在长三角区域对人才尤其高端人才的吸引力相对较弱。

(三)产学研合作水平有待提高

目前,南通市民营科技企业开展产学研合作大多停留在技术转让、合作开发、委托开发等较低层次的合作上,与高校、科研院所共建研发机构,保持技术持续研发、升级的高层次合作还比较少。受制于民营企业自身特点,产学研合作深度不够,许多企业到大学、科研院所寻求合作,仅对一些短平快的项目感兴趣,对行业发展关键技术、共性技术,由于投入多、见效慢而缺乏兴趣。

(四)研发投入还需增强

开展技术创新、新品研发,需要大量的资金作支撑,存在风险。民营制造业企业盈利水平不高,纯利润只有3%~10%,有的企业纯利润不到1%,甚至亏损运营,特别是一些中小企业,企业本身资金有限,能投入研发的更不多。对于企业来说,面对承担高风险的创新研发压力,往往会对一些高新技术成果望而却步,或者说对于大多数科技成果的转化工作,他们只愿意承担部分风险,希望政府通过有关政策或投资机构、金融机构的介入共同承担风险。

三、推动南通市民营科技企业发展的建议

面对机遇和挑战,我们应以培育壮大民营科技企业主体规模、提升民营科技企业创新能力为主攻方向,落实科技创新政策,加强创新服务供给,激发创新创业活力,引导民营科技企业加大研发投入,完善技术创新体系,增强以科技创新为核心的企业竞争力,充分激发创新创业创造活力,加快形成创新热情竞相迸发、创新成果不断涌现的生动局面。

(一)培育壮大民营科技企业主体规模

发挥科技型中小企业评价"指挥棒"作用,将科技型中小企业培育工作列入高质量发展绩效评价考核重要内容,对符合条件的科技型中小企业做到"应评尽评",让更多的民营企业成长为科技型企业。探索对民营科技企业进行补贴,对企业引进高层次人才、研发费用、科技贷款等创新支出给予一定比例奖励。鼓励科研人员创新创业,发挥科技创业大赛及"江海英才"等人才计划作用,吸引创新创业人才创办高科技企业。加强科技型企业源头培育,持续完善覆盖民营科技企业成长全周期的"众创空间—孵化器—加速器—产业园"孵化链条,力争全市省级以上科技创业载体总数再创新高。

(二)强化科技创新优惠政策落实

推进惠企研发政策应享尽享。进一步加大民营科技型企业研发费用加计扣除、高新技术企业所得税减免、技术开发及技术转让增值税免税、技术转让企业所得税减免、小型微利企业所得税减征等政策落实力度。全面贯彻落实国家新出台的研发费用加计扣除优惠政策。通过网站、微信公众号等渠道加大科技税收优惠政策宣传力度,印制发放科技税收优惠政策资料,开展科技税收优惠政策业务培训,提高企业政策认知度,帮助企业运用科技税收政策。做好研发费用加计扣除异议项目复核鉴定工作,提升企业研发创新的积极性。

(三)引导创新资源向民营科技企业集聚

充分发挥企业创新主体作用,继续支持有条件的民营企业牵头整合产业链上下游资源,组建体系化、任务型创新联合体,鼓励更多民营企业加入创新联合体,形成创新合力。积极支持民营科技企业承担国家、省级和市级科技计划项目,市重点研发计划、市科技成果转化专项资金等计划中由民营科技企业牵头或参与实施的项目占比不低于70%。深化"揭榜挂帅""赛马"项目组织方式,吸纳更多民营企业参与科技项目。深入实施省双创人才计划、市江海英才计划,集聚科技创业团队,整合创业资源,充分利用省"双创人才"、省"双创团队"等高层次人才计划,重点引进培育市级高端创新创业人才。

(四)扩大面向民营科技企业的创新服务供给

高标准建设南通市科技大市场,构建科技成果转化线上线下服务体系,及时做好技术需求和科技成果的征集汇总,实现科技成果供给端、需求端、资金端的精准对接。优化产学研合作机制,支持民营科技企业与高校、科研院所的联合创新,主动承接和转化高校院所的科技成果,引导企业重视原创技术和前沿技术储备。推动民营科技企业向高新技术企业加速成长,进一步优化完善高新技术企业认定管理操作流程,实行高新技术企业"一网"申报,精简申报材料、延长申报时间、加快审批进度,为企业申报高新技术企业提供便利化服务。

(五)加强金融资本市场对民营科技企业的支持

深入推进"苏科贷"和"通科贷"政策实施,充分发挥省级贷款风险补偿基金引导作用,鼓励合作银行执行优惠贷款利率,为民营科技企业提供显著低于同类企业综合融资成本的信用贷款支持。出台市级科技保险相关政策,加大对民营科技企业在研发、生产、销售、售后以及其他经营管理活动中的风险支持力度。深入实施科技企业上市培育计划,以科创板、创业板和北京证券交易所为重点推动民营科技企业与多层次资本市场高效对接,促进企业做大做强。

顾 毅

2022 年 4 月

南通市民营经济纳税报告

南通市税务局

民营经济已经成为推动经济社会发展的不可或缺的力量。税收大数据显示,2021年全市民营经济克服国内经济运行压力加大、疫情反复、能耗双控等不利因素,持续发展、贡献突出、支撑有力,在保运行促增长、稳市场添主体、增动力促创新等方面发挥了重要作用,成为南通市经济社会高质量发展的重要增长极。税务部门着力营造支持民营经济健康发展的良好环境,不断优化税收营商环境,高效落实税收优惠政策,精准助力民营经济发展壮大。

一、促增长、稳市场、添动力作用显著

(一)税收增速快于销售,民营制造发展迅速

2021年全市民营经济实现销售额2.69万亿元,同比增长7.9%,占全市销售总额的比重达87.1%。全市民营经济2021年入库税收845.5亿元,同比增长9.8%,占全市税收总额的81.2%,税收增长速度快于销售增速1.9个百分点。其中民营制造业实现销售9904.6亿元,同比增长8.7%,占全市制造业销售总额比重为79%,特别是先进制造业发展迅速,销售增速达10.5%,快于民营制造业平均增速1.8个百分点,先进制造业销售占民营制造业的比重为66.8%,较上年提升了1.1个百分点。

(二)市场主体活力回升,新兴产业吸引增强

2021年全市新增民营经济纳税人77 468户,同比增长21.1%,占全市新增纳税人数的99.3%,民营市场主体开票户数、有税申报户数同比增长12.7%、9.7%。民营企业新增主体存活率(当年新办非注销户/当年全部新办户)为99.5%,反映民营企业"新陈代谢"保持良性发展态势。信息传

输、软件和信息技术服务业、科学研究和技术服务业等新兴产业新增企业合计6 067户,同比增长61.7%,其中互联网和相关服务、专业技术服务业分别增长44.5%和74.7%。劳动密集型、高污染等传统行业吸引力减弱,如纺织服装、化学制品等行业仅新增372户,占制造业的4.17%,同比下降0.6个百分点。

(三)科研投入快速增长,创新成果逐渐提高

民营企业是我市科技创新的主力军,税收优惠促进企业进一步加大科研投入,2021年全市民营企业申报享受研发费用加计扣除74.5亿元,增幅为27.8%,占全市申报研发费用加计扣除总额的78.1%,比重较上年提升2.1个百分点。民营经济新增先进制造业增值税留抵退税4.67亿元,占全市新增先进制造业增值税留抵退税总额的91.57%。截至2021年底,全市民营高新技术企业户数为1 965家,占全市高新技术企业企总户数近九成,实现销售3 676亿元,增幅30.3%。民营高新技术产品(服务)销售为2 156.8亿元,同比增长22.6%,增幅高出全市平均2个百分点。

二、分地区、分行业、分类型存在差异

(一)分地区看:海门区民营经济税收总量及贡献最高,各地民营经济税收均呈增长态势,通州区、如东县两地增速实现两位数增长

总量上,市区民营经济贡献税收274.4亿元,占全市民营经济总额的32.5%。六个县(市、区)中,海门区2021年税收收入103.6亿元,总量排名第一位,其次为如皋市和通州区,分别入库100.0亿元及96.9亿元。增速上,全市均实现正增长,其中通州区民营经济税收增幅达19.4%,高于全市民营经济平均增幅9.6个百分点。本地税收贡献度上,海安市居全市第一,达90.5%,较去年略降0.05个百分点,其中市区占比较低,仅72.2%(详见表1)。

表1 2021年民营经济分地区税收情况表

地区	入库税收(亿元)	增幅	占民营经济总额比例	当地税收贡献度
全市	845.5	9.8%	100%	81.2%
市区	274.4	8.9%	32.5%	72.2%
海安	92.3	6.4%	10.9%	90.5%
如皋	100.0	9.9%	11.8%	87.5%

续表

地区	入库税收(亿元)	增幅	占民营经济总额比例	当地税收贡献度
如东	81.8	12.6%	9.7%	81.3%
启东	96.5	7.1%	11.4%	84.4%
通州	96.9	19.4%	11.5%	85.4%
海门	103.6	7.5%	12.2%	89.3%

(二)分行业看:制造业税收贡献最大,水电气、房地产业出现负增长

总量上,2021年制造业仍是全市民营经济税收最大支柱,2021年入库税收246.3亿元,占民营经济整体税收的29.1%。其次为房地产业、建筑业、批发零售,贡献度分别为26.9%、14.3%、8.2%。增幅上,制造业、建筑业、批发零售增幅较大,较去年增收27.8亿元、20.9亿元、12.9亿元,同比分别增长12.7%、21.0%、22.9%,从而拉动了全市民营经济的快速增长。另外,受房地产"双限"、能耗"双控"和教育"双减"等政策叠加影响,全市民营各大行业中水电气、房地产业、教育三个行业出现负增长。

(三)分注册类型看:各注册类型纳税人税收占比基本稳定,私营企业保持迅猛发展势头

结构上,2021年民营经济各注册类型纳税人税收占比基本保持稳定,各类公司制纳税人全年实现税收收入761.0亿元,占民营经济税收总量的90%,占比较去年同期上升0.6个百分点。其中,有限责任公司入库税收357.92亿元,税收贡献度最高,达42.3%。而户数占比过半的个体经营纳税人2021年贡献税收84.5亿元,占民营经济税收比重为10.0%,较去年略有下降。增速上,私营企业发展迅猛,2021年入库税收金额同比增长14.0%,高出民营经济整体增幅4.2个百分点(详见表2)。

表2 2021年民营经济税收的经济类型结构情况表

项目	税额(亿元)	增幅	占全部税收比重
合计	845.5	9.8%	100%
股份合作企业	1.8	47.9%	0.2%
股份有限公司	127.7	28.1%	15.1%
私营企业	273.6	14.0%	32.4%
有限责任公司	357.9	3.0%	42.3%
个体经营	84.5	3.6%	10.0%

三、强规模、提质效、拓市场仍需加力

（一）大型民营企业拉动有限

南通市民营经济总量大、民营企业发展迅速，但呈现出户多分散、单户规模小的特点。2021年全市重点税源企业中民营企业共实现税收入库147.8亿元，占全市重点税源企业税收总额的58%，相较于去年，重点税源企业中民营企业税收贡献比重下降了6.8个百分点。2021年纳税亿元以上企业中，民营企业共78户，占比67.8%，全年入库税收151亿元，占纳税亿元以上企业整体入库税收（260.3亿元）的58%，民营龙头企业有待进一步培育。

（二）高附加值民营制造业支撑有限

2021年全市民营制造业入库税收246.3亿元，占民营税收总量的29.1%，低于制造业整体税收贡献度（33.4%）7.9个百分点。民营制造业中税收贡献度位于前列的行业是化学原料和化学制品制造（14.1%）、通用设备制造（13.1%），纺织业和纺织服装、服饰业（合计13.6%），而具有高附加值的医药制造、计算机通信和其他电子设备制造等行业入库税收分别仅占民营制造的3.6%、2.5%。结合税务部门对科创企业"走帮服"情况来看，创造高附加值仍面临诸多困难，有近四分之一民营企业表示虽重视技术创新，但受核心技术缺失等因素影响而有心无力，三分之一的民营企业反映研发人员缺乏、急需一线技术操作工，人才不足问题凸显。

（三）民营企业海外市场份额不高

当前我国面临需求收缩、供给冲击、预期转弱的三重压力。2021年，全市民营企业出口销售额为877.6亿元，占民营企业销售总额比重仅为3.3%，较上年虽略提升了0.6个百分点，但出口销售比重仍然较低，主要受疫情、国际贸易冲突等影响，企业海外市场订单增长乏力，面临的风险加大、困难增多。出口企业面临原材料价格上涨、集装箱一箱难求、海运费几倍增长、汇率的一路走低、订单售价调整受限、利润空间不断下降等诸多困难，制约着民营企业海外市场的拓展。

四、促进全市民营经济发展的目标举措

近年来，税务部门认真贯彻落实党中央、国务院关于促进民营经济发

展的决策部署,响应纳税人需求、升级办税服务、推出税收"大礼包"政策。今年的政府工作报告提出"实施新的组合式税费支持政策",税务部门将继续全力以赴助力民营主体提振信心、重现活力、稳步发展。

(一)惠企便民服务升级,税收营商环境体验更优

对照税收治理现代化的高要求,对照纳税人缴费人的新期盼,对照获得感满意度的严标准,最大程度实现减事项、减环节、减资料、减时限。一是全面推动服务"零跑动"。"零跑动"聚焦"急难愁盼",坚持"非必要、不线下,凡线下、一次成"原则,凡是能够实现线上办理的事项,要全部推到线上,线下作为兜底,将办税服务厅转型为"线上服务体验站+应急事项处理站+疑难问题辅导所"。二是大力建设办税智能化。以智慧税务建设为驱动,充分发挥大数据应用和集中批量处理优势,减少对纳税人的重复打扰。为纳税人提供电子税务局、"江苏税务"APP等线上办税平台的专业、精准宣传与辅导,切实以办税智能化推动营商环境评价和纳税人缴费人满意度"双提升"。三是精心打造最佳体验区。积极响应市委、市政府《南通市2022"营商环境提升年"实施意见》,落实畅通网上开票渠道、扩大纳税"信用修复"范围、压缩退税办理时长、精简涉税资料报送等组合举措,促进市场主体"活之又活",打造"万事好通·税莫愁"税收营商环境子品牌,为提升南通市营商环境贡献税务力量。

(二)走访调研持续深入,企业涉税需求响应更快

聚焦民营企业难点、痛点、堵点,加强联络和走访调研,帮助解决具体涉税诉求。一是甄选走访对象,积极开展"走帮服"活动。持续开展"千名税干进万企、促进发展送春风"走帮服活动,组织全系统税务党员干部下沉一线,听取民营企业家的意见建议,回应企业关切,就税收如何更好促进民营经济发展问需问计。二是加强跟踪指导,建立常态化沟通机制。通过智能需求分析和长效走访跟踪,结合经济运行动态和发展趋势,采用分类培训辅导、涉税咨询、风险提醒等方式强化税收政策指导。构建税企高层互动制度,及时为民营企业量身定做服务套餐,避免企业因不了解、不熟悉税收政策而造成风险。三是优化风险管理,协同共治高效反馈。切实解决调研走访中民营企业反映的涉税问题,帮助企业用好政策,防范税收风

险。根据千户集团民营企业名单,设立首席联络员,推出风险提醒体检,为产品"走出去"、企业"走出去"保驾护航。同时,对走访过程中了解到的其他诉求,积极向地方党委政府建议献策,与相关部门形成合力,更好地助力民营企业发展壮大。

(三)惠企纾困解难提质,企业发展壮大动力更足

加大减负纾困力度,把增强市场主体活力放在重点任务的首位,精准支持民营企业现金流。一是不折不扣落实优惠政策。利用大数据建好优惠政策推送机制,按照"第一时间+顶格优惠"的原则,实现税费优惠政策精准推送、精确到位,推行智能化、定制化、个性化的"一企一策"精细服务,确保税费红利直达市场主体。二是科学分类精准施策。为不同规模不同类型民营企业提供有针对性的个性措施,比如对民营小微企业,除小规模纳税人阶段性免征增值税、"六税两费"减半征收、企业所得税等普惠性优惠外,退税力度再加码,优先安排小微企业,对其存量留抵税额于6月底前一次性全部退还,增量留抵税额足额退还。再如,支持创新型企业发展壮大,落实好高新技术企业、支持软件和集成电路产业发展、研发费用加计扣除等减免税政策,运用创投企业投资科技型中小企业的相关优惠,为助推民营企业转型升级和增强创新能力提供有力支持。三是支持缓解资金困难。对增值税留抵税额实行大规模退税,优化征缴退流程,缓解企业资金回笼压力。深化与银保监、银行业机构合作,更大力度、更加便捷推进税银互动,助力企业获得免抵押、免担保的纳税信用贷款,有效解决企业融资难题。

顾露露
2022 年 4 月

南通市民营企业吸纳就业报告

南通市人力资源和社会保障局

2021年以来,民营企业就业问题备受关注,南通市委、市政府提出既要聚力招引带动性强的"航母级"大项目,也要注重引进培育专精特新"小巨人"企业,为本市民营企业发展注入新机。南通市不断推动稳就业保民生工作,以疫情防控和复工复产双推进,政策落实和服务提升双促进,打出减负稳岗扩就业保民生政策组合拳,保持就业局势长期稳定。

一、基本情况

(一)总体情况

2021年全市民营经济体累计登记总量107.7万户,同比增长6.7%;累计注册资本总额18 530.4亿元,同比增长11%。2021年,本市共帮扶23 432人实现创业,同比增长22.2%,其中引领大学生创业3602人,扶持农村劳动力自主创业7601人,创业带动就业91482人,同比分别增长18.1%、40.3%和32%。截至2021年底,民营经济共吸纳从业人员370万人,较去年增长6万人,占全市从业人口比重近八成。其中,私营企业27.4万家,吸纳从业人员270万人,户均吸纳人员10人;个体工商户80.3万户,吸纳从业人员100万人,户均吸纳人员1.2人。2021年城镇新增就业12.4万人,其中9.1万人被民营经济体所吸纳,占比达73.4%。从就业结构看,三次产业的就业结构依然为"二、三、一"的格局,三次产业从业人员比约为18:47:35,与去年基本持平,第二、第三产业依然成为吸纳劳动力就业的主体。作为本市经济的支柱产业,建筑业持续快速发展,规模不断扩大,2021年建筑业完成产值持续增长,年末从业人数达209.8万人,同比增长11.6%。

(二)岗位及用工需求情况

近年来,民营企业已成为拉动经济的新增长点以及缓解就业压力保持社会稳定的基础力量,为市场带来了大量的就业岗位。2021年,全市共提供就业岗位31.8万个,其中民营经济提供就业岗位26.5万个,占比达83.3%。在对11259家企业的春季用工需求调查显示,民营企业有招工需求的比例为45.4%。从产业用工需求看,第一、第二、第三产业的占比分别为1.05%、83%和15.95%,其中制造业需求占比同比上升0.62个百分点。从需工行业类型看,制造业中纺织服装、机械及通用设备制造、电子电气、化学化工是需求量较大的行业,分别占制造业需工总量的27.83%、9.88%、7.21%和6.43%。服务行业中需求量较大的行业为信息技术服务业、租赁和商务服务业以及居民服务业,分别占服务业需工总量的29.78%、14.3%和11.6%。

(三)吸纳重点群体就业情况

因民营经济发展快、用工需求大,"在家门口就业"已成本市农村劳动力就业的第一选项。近年来,随着南通市农民工文化水平提高,且受过工业化生产训练和市场熏陶,越来越多的农民工选择返乡创业,他们涉足的领域广泛,主要涵盖特色种养业、农产品加工和物流、信息服务、电子商务等产业,实现从传统第一产业向第二产业、第三产业融合发展。2021年,在新增转移的农村劳动力中,就地转移人员占比达66.2%。民营企业在薪资、职业生涯规划及后勤保障方面越来越具有竞争力,高校毕业生对到民营企业就业的认可度不断增强。根据对南通籍2021届高校毕业生就业状况及返通就业情况调查显示,民营经济仍是吸纳大学毕业生就业的主力军,占比为81.4%,同比上升1.6个百分点,吸纳比例持续增长。制造业、信息传输及软件信息技术业、建筑房地产业依然占据毕业生就业领域的前三甲。从不同行业的月薪水平来看,信息传输、软件和信息技术业平均月薪水平最高,超6000元的毕业生占本行业就业人数的比重为20.2%。高校毕业生在通回通就业的3 773人,占已就业毕业生总数40.1%。

二、助力工作举措

(一)监测用工情况

一是先后开展春季用工需求调查和年中跟踪调查。二是加强对春节后企业复工、员工返岗情况的动态监测。三是跟踪监测重点企业稳岗留工情况、贸易重点企业就业情况、返乡农民工返岗情况，综合分析录用、退工、用工需求、市场供求等变化情况，并对发展趋势进行研判。

(二)强化服务供给

重点组织指导全市各级公共就业服务机构举办"民营企业招聘月""高校毕业生联动招聘活动""青年就业启航计划""就业援助月""春风行动"等就业专项活动，走访重点企业宣传留通过节奖补政策，鼓励员工就地过年。2021年，全市共召开各类招聘会911场，进场单位11 486家次，提供岗位31.8万个。

(三)人本服务稳岗

春节前夕，多次走访外地户籍员工较多的重点企业，宣传本市留通过节奖补政策，鼓励引导员工就地过年、在企休假；采集全市就业参保职工中非江苏籍员工的信息，发送慰问短信2万余条，宣传就地过年，告知公共就业线上服务途径；通过视频连线在通员工的亲属，为部分员工送上特殊的"云"慰问。

(四)巩固基地建设

与山西省运城市、临汾市、河南省三门峡市、陕西省渭南市签订五市人力资源协作联盟框架协议。邀请甘肃省宕昌县、云南省宣威市、陕西省宁强县来本市成立劳务工作站及人力资源公司，引进入驻南通市人力资源产业园。

(五)深化交流合作

一是组织企业赴陕西汉中市、河南濮阳市、山西省运城市、长治市召开劳务协作专场招聘会，其中规模最大的一次是带领全市26家知名企业赴山西省运城市开展"春风行动"区域劳务协作暨南通企业专场招聘会。二是为重点帮扶企业对接云南、贵州、四川省劳务基地，做好企业在云贵川地区引进劳动力的保障工作。三是促成运城市盐湖区退役军人培训基地与中天科技集团签订退役军人就业合作协议。截至目前，本市与中西部人社部门交流互访17次，开展招聘会30场，进场企业702家次，提供就业岗位45 556个，达成就业意向797人次；举办劳务协作培训班22次，对599人开展就业技能培训，其中脱贫劳动力339人。

(六)落实奖补政策

审核发放重点帮扶企业招聘奖励 17.95 万元,疫情期间招聘奖励 15.4 万元,一次性吸纳就业补贴 651 家企业,补贴 1 563 人,金额 78.15 万元。

三、存在的问题

(一)中西部经济发展,外出务工人员减少

随着西部大开发及中部崛起战略的持续深入推进,国家不断加大对中西部地区基础设施和重大项目投资力度,同时东部地区向中西部地区产业转移力度也逐年加大,为中西部地区农民工提供了大量的就业岗位。国家各项支农惠农政策的出台和贯彻落实,农村的福利条件得到了较大的改善,东中西部的农民工工资待遇差距也已经逐步缩小,而生活成本差距越来越大。造成东部地区的吸引力减小,大量的农民工选择本地就业创业成为新的趋势。

(二)企业薪酬缺乏竞争力,周边生活配套服务不足

由于全市民营企业多数还是处在产业链中低端、产品附加值低,企业效益和员工薪酬相比发达地区偏低,与苏南地区相同工种工资差距约为 1000~1500 元,工资水平缺乏吸引力。此外,一些大企业和在建大项目远离城区,交通不便利,周边生活配套满足不了员工需求,员工"招得来、留不住"问题突出,如中天钢铁、金光纸业、桐昆 PTA、恒科新材料等重大项目。

(三)新生代就业观念转变,对就业环境要求提高

新生代劳动者 90 后、00 后在工作中更加重视个体感受、工作环境和发展前景,更加看重自我成长以及企业潜力,择业就业时更多关注工作自由度、环境舒适度和企业归属感。一些企业劳动强度大,生产环境差,工资待遇低,忽视了为员工创造良好的工作生活环境,很难让新生代工作者满意。

四、下一步工作建议

(一)整合资源形成工作合力

成立"用工保障工作领导小组",吸纳整合各级行政资源、社会力量开展招引工作,搭建服务企业用工大数据平台,实现供需更快、更精准对接。建立人力资源引进考核激励制度,把人力资源引进工作纳入各级政府的工作目标和绩效考核,同时调动街道乡镇配备专业力量做好招引及配套工作,形成合力扩大工作成效。

(二)加快推进产业升级步伐

坚持以智能制造为主攻方向,加快制造模式和企业形态变革,多措并举引导企业加快实施智能化技术改造,鼓励和支持企业开展更大力度、更宽领域、更高层次的技术改造活动,不断加大智能化生产线、智能车间和智能工厂的建设投入,通过"机器换人"来减少用工需求,有效降低制造业企业对一线工人的用工需求。

(三)鼓励职业院校培养输送人才

发挥职业院校、技工院校在人力资源集聚中的主体作用。研究制定留通就业专科生综合补贴政策,参加企业职工养老保险并缴费满6个月的,可申请享受每月500元的综合补贴,最长不超过3年。鼓励企业推行"招工即招生、入企即入校、企校双师联合培养"为主要内容的新型学徒制,培训期限一般为1~2年,学徒培训达到中级工、高级工、技师水平的,每人每年分别补贴4 000元、5 000元、6 000元。注重学生职业生涯规划教育,加大就业创业政策宣传推介,将"学生进企业""政策进校园"等活动前置到大一、大二年级。

(四)加大产业人才招引力度

完善全市公共招聘网功能,通过大力宣传扩大其影响和效能,精准推送岗位信息和求职信息。推动各地与中西部地区共建一批高质量劳务合作基地,促成校校、校企深度合作,邀请劳务基地来通考察,适时组织外出招聘活动,增加招聘活动的频率,按年度对输送人数较大的劳务基地给予建设运行补贴。

(五)注重工作生活保障建设

引导企业改善工作环境,制定科学合理的薪酬制度。加大人才安居保障体系建设,构建从"一张床、一间房"到"一套房"全方位人才公寓保障体系。持续改善产业园区配套,改善员工吃住行的便利度,提高在通就业的幸福感指数。健全以居住证为主要依据的随迁子女义务教育入学政策,确保符合条件的外来务工人员子女应入尽入。

洪忆雯
2022年4月

南通市民营企业质量发展报告

南通市市场监督管理局

民营经济是全市经济发展的重要组成部分。2021年,全市民营企业质量状况继续向好发展,先进质量管理方法得到有效推广,企业品牌意识进一步强化,质量诚信建设持续进步,产品质量不断提升,取得经济效益和社会效益双进步。

一、民营企业发展基本状况

2021年,克服疫情影响,全市民营企业数稳中有升,发展态势良好。截至年底,全市市场主体总数1 120 143户,同比增长6.45%,资金总额(注册资本)32 017.98亿元,同比增长12.05%。其中民营企业总数311 744户,同比增长11.29%,资金总额31 118.36亿元,同比增长12.37%。个体户总数804 279户,同比增长4.94%,资金总额785.11亿元,同比增长10.96%。私营企业总数274 959户,同比增长11.26%,资金总额17 739.92亿元,同比增长10.82%。

二、民营企业质量发展情况

(一)总体成效

2021年,全市民营企业质量发展整体状况良好,质量提升深入推进,产品品质持续优化,品牌建设不断深化,质量安全有效保障,取得了积极成效。全年未发生重特大安全事故及群体性事件,未发生因产品质量问题造成的严重财产损失或人身伤害。

两家企业获中国质量奖提名奖,其中民营企业1家(中洋集团);4家企业获评省长质量奖(提名奖),其中民营企业3家(江海电容器、联发集团、中国天楹);10家民营企业通过省质量信用AA级以上企业认定。截至

2021年底,全市累计4家企业获中国质量奖提名奖,其中民营企业2家,占50%;10家企业获江苏省质量奖,其中民营企业9家,占90%。98家企业通过省质量信用AA级以上认定,其中民营企业87家,占88.8%。

加大市长质量奖企业和个人培育力度,民营企业获评市长质量奖占比逐年提升。2021年,5家企业获评组织类市长质量奖、3家企业获提名奖,其中民营企业6家;1人获评个人类市长质量奖、2人获提名奖,其中提名奖均为民营企业负责人。全市累计43家企业和2名个人获得南通市市长质量奖。其中,获奖企业中民营企业34家,占79.1%;获奖个人50%来自民营企业。

(二)具体举措

1.深入开展质量提升行动,产品质量持续稳定。进一步推动产品、工程、服务等领域民营企业开展质量提升行动,市级监督抽查合格率连续6年保持在90%以上。大力实施"旗舰领航"行动。围绕重点产业、产业链高质量发展需求,梳理形成培育梯队,建立服务专班,为企业出具质量导航报告,签订三年共建协议,助力企业高质量发展。积极推进质量方法推广应用。通过质量公益孵化、专家问诊、QC小组活动等形式,在企业中广泛推行卓越绩效等先进质量管理方法,引导企业积极参与各级质量奖、质量信用企业评选,企业质量管理水平得到提升。中天科技获评国家两业融合试点。通光线缆"军民融合"推动创新的通光管理模式典型经验被认定为江苏省2021年度"质量标杆"。创新开展质量人才培养。深入实施首席质量官制度,建立"四级两线"培训模式,建成全国首家质量官学院,为企业发展提供了质量人才培养、交流的基地,有效拓展了企业首席质量官的知识储备,促进了首席质量官在企业质量管理中的引领作用。学院建成以来累计培训首席质量官800余人次。加强首席质量官信息化建设,开通首席质量官线上运行系统,提供在线注册、学习、考试、获证等全流程服务,在企业搭建质量人才梯队,强化质量人才储备等方面发挥了积极作用。

2.积极实施质量品牌工程,品牌创建成效显著。开展质量品牌强基工程。大力推行卓越绩效质量管理方法,培育优势民营企业申创各级质量奖,形成创奖梯队取得成效。2021年,中洋集团获评中国质量奖提名奖;

江海电容器、联发集团、中国天楹获评江苏省省长质量奖提名奖。推进"江苏精品"认证工作,48家企业进入第二批省重点培育名单,8家企业通过认证,累计10家企业产品获得"江苏精品"认证,民营企业占比100%。加强地理标志工作。扩大地理标志商标申请注册,新申报地理标志产品3件、地理标志商标1件,累计地理标志44件,位居全省第三。实施商标品牌战略。打造知识产权服务四大平台,助力民营企业培育壮大自主品牌,加强对驰名商标、马德里注册商标扶持力度。全市新增驰名商标3件,累计73件。其中民营企业72件,占比达98.63%。全市入选国家知识产权示范优势企业107家,拥有省高价值专利培育示范中心7个,其中民营企业示范中心4个。

3.全面加强质量基础设施,质量基础保障有效。扎实开展标准、计量、认证认可、检验检测等质量基础保障工作,为企业发展提供高效的技术支撑。标准引领企业规范发展。标准化试点示范工作突出,2021年新增获批国家级试点4个,位列全省第一,其中承担单位为民营企业的2家,占比50%;7个国家级、7个省级标准化试点通过验收,全省领先,其中承担单位为民营企业的6家,占比43%。标准化技术组织建设成效显著,成立全国家用纺织品标委会床上用品分委会,罗莱家纺承担秘书处工作。参与标准制修订成果丰硕,全市主导或参与制(修)订国际、国家、行业、地方标准共发布114项,同比增长35.71%,其中参与起草单位为民营企业的96家,占比84%,民营企业标准话语权进一步增强,国际标准化工作取得明显进展。计量保障企业正轨发展。加强溯源能力特别是传统产业、新型产业领域能力建设,新建社会公用计量标准42项。建立健全了船舶智能制造产业、交通行业等特色、重点行业的量值溯源体系。积极拓展测试领域能力,机械、照明、能源、轻工等领域7个项目通过省市场监管局检验检测机构资质认定。优化服务模式,延伸服务领域,提供一体化服务。利用计量大数据为民营企业提供数据分析和统计服务,推动计量测试融入产品设计、研制、试验、生产和使用全过程。2021年为5000多家民营企业提供计量服务,完成检定、校准计量器具近45万台件,帮助企业解决同轴度测量、芯片缺陷检测等技术难题10余案例。认证认可检验检测促进企业优质发展。2021年,为民营企业提供高效的认证认可和检验检测服务,发放绿色食品认证证书93张,现有绿色食品获证组织109家,证书219张;发放有机产品认证证书13张,现有有机产品获证组织40家,证书47张。在全省率先启动小微企业质量管理体系认证提升行动,助力小微企业转型发展,新增质量管理体系认证证书1606张。质量基础设施"一站式"服务全面开展。为中小微企业和个体工商户提供全方位、一站式"六统一"服务,帮助企业获取优势资源,融入产业链发展。南通市质量合作社"一站式"服务模式在2021年全国质量基础设施"一站式"服务典型案例网络评选中位居第四。目前,全市建有质量合作社组织12个,入社成员2158家,社员质量管理水平不断提高,产品质量和品牌意识持续增强。

4.强力打造质量服务平台,技术支撑效果凸显。加大国家级、省级技术中心建设力度,打造高水平质量服务平台,不断提升检验检测的技术水平和能力,为企业提供高标准、高质量的技术支撑和服务保障。2021年,江苏省船舶智能制造产业计量测试中心通过验收。全市建有国家钢丝绳产品质量监督检验中心1个国家级中心,江苏省电机产品质量监督检验中心、江苏省电动工具产品质量监督检验中心、江苏省海洋工程装备产品质量监督检验中心、江苏省功能性床上用品质量监督检验中心、江苏省船舶智能制造产业计量测试中心等5个省级中心,国家电动机产品质量监督检验中心(江苏)、国家床上用品质检中心等2个国家级中心正在筹备建设中。

5.不断完善质量治理体系,质量治理水平提升。实施监督抽查促进产品质量提升。2021年市级监督抽查综合合格率约为90%,连续6年保持在90%以上,其中生产企业抽查合格率达96.3%,连续4年超过95%,继续在全省保持领先水平。全市产品质量继续保持较高水平,总体情况稳中向好,有效激励民营企业采取措施不断提高技术水平,生产高品质产品满足社会需求。开展缺陷召回前移质量治理关口。2021年,实施缺陷产品市场购检20批次,发现可能存在缺陷产品6批次,拟对其中2批次产品实施召回,4批次产品发出消费警示。有效帮助企业及时发现产品缺陷,减少消费伤害,更好保障消费者权益。加强知识产权海外保护。建成全国首家"知联侨"知识产权海外服务中心,开展海外动态监测1 669次,提供抢注和侵权预警服务634次,为企业"走出去"助力护航。全年办理专利侵权纠纷案件974件,其中电商案件910件;查处假冒专利案件87件、商标侵权案件335件。

三、存在不足

(一)民营企业质量品牌意识相对薄弱

民营企业家族经营、代际继承的特殊性一定程度上制约了企业发展步伐,企业重视经济利益,质量理念相对较弱,质量意识不强。一些企业满足于生产合格产品,对研制开发优质产品积极性不高,很大程度上制约了企业发展壮大。部分企业不重视产品质量和品牌建设,不能有效履行产品质量主体责任,质量意识有待进一步提高。

(二)民营企业质量管理人才相对缺乏

多数企业没有建立系统的质量人才培养体系,质量管理人员水平参差不齐,制定的发展规划不能有效帮助企业质量进步和持续发展。缺少质量人才激励机制,一线技术工人流动性较大,人才流失严重,无法保证持续稳定的产品质量输出,容易导致质量水平忽高忽低。

(三)民营企业质量管理体系不够完善

部分企业尤其是中小微企业尚未建立质量管理运行体系,或者现有的质量管理体系不健全,质量管理制度缺失,现场管理不规范,不能严格产品生产过程尤其是关键岗位的质量控制。先进质量管理方法得不到有效推广和应用,质量管理流于形式,不能主动学习先进技术和标准,重视经济效益而忽略社会效益。

四、下一步工作

2022年,市场监管局将贯彻落实各级党委政府质量工作部署,紧贴市委、市政府中心工作,围绕产业倍增三年行动计划,采取更加扎实的措施,更好服务于民营企业质量发展。

(一)加强质量工作宣传,指导企业强化质量意识

利用315消费者权益保护日、质量月、标准化日、计量日等时间节点,在民营企业中大力开展质量工作宣传,帮助企业牢固树立"质量第一"意

识,厚值"崇信致先、强企惠民"的南通城市质量精神,督促企业主动履行产品质量主体责任,生产满足社会需求的高质量产品。鼓励动员企业参加政府、行业协会等组织的各类交流活动,开阔眼界,取长补短,推动企业长足发展。

(二)推进质量人才建设,引导企业树立人才理念

深化首席质量官制度在民营企业,尤其是中小微企业中的实施,鼓励企业符合条件的质量管理者通过线上线下两种渠道参加培训,获取首席质量官资格,提升质量管理能力。指导帮助企业实施质量人才计划,建立以首席质量官为首的质量管理人才队伍,培育优秀的一线生产工人,从源头把控产品质量。督促企业建立人员激励机制,对质量管理、技术研发、质量检验、生产一线等质量重点岗位表现突出人员实施奖励,在各类评先评优中予以优先考虑,留住质量人才。

(三)强化质量工作举措,开展企业质量提升行动

积极发挥质量发展委员会牵头协调作用,加强工作沟通,帮助企业解决质量提升中遇到的困点难堵点,在企业技术研发、质量管理、品牌建设、人才培养、知识产权、投融资等方面为企业提供政策服务。在民营企业中大力推广先进质量管理方法,帮助建立完整、高效的企业质量管理体系,开展规范化管理。深入实施"旗舰领航"行动,综合运用市场监管职能,在质量管理、品牌、标准、计量、认证认可检验检测、知识产权等方面,助力企业实现高质量发展。加大产业质量合作社建设力度,发挥产业链龙头企业示范引领作用,带动中小微民营企业技术进步,更快融入产业链发展。

黄 燕

2022年4月

南通市民营经济信贷和融资报告

中国人民银行南通市中心支行

南通民营经济占到全市经济总量的70%、税收的75%、就业的90%，民营经济已经成为南通市经济发展的生力军、创新转型的强引擎。近年来，全市金融系统在市委、市政府的坚强领导下，围绕"扩总量、优结构、降成本"，奋力支持全市经济高质量发展，不断优化民营企业金融服务。

一、南通市民营企业融资情况

近五年来，南通市民营企业融资总量总体呈上升趋势，数据显示，2021年全市新增民营企业贷款658亿元，增量创历史新高；增速达18.9%，高于各项贷款增速2个百分点。全市一般贷款加权平均利率4.77%，比年初下降10个基点。

（一）从资金供给看，国有银行和农村法人机构是支持民营企业的主力

近五年，全市民营企业贷款余额累计新增2 015.3亿元，其中，国有和农村法人机构分别新增846.7亿元和598.4亿元，两者合计新增占全市新增的71.7%。2021年末，全市民营企业贷款余额4 140.9亿元，国有银行和农村法人机构分别为1 367.3亿元和1 403.5亿元，两者合计占全市的67%（详见表1）。

表1 近五年南通市民营企业贷款累计增长情况

金融机构	贷款余额（亿元）	累计增量（亿元）	累计增速
国有银行	1 367.27	846.67	162.6%
股份制银行	594.97	150.11	33.7%
城商行及异地农商行	769.87	416.25	117.7%
法人金融机构	1 403.46	598.42	74.3%
外资银行	5.30	3.85	265.9%
合计	4 140.87	2 015.30	94.8%

（二）从融资获得看，小微型民营企业贷款占比显著提升

在一系列支持政策影响下，小微型民营企业的融资环境不断改善。数据显示，全市小微型民营企业贷款(此处指小型私人控股企业贷款、微型私人控股企业贷款、个体工商户经营性贷款和小微企业主经营性贷款的合计，下同)占比显著上升，近五年新增占全市民营企业贷款新增的83.3%（详见图1）。

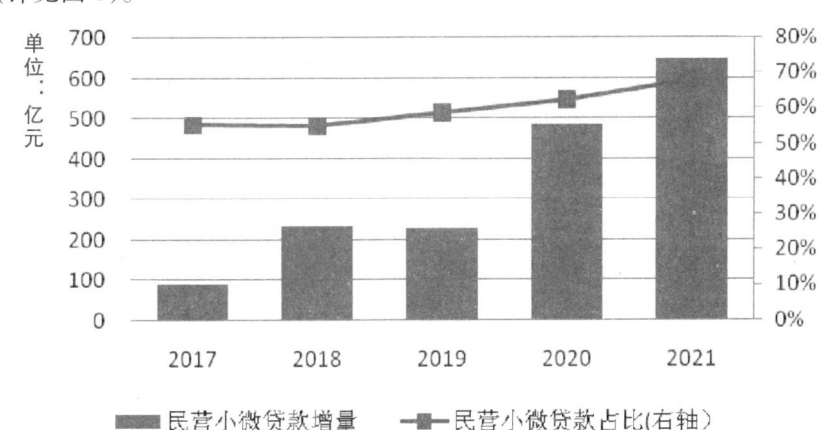

图1　2016—2021年南通市小微民营企业贷款增长

（三）从融资成本看，民营企业贷款利率逐步下行

自2018年贷款市场报价利率(LPR)改革以来，全市金融机构利用改革契机，优化贷款利率定价、加大让利力度，全市民营小微企业贷款利率逐步下行。2021年，全市一般贷款加权平均利率4.77%，比年初下降10个基点。调查显示，42%的民营企业表示财务费用占税前利润的比例在10%~30%，仅有6.4%的企业表示财务费用占税前利润比例在30%以上。

（四）从融资结构看，银行贷款仍是民营企业最主要的资金来源

2021年，全市新增民营企业贷款658亿元；而同期民营企业发行直接债务融资工具仅为14亿元，主要为大中型房地产或建筑企业。相比之下，银行贷款仍然是民营企业融资的主要渠道。

二、金融支持民营企业主要举措

2021年以来，人民银行南通市中心支行加快辖内信贷结构优化调整，聚焦构建"敢贷、愿贷、能贷、会贷"长效机制，提升金融机构服务中小

— 47 —

微企业的能力,引导信贷资源更多流向实体经济。

(一)畅通联系机制,充分发挥民营企业服务保障合力

2021年初,人民银行南通市中心支行积极参与银保监、金融局、市工商联等四个部门召开南通市"政商企"金融服务座谈会,并联合发布《关于加强沟通联系共同服务保障民营经济发展的工作意见》,建立工作沟通交流机制、融资信息互通机制、联合走访调研机制、融资会诊帮扶机制、金融政策培训机制、金融服务评价机制、责任部门保障机制等7项沟通联系机制、12项具体举措,努力营造宽松的氛围和良好的营商环境。

(二)完善政策指引,明确金融服务工作目标

制定出台了《南通市金融支持个体工商户三年行动方案》,通过开展金融惠民工商户大走访活动、金融便民产品服务创新行动、金融助民服务提质增效工程和金融为民政策引导护航行动,实现个体工商户融资受益面明显拓宽、融资成本有所下降、服务精准性显著提升、服务满意度持续增加的目标。

(三)扎实开展金融机构乡村振兴评估

按照党中央、国务院的最新部署,以"几家抬"为理念,牵头联合南通市银保监分局、南通市农业农村局、南通市金融局、南通市总工会五部门制定印发《南通市金融支持乡村振兴专项行动方案》,开展总供给增量扩面、重点领域集中攻坚、金融机构内部管理机制优化改进、金融产品和服务提档升级、成本压降、科技赋能等六大行动,提出25项具体措施,全面划定乡村振兴金融"施工路线图",鼓励金融机构加大对乡村振兴领域的投入。专项行动方案被《南通日报》和《学习强国》等媒体报道,获得积极社会效应。

(四)加快推进绿色金融快速发展

2021年以来,陆续出台《推动南通市债券市场高质量发展更好服务实体经济的意见》《金融支持绿色低碳高质量发展的意见》《开展绿色再贴现业务的通知》等政策文件,并将绿色金融纳入金融机构执行人民银行政策综合评价,构建完善顶层设计。全面梳理并编制绿色金融产品汇编,以扫码查阅、电视台播放等形式,方便企业了解和使用;并联合金融学会等举办"绿色金融助力实现碳达峰碳中和目标论坛",全方位引导金融机构

支持实体经济绿色转型发展。推动中国清洁发展机制基金委托贷款和碳排放配额质押贷款相继首次在通落地。

(五)扎实落实科技金融服务专员机制

联合科技局遴选"南通市科技金融服务专员",为科技企业提供贴身管家式金融服务。及时跟踪、督导"南通市科技金融服务专员"工作开展情况,要求科技金融专员主动对接、积极回应科创企业金融诉求,争做科技企业金融服务的"贴心人"。指导金融机构针对"卡脖子"领域技术攻关、成果转化的科技企业或人才,开展"卡脖子专项贷"等业务,助力科技创新高质量发展。同时,指导金融机构在信贷额度、绩效考核、风险容忍度等方面,向科技企业倾斜,提升金融机构服务科技企业的内生动力。

三、当前存在的主要问题及原因

(一)民营企业经营质态分化明显,融资环境差异性较大

总体上,行业龙头、头部科技创新型等大中型民营企业其融资渠道较多,可以通过银行信贷、发行债券、上市融资等方式满足资金需求;拥有核心技术、市场前景好、经营质态优的民营企业,金融机构也积极支持。但主业不突出、经营管理欠缺、科技含量不足的小微民企,往往风险较大,金融机构在贷款等工作上也较为谨慎。调查显示,融资需求满足度在80%以下的企业中,超过一半是小微企业。

(二)民营企业贷款不良率相对较高,限制了贷款成本压降的空间

据统计,全市小微企业(含个体工商户和小微企业主)不良贷款率远超全市不良贷款率。以辖内一家农村商业银行为例,该行5月末经营性不良贷款全部为民营企业。民营企业贷款不良风险较高,直接影响到银行对民营企业贷款的风险偏好和利率定价,从而限制了民营企业贷款利率进一步下降的空间。

(三)金融供给和金融服务水平与民营企业融资需求仍不匹配,服务满意度还有较大提升空间

一是在融资期限上,51.4%的民营企业资金需求为1~3年,其中16.3%的民营企业资金需求为3年以上。而商业银行为了防控风险,大多发放1年期以内短期流动资金贷款,53.6%的民营企业获得的贷款期限集

中在6个月至1年。二是在融资方式上,银行一般接受房产、厂房等"硬资产"作为抵押物,而34.3%的企业认为在银行对抵押和担保要求过严,57.2%的企业希望获得纯信用贷款。三是在融资效率上,部分商业银行对小微企业的信用识别手段相对落后,需要较长时间和较多流程进行风险甄别。30.3%的企业认为手续繁琐、贷款审批时间长。四是在融资渠道上,民营企业通过直接融资满足资金需求的困难较多。37.5%的民营企业认为债券和股权融资的准入门槛较高,27.9%的企业认为发行债券或股权融资成本高,20.6%的企业认为附加条件多,这是民营企业发行债券或股权融资过程中遇到的三个最主要问题。

(四)不良追责、人才队伍缺乏、银企信息不对称等因素,制约金融机构服务民营企业的内生动力

一是尽职免责制度仍未完全落实。调查发现,尽管一些银行制定了尽职免责制度,但在实际执行中因缺乏细则、标准不清等原因无法界定,或是虽然免了责,但不良导致的利润下降仍会影响员工绩效考核和收入。二是民营企业金融服务人才欠缺。如辖内某城商行在编客户经理仅有9人,平均年龄30岁左右,在通设立以来主要着力于政府业务的拓展,在实体客户挖掘、行业周期特性、企业生产经营等方面的知识储备与实践经验,都较为薄弱。三是银企信息不对称问题仍较突出。企业生产经营过程中产生的税务、水电费、进出口、社保等数据仍分散在相应的职能部门,银行分别对接获取的成本很高,对有效识别优质客户和判断客户风险存在一定障碍。多数民营企业以家族式经营管理模式为主,内部产权界定不明晰,财务信息不透明、财务制度不健全,银行对企业的信用、产权归属以及生产经营状况难以判断。

四、政策建议

(一)银行机构切实增强金融服务水平

一是提升金融服务的综合化水平。创新运用大数据、区块链等技术创新金融产品,丰富产品期限和应用场景,满足不同融资主体多元化融资需求。二是提升金融服务的差异化水平。因企施策,针对传统行业企业,要加大对其技术改造的融资支持,推动其向中高端迈进;针对轻资产企业,要

加大信用贷款支持力度;针对小而散的融资需求,要提升金融服务的便捷度。三是提升内部管理精细化水平。提升负债管理精细化和专业化水平,切实降低负债成本,从源头上提高降成本空间。

(二)银行机构进一步完善激励约束机制

银行机构应当真正建立起有助于推动金融资源向国家经济、产业政策鼓励引导的方向集聚的激励考核机制。一方面,要建立健全正向激励机制,对于民营企业融资给予拉动和促进。另一方面,要建立健全授信尽职免责制度,发挥差别风险容忍度对民营企业信贷业务的支撑作用。

(三)地方政府进一步完善民营企业信贷风险分担机制

对于小微民营企业等薄弱领域,通过建立风险补偿或分摊机制,或者推动政府性融资担保机构与银行机构合作,缓解银行机构风险防控压力,提升积极性。

(四)地方政府持续优化金融生态环境

一是构建银企互信的信用环境。加强全市社会信用体系建设,通过构建"信用高地",打造"资金洼地"。深化信用信息的挖掘与使用,缓解银企信息不对称问题,降低对抵押担保条件的依赖。二是坚决打击逃废债,完善金融案件处置绿色通道。协调各部门加大对逃废债行为的制裁和打击力度,提升银行机构信心。

(五)民营企业强化自身建设,提升自身经营稳健性

民营企业要提高自身经营能力和管理水平,完善法人治理结构,规范财务制度,合规合法发展,珍惜信誉,诚信经营。理性制定企业发展战略和规划,坚持主业,做精做强,增强创新能力和核心竞争力,提高企业盈利水平和内源融资能力,使自身成为合格融资者。

陆雯婕

2022 年 4 月

南通市商会发展报告

南通市工商业联合会

商会是市场经济条件下实现资源优化配置不可或缺的重要环节,是实现政府与企业、企业与企业、企业与社会之间相互联系的重要纽带,是政府管理民营经济的有效助手。随着经济全球化的深入发展和社会主义市场经济体制的日益完善,商会组织民间性、社会性、经济性的特性和功能更加凸现,在推动地方经济发展方面具有得天独厚的优势。2021年,我市各级工商联组织在市委、市政府的正确领导下,团结带领全市各级各类商会以习近平新时代中国特色社会主义思想为指导,深入贯彻党的十九大和十九届历次全会以及中央经济工作会议精神,认真学习贯彻习近平总书记在企业家座谈会上和视察江苏省的重要讲话精神,按照市委、市政府工作部署,紧紧围绕促进"两个健康"总目标,积极干事创业、勇于担当作为,为推动全市民营经济高质量发展作出了积极贡献。

一、全市商会组织建设的基本情况

2021年,全市新组建商会9家,推进20家商会完成换届。至年底,全市共有商会组织331家,会员总数36 608家。全市商会组织中乡镇(街道)商会92家,行业商会127家,异地商会75家,园区商会5家,其他类别32家。市直商会共55家,其中行业商会36家,异地商会19家。吸纳汽车行业协会、车联网产业协同创新协会、留学生家长联谊会等3家商协会组织成为团体会员。全市127家行业商会共涉及到纺织、服装、机械、电子、建材等近60个行业。第一、第二、第三产占比分别为8.2%、53.3%、38.5%,第一产主要集中在养殖业和加工业,第二产主要集中在纺织、服装、化工、机械、电子等主要行业,第三产主要集中在贸易流通、餐饮服务等行业,基本已经覆盖到全市各个主要行业,尤其以支柱产业、特色行业为主,行业商会数超过总数65%以上,形成了与地方特色产业、重点行业发展相适应,布局合理、覆盖广泛的行业商会体系。

通商总会作为海内外通商代表自愿组成的、非营利性的社会组织,致力于汇聚通商力量,弘扬通商精神,打造全球通商的"精神总部"和"温暖家园"。2021年,召开通商总会一届五次理事会,举行轮值会长交接仪式、通商总会党支部成立仪式。推进在外南通商会组建,扩大通商总会覆盖面,2021年,推动成立常州市南通商会、杭州市南通商会、广东省南通商会广州分会、石家庄市南通商会、海口市江苏南通商会、厦门市南通商会、泗阳县南通商会等10家在外南通商会。至年底,全市累计在全国建立市、县两级异地商会组织78家。

二、推进商会组织建设的主要做法

(一)发挥党建引领作用

2021年,指导宿迁商会、连云港商会等11家商协会成立党支部。全市已建商会党组织286个,党组织覆盖率83.87%,覆盖率全省领先。全年,市总商会党委发展党员24名,转入党员26名。至年底,全市建立市直属商会党支部43个,党员总数226人,7个县(市、区)均已成立行业商会联合党委或总商会党委。药品业商会被确定为全国工商联商会党建工作示范单位,南通市纺织工业协会获评南通市先进基层党组织,3名商会党组织书记获评江苏省工商联优秀商会党组织书记。

(二)加强基层组织建设

2021年,会同市民政局出台《进一步加强镇(街道)商会登记管理工作的实施方案》,召开全市商会高质量发展推进会暨镇街商会工作现场会,表彰全国"四好"商会12家、江苏省"四好"商会44家、南通市"四好"商会45家和全市商会"十大工作品牌"、"十佳会长"、"十佳秘书长"。开展"五好"(领导班子好、会员发展好、组织建设好、作用发挥好、工作保障好)县级工商联认定,印发《关于开展2020—2021年全国"五好"县级工商联确认工作的通知》,全市各县(市)区工商联全部通过复评。

(三)服务全市招商引资

制定《在外南通商会服务全市招商引资考核办法》,组织8场(次)在外商会、企业回乡投资考察活动。9月23日,全国南通商会第九次合作交流会议在安徽省池州市召开,会议以"弘扬张謇精神,勇担民企责任"为主题,开展南通市、池州市推进长江三角洲一体化发展合作交流会,分别作招商推介和文化旅游推介,全国南通商会会长、秘书长、企业家代表,通商总会理事,异地江苏商会南通籍会长等150余人参加,皖江江南产业集中区与南通市国际家纺产业园区、池州经济技术开发区工商联(总商会)与南通家纺业联合商会分别签订框架合作协议。

(四)积极履行社会责任

开展民营企业社会责任调研,报送17家民营企业社会责任优秀案例,江苏中天科技和南通四建集团入选"中国民营企业社会责任优秀案例(2021)",中南控股集团入围"2021中国民营企业社会责任100强"榜单。深化东西部产业协作,组织15名企业家赴贵阳参加"苏商进黔"集中签约活动,市工商联企业家副主席、中南集团董事局主席陈锦石现场签约100亿元,中南集团在贵州合计投资达600亿元。

三、加强商会组织建设的主要思路

(一)进一步加强商会政治建设

加强思想引领。继续深化理想信念教育,探索组织参观考察、现场观摩、教育培训、座谈交流、典型宣讲等活动,发挥张謇企业家学院等理想信念教育基地作用,引导企业夯实共同奋斗的思想政治基础。强化实践引导。加强守法诚信教育,持续开展"法律四进""法治体检"活动和法治民企建设,引导企业依法经营、依法治企、依法维权。弘扬企业家精神。致富思源、富而思进,积极参与光彩事业、公益慈善事业,在履行社会责任中增强家国情怀,增进对党的情感认同和回报社会的责任自觉。

(二)进一步服务民营经济高质量发展

积极建言献策。发挥商会联系会员广泛的优势,积极反映社情民意信息、参与政策法规制定和报送有关信息专报,有序参与政企协商和有关政策法规征求意见工作。服务行业发展。严格行业自律,强化服务意识,不断拓展功能,搭建各类平台,为会员提供经贸、融资、信息、法律、技术、管理、人才、国际合作等服务。开展企业维权服务。积极推动建立商会与党委政府有关部门沟通联系机制,发挥工商联民企直通车作用,积极开展商会调解,努力化解会员纠纷。服务企业创新。引导会员企业运用互联网、大数据、人工智能等新技术,加快数字化、智能化升级改造。加强共性技术平台建设,推进区域产业集群建设,推动跨行业协同创新,促进产学研深度融合,跨领域提升行业整体创新能力。

(三)进一步扩大商会组织覆盖面

大力发展商会组织。积极培育和发展新产业、新业态、现代生产性服务业商会,大力发展工商联团体会员,使商会组织尽可能覆盖民营经济各行业,扩大工商联对企业的凝聚力和吸引力。不断扩大会员数量。科学制定会员发展规划和会员管理办法,坚持广泛涵盖、应入尽入,要广泛吸纳中小微企业加入商会,提高服务中小微企业的覆盖面。创新搭建联谊渠道。努力增加会员粘性,拓展团结凝聚渠道,搭建与各方面联系渠道,广泛联谊交友,加强对非商会会员的联系服务,最大限度团结凝聚本领域的民营经济人士。

(四)进一步提升商会规范治理水平

推进商会依法登记。落实《关于强乡镇、街道商会登记管理工作的通知》,推动符合条件的乡镇、街道商会尽快登记,积极协调推动其他尚未登记的商会有序登记。健全内部管理制度。切实建立健全以章程为核心的财务、人事、会员管理、资产管理、分支机构管理等内部管理制度,严格执行会计制度,实行独立财务管理,做好年度财务审计工作,发挥监事会作用。主动进行信息公开,自觉接受会员监督和各职能部门的综合监管。配齐配强人员力量。选聘思想活跃的优秀年轻人才,提高薪资待遇,加强业务培训和素质提升。打造商会工作品牌。树立品牌意识,结合自身实际谋划和打造工作品牌,每个商会着力建设自己的工作品牌,并加大对品牌项目的宣传力度,不断提升品牌项目的影响力。

胡天梦
2022 年 4 月

行业篇

南通市新材料产业发展报告

南通市工业和信息化局

新材料产业是南通市重点培育发展的产业之一,被列入全市"十四五"制造业高质量发展规划五大重点产业集群。南通市紧扣产业整合、龙头做大、链条延伸、技术改造、循环利用、平台建设等发力点,实施大规模技术改造升级,大力引进新上重大项目,新材料产业平台能级不断提升、集聚度不断增强。

一、总体发展情况

(一)产业规模逐步扩大

2021年,南通市新材料产业463家重点企业完成产值1 422.3亿元,同比增长30.9%,实现销售1 405.26亿元,同比增长33.1%,其中销售增速超过50%的企业有117家,20亿元以上企业21家,是拉动区域经济增长的重要支撑。在发展壮大自身产业规模的同时,新材料产业为全市信息、电子、能源、装备、医药、环保、农业、国防等诸多行业与领域提供了不可或缺的原材料支撑,对南通市推动产业链升级、产业集聚发展具有重要意义。

(二)示范效应不断提升

经过多年培育发展,全市已形成一批国内外有较高影响力的产业基地、产业集群和重点企业。拥有南通经济技术开发区化工新材料特色产业基地、如东县高分子材料特色产业基地、海安市磁性材料及制品特色产业基地等多个国家火炬新材料特色产业基地;形成了高性能合金材料、高性能纤维及其复合材料、先进高分子材料等产业集群;涌现了恒科新材料、华峰超纤、星辰合成材料、甬金金属等一批产品特色鲜明、企业知名度高、竞争力强、行业影响力大的重点企业,对整个南通市产业发展起到强大的带动和支撑作用。

(三)产业发展取得突破

在科技创新方面,建设了江苏省生态阻燃材料工程技术研究中心(金仕达)、江苏省电子化学品工程技术研究中心(新宙邦)等多个省、市级研发机构;新帝克单丝科技、东材新材料被评为国家级专精特新"小巨人"企业。在项目建设方面,一批重大项目加速推进,包括生产世界一流精品棒线材的中天绿色精品钢项目,主打"超纤一体化"、"可降解新材料一体化"的华峰产业园项目,生产聚酯纤维等功能性纤维的恒科新材料三期项目等。在产业链发展方面,"化工新材料"被列为南通市16条优势产业链之一,南通经济技术开发区形成了台橡、申华领衔的功能性高分子材料为主导的化工新材料产业链,海安市形成了以钕铁硼为代表的高性能稀土永磁材料支撑的手机、空调、新能源汽车等行业关键配套材料产业链;如东县形成了"油—丝—布—面料—最终产品"的完整化纤新材料产业链。

二、重点领域发展情况

南通市新材料涉及领域较为广泛,有先进高分子材料、金属新材料、光电子信息材料、新型无机非金属材料、高性能纤维及复合材料、新型纺织材料和前沿新材料等。先进高分子材料、金属新材料、新型纺织材料领域已形成较好的产业基础;光电子信息材料、新型无机非金属材料、高性能纤维及复合材料等领域形成了一批优势企业和产品;前沿新材料领域正在不断崛起。

2021年,全市先进高分子材料、新型纺织材料、金属新材料领域重点企业销售收入位居前列,分别为444.9亿元、295.4亿元和191.5亿元;光电子信息材料、金属新材料、先进高分子材料领域重点企业销售收入同比增长较快,增幅分别为149.4%、50.5%、30%。

(一)先进高分子材料

南通市以如东县高分子材料特色产业基地、南通经济技术开发区新材料特色产业基地等为载体,大力发展先进高分子材料产业,拥有星辰合成材料、台橡实业、三大雅精细化学品、爱森化工等一批骨干企业,重点打造高浓度冻胶纺高强高模聚乙烯纤维、环保型轮胎再生橡胶、轮胎还原橡胶、精细轮胎胶粉、高吸水性树脂、锂电池隔膜、新型热塑性弹性体、聚甲醛、多功能塑料软包装材料、热收缩膜、光学膜、太阳能电池背板薄膜、聚氨酯弹性体预聚物等一批重点产品。南通经济技术开发区已经形成了台橡实业、申华化学工业领衔的"功能性高分子材料为主导的化工新材料产业链";海门区依托回力橡胶,集聚了一批再生胶研发生产企业;星辰合成材料获批江苏省战略性新兴产业项目扶持资金。

(二)金属新材料

南通市金属新材料产业具有较强的发展基础,以海门区金属材料产业基地、通州区精密机械装备特色产业基地等为载体,拥有中兴能源装备、甬金金属、亚太轻合金等一批骨干企业,重点打造精密不锈钢带、不锈钢发丝装饰板、高档精密不锈钢薄板带、汽车用轻量化高性能精密热交换铝管、高导热铝基板、粉末冶金制品、磁性材料、单晶太阳能晶片、高性能永磁铁氧体、锰锌铁氧体软磁料粉等一批重点产品。海安市依托枢纽物流优势和有色金属期货交割库等功能平台,形成数十家骨干企业支撑的有色金属加工产业集群;亚太轻合金获评国家制造业单项冠军示范企业;甬金金属在国内民营不锈钢制品行业处于前三强。

(三)光电子信息材料

南通市光电子信息材料起点较高,以南通经济技术开发区光纤通信特色产业示范基地、如东县智能通讯与电网装备特色产业基地、崇川区电子信息特色产业基地、通州区电子信息特色产业基地等为载体,拥有中天科技光纤、中天科技精密材料、通富微电子、通光电子线缆等一批全国同行业具有影响力的骨干企业,重点打造光纤光棒、复合绝缘子、高性能纳米晶稀土永磁材料、动力电池材料、高性能电极泊、磁性材料等一批重点产品。中天科技光纤的特种线缆囊括了目前世界上最新产品和最新技术,数十个项目和产品被列为国家火炬项目和国家级产品,填补国内多项空白;通富微电子是目前国内规模最大、技术水平最高、产品品种最多,专业提供"芯片测试、封装、成品测试"一条龙服务的骨干企业。

(四)新型无机非金属材料

无机非金属材料产业是南通市的传统产业,近年来,在加大对新材料研发的同时,不断对传统材料进行改进提升,拥有铁锚玻璃、宇迪光学、中硅工程材料等一批骨干企业,重点打造动车用安全玻璃、各类光学透镜、镜头、石英陶瓷辊道等一批拳头产品。铁锚玻璃安全玻璃的多项技术打破国外企业的技术封锁,并拥有自己的技术专利,高速列车高性能安全玻璃市场占有率达到80%;宇迪光学的光学透镜、投影仪镜片、各类光学镜头及各类高精度放大镜镜片等光学玻璃元件,其背投电视用大透镜产量为全国之最。

(五)高性能纤维及复合材料

南通市高性能纤维及复合材料产业发展迅速,关键技术和装备陆续有所突破,拥有九鼎、锵尼玛新材料、华峰超纤、醋酸纤维等一批骨干企业,重点打造玻纤、玻钢系列、散热器用铝合金复合材料、超高强高模聚乙烯纤维、非织造布超纤材料等一批重点产品。华峰超纤材料为全市百亿级重点企业,具有从聚酰胺、海岛型超细纤维到聚氨酯生产,再到减量溶离及复合材料后期整理较为完整的产业链;锵尼玛新材料已建成高技术含量的超高分子量聚乙烯纤维生产线16条及可生产各类高强度防切割包覆纱生产线8条,年产能达2 500吨以上。

(六)新型纺织材料

纺织产业是南通市传统优势产业,全市纺织企业一直致力于新型纺织材料的研发和应用,拥有大生、恒科新材料、罗莱家用纺织品等一批在全国知名度高的骨干企业,重点打造吸湿速干超仿棉面料、吸湿发热超仿棉面料、多元复合抑菌柔软面料、可见光光催化空气净化柔性织物、高支精梳纱、高档防雨布、高档抗皱免烫面料、改性真丝、膨体弹力真丝、新型复合丝以及棉、毛、化纤与真丝交络、交织、复合、包缠、混纺的新型高档丝绸面料等系列产品。恒科新材料是国内功能性、差别化涤纶长丝规模最大的生产企业,2021年新材料产品产值近70亿元;大生为国家级高新技术企业,拥有"高支高密纯棉坯布"和"纯棉精梳纱线"两个"中国名牌"。

(七)前沿新材料

南通市前沿新材料正在快速发展,以如东县功能性高分子新材料特色产业基地、南通经济技术开发区新材料特色产业基地为载体,以愿景新材料、中天科技、道森新材料等一批骨干企业为依托,重点发展碳及其化合物、纳米结构应用、介电材料及性能、表面涂层、无机物复合材料、超微结构制造或处理以及高分子复合材料等领域。九九久科技自主研发的低油超高强聚乙烯纤维及石墨烯复合材料、高效萃取技术属国内首创。

三、产业基地、园区发展情况

近年来,通过优化产业布局、调整产业结构、加强科技创新等一系列发展措施,南通市集聚形成合成材料、精细化工材料、金属新材料、磁性材料、光纤通讯材料等多个特色产业园区和产业基地,为把新材料产业建设成为全市支柱产业、品牌名片打下坚实基础。

南通经济技术开发区化工新材料产业基地被列入国家火炬计划,并被江苏省商务厅批准为新材料特色产业园区。经过多年的培育和发展,形成了申华化学、星辰材料、台橡宇部、三菱丽阳、醋酸化工等一批行业地位高、市场前景好的龙头企业;主要生产合成纤维、合成树脂、合成橡胶、工程塑料、有机硅等高分子和其他化工新材料,是国内合成材料主要生产基地之一。园区企业不断加大研发投入,格美高科技建成江苏省数码喷墨打印材料工程技术研究中心,金仕达建成江苏省生态阻燃材料工程技术研究中心。

如东县高分子材料特色产业基地重点发展和完善橡胶、纤维、树脂基复合材料、胶黏剂、特种工程塑料以及改性塑料产业链,先后建成了"江苏省高分子材料科技产业园""江苏省新型工业化产业示范基地",形成了以如东县洋口化学工业园为核心,江苏九九久科技有限公司、南通腾龙化工科技有限公司等龙头、骨干企业引领,爱森如东化工项目、金光集团如东产业基地等大项目支撑的高分子材料多元化发展格局,基地内企业也积极为如东县生命安全防护产业发展提供了主要原料,形成了霍尼韦尔、恒辉、汇鸿等一批龙头型企业,有效带动了关联产业的发展。截至目前,基地已经建成高分子材料骨干企业20余家。

海安市磁性材料特色产业基地被列入国家火炬计划,已形成特色鲜明、产业关联度大、产业链较完整的高新技术产业集群,主要涉及高性能纳米复合稀土永磁材料、高强度、超高韧性ADI材料、新型环保阻燃材料、蚕丝纳米等领域,代表企业有鹰球集团、晨朗集团、冠优达磁业等。基地内的磁性材料及制品企业长期重视产学研合作,与国内外20多家重点院校、科研院所建立了机制灵活、形式多样的科技合作。

如皋港精细化工园区总规划面积12平方公里,重点发展基础化工、医药、化工中间体、生物能源等精细化工产品,拥有百川新材料、宏梓新能源、宝众宝达等多家骨干企业。目前,园区已开发面积3平方公里,区内基础设施配套完善,污水处理、供热已经全部配套到位,园区累计引进项目30多个。园区立足现有精细化工基础优势,瞄准技术成熟领域、进口替代领域,逐步向技术含量及附加值高、消耗及污染少的高端专用和功能性化学品转型升级。通过龙头企业延链、专精特新企业强链、传统企业建链计划,着力构建"油脂类高端专用化学品产业链"和"新能源新材料及其单体产业链"。

四、产业集群、产业强链工作推进情况

2021年,南通市深入开展新材料产业链培育工作,建立了市领导挂钩联系化工新材料产业链制度,由分管市长挂钩联系、专班推进,确定了一位产业链首席专家,对接了一个产业链专业化智库单位,梳理了一批产业链龙头骨干企业和重点项目,编制形成了产业链条图、区域分布图、重大项目图、重点企业图、产品品牌图,组织召开了化工新材料产业链重点企业培训班。

以重点领域引领性发展为特色,重点培育新能源材料、新一代电子信息技术材料等产业基地,构建特色产业生态,推进同领域企业集聚发展。目前,市开发区、如皋市、如东县等地形成集聚发展态势,拥有国家火炬南通化工新材料产业基地(市开发区)、国家火炬高分子材料特色产业基地(如东县)、国家火炬如皋化工新材料特色产业基地核心区(如皋市)。光纤光棒、复合绝缘子、磁性材料、特种不锈钢管、特种玻璃纤维和动力型电池材料等一批新材料产品在国内都具有一定的知名度和市场覆盖率。

五、重点企业发展情况

江苏恒科新材料有限公司是世界500强企业恒力集团在南通市设立的子公司,位于南通市通州区,主要从事功能性、差别化涤纶长丝的生产和销售,其将"智能制造"与"绿色制造"相结合,整个车间实现了全流程智能化生产、智能化转运、无人化仓储,年产 60 万吨聚酯纤维,已成为全球单体产能最大的纤维生产基地。恒力(南通)纺织新材料产业园于 2020 年 9 月获评国家级"绿色工厂",二期项目加弹车间获得了"江苏省示范智能车间"称号。纺织新材料产业园四期项目全部建成后,产业园将成为全球单体产能最大、品种最全的纤维生产基地,打造为融高端制造、科技研发、生产服务等于一体的国际先进纺织新材料基地。公司还参与多项国家、省、市级科技项目的研究,多项国家和行业技术标准制定工作,累计授权发明专利 30 多项,鉴定省级新产品近 20 项。

江苏甬金金属科技有限公司成立于 2010 年,为国家级高新技术企业,主营业务为精密冷轧不锈钢板带和宽幅冷轧不锈钢板带的研发、生产和销售,在冷轧行业位于国内前三,国内民营企业第一,产品被广泛应用于医疗器械、化工行业、家用电器、汽车配件、轨道交通、船舶制造、远洋运输、厨卫制品、建筑装潢等领域,国内市场占有率高。2017 年底,甬金被国家工信部列入中国制造 2025 重点新材料产业链名单;2020 年,甬金金属完成了国家工信部新材料(超级不锈钢)研制关键核心技术攻关工程,其"超宽极薄精密光亮不锈钢带关键技术及产业化项目"荣获 2020 年度江苏省科技技术奖一等奖。目前公司已获授权的相关专利 74 件,其中发明专利 22 件,实用新型专利 50 件,专利合作条约(PCT) 2 件。

南通星辰合成材料有限公司成立于 2000 年,隶属于世界 500 强的中国化工集团有限公司,是中国化工集团在华东地区从事化工新材料制造、研发和销售基地。公司主要从事感光剂、信息化学品制造、环氧树脂、PBT 树脂等新材料产品的生产和销售,技术水平和产能全国领先,其中"凤凰牌环氧树脂"获"南通名牌产品"称号。企业拥有 PBT、PPE、双酚 A、环氧树脂等多套大型化工生产装置,总产能超 40 万吨。制造工艺技术领先,通过"三标一体"管理体系认证,多个产品通过应用性认证。拥有技术研发团队人员 123 人,其中博士 7 人。曾获国家技术进步二等奖、中国石化联合会科技进步一等奖等;拥有专利 58 件,连续三年获国家专利奖。2021 年销售同比增长 90%。

江苏华峰超纤材料有限公司是由上海华峰超纤科技股份有限公司出资设立的全资子公司,位于江苏省启东吕四港经济开发区石堤大道9号,成立于2014年7月15日,注册资本20亿元,经营范围为产业用非织造布超纤材料、海岛型超细纤维的研发、销售与服务。公司建立了先进的创新管理机制,拥有国内领先的创新研发团队,具有从聚酰胺、海岛型超细纤维到聚氨酯生产,再到减量溶离及复合材料后期整理较为完整的产业链,借助华峰集团积累的30余年的聚氨酯研发生产技术和经验,以及母公司华峰超纤在行业内深耕20年所累积的丰富的技术优势、资金优势和成熟市场,目前产能已达到12 500万米,稳居国内龙头地位,市场份额超过60%,在全球也位居首位,具有较高的品质信任度和品牌认可度,目前已拥有50多项授权专利和80多项成熟的保密技术。

六、产业投资和重大项目情况

(一)中天绿色精品钢项目

中天绿色精品钢项目计划总投资约1 000亿元,规划钢铁产能2 000万吨,是江苏省首个落地开工的沿海钢铁基地示范项目,标志着沿海钢铁基地建设取得实质性突破。项目一期一步规划606万吨炼铁产能、585万吨炼钢产能(3座高炉、3座转炉),于2020年8月28日开工建设,计划投资458亿元,其中固定资产投资超300亿元,同步规划建设循环经济、钢材深加工等多元产业基地;项目一期二步总投资300亿元,拟建设2座360平方米烧结、三台7米焦炉、2座3200平方米高炉、2台300吨转炉、1780毫米和1580毫米热轧卷板各1条、相关公辅及循环经济配套设施。项目一期达产后将实现销售2 000亿元。项目二期总投资150亿元,计划占地4 000亩,依托一期工程建设项目,利用现有的炼铁和炼钢冶炼能力,拓展轧钢产品生产线,并增加深加工设施,拟新建450万吨的冷轧卷板以及300万吨大型焊管,产品主要用于汽车结构用钢、耐候结构钢、焊接气瓶用钢、双相钢以及石油天然气管线用钢,力争做到取向硅钢。项目达产后将实现销售500亿元。

(二)恒科三期项目

恒科三期项目计划总投资300亿元,年产210万吨功能性、差别化绿色环保化学纤维,年加工60万吨涤纶低弹丝。三期项目含多项全球最大及全球首创:全球首创熔体直纺双组份弹性纤维、全球最大的再生纤维生产车间、全球最大的熔体直纺全消光项目、全球最大的熔体直纺阳离子可染聚酯纤维项目,并引进自动清板系统、自动落筒系统、自动检测系统、自动包装系统、自动转运系统、智能立体库系统等智能制造设备,实现全流程生产自动化、智能化。

(三)桐昆涤纶全产业链项目

桐昆涤纶全产业链项目总投资450亿元,总用地面积6 000亩,分三期进行。目前一期石化聚酯一体化项目已部分开始投产,预计2023年一季度全部建成投产,投产后产值可达350亿元,税收12.5亿元。二期项目正在履行审批手续。三期项目可研报告初稿完成编制。项目全面投产后将实现从"一滴油"到"一根丝"再到"一匹布"的全产业链布局,为全力打通产业链上下游关系奠定坚实基础。

七、2021年主要推进措施

(一)完善工作机制,加强统筹协调

深入开展新材料产业链培育工作,建立市领导挂钩联系化工新材料产业链制度,由分管市长挂钩联系、专班推进。系统梳理产业链发展现状,剖析产业链长板和短板,找准产业链的堵点断点和痛点,为化工新材料产业链实施针对性、个性化政策举措,进一步加快推动创新链和产业链"双向融合"。

(二)深化产业研究,优化产业布局

深入贯彻落实《江苏省"产业强链"三年行动计划(2021—2023年)》,规划布局新材料产业集聚集群发展。与省化工协会联合编制化工产业高质量发展"十四五"规划,明确重点发展生命科学、化工新材料、高端专用化学品、节能环保创新服务等四大产业集群;科学制定新材料"十四五"产业发展规划,以产业配套循环发展为特色,重点打造高性能合金材料、高性能纤维及其复合材料、先进高分子材料等产业集群,形成从原料到终端产品闭环产业链;研究制定南通市化工产业布局调整优化规划,按照优化沿江、高起点布局沿海的思路,强化化工产业发展的规划引导。着力提升沿海化工园区项目承载能力,重点发展高端专用化学品、石化中下游产业链等项目,推动沿江化工园区(集中区)分别围绕化工新材料和功能性新材料错位发展、各展所长。

(三)培育龙头企业,强化示范引领

深入落实工业强市建设和产业发展的战略定位,抢抓一批体量大后劲强的骨干企业,努力构建多点支撑、多业并举、多元发展的产业发展新格局,发挥企业家作用,保障要素供给,推动产业结构优化、发展质效提升。全市培育了恒科新材料、华峰超纤、星辰合成材料、甬金金属等一批行业地位高、市场前景好的龙头企业。星辰合成材料、中天科技精密材料先后获批江苏省战略性新兴产业项目,甬金金属承接了工信部新材料(超级不锈钢)研制关键核心技术攻关工程,中天科技精密建设了江苏省光纤预制棒工程技术研究中心。

(四)支持改造提升,促进转型升级

在沿江地区重点实施压减、转移、改造和提升计划,推动化工新材料企业注重科技创新,改进工艺技术装备,减少污染排放,提高安全生产水平。指导三个取消化工定位园区制定转型升级方案,明确发展定位、方向、重点,利用园区现有产业和基础设施,鼓励和引导园区向新医药、新材料等高端非化类别产业集聚发展。海安市结合"智慧生态产城"定位,重点引进高附加值、少污染、具有核心技术的通信电子、医疗器械、环保材料制造等新兴制造业;启东市生命健康产业园区规划向"新医药、新能源材料"转型升级;海门区两个片区错位发展,临江新区向科技园转型,从事药物研发、制剂生产、基因测序的企业达到100多家,三厂片区重点发展新能源材料、生物医药制造、电子信息等产业。

八、2022年发展思路及目标

2022年,南通市将继续追踪新材料前沿技术与产业发展趋势,深入谋划,统筹产业规划、项目招引、人才引进等工作,不断推动新材料产业做大做强。

(一)紧扣产业链招商

围绕金属制品、金属新材料、化工新材料三大具有国际竞争力的优势产业链,紧扣先进陶瓷、特种玻璃、碳复合材料等核心功能材料、纳米材料、生物材料、超导材料等前沿新材料、高端轴承钢、汽车和造船用钢、高温合金及耐蚀合金等高端金属结构材料等发展重点,引导培育一批具有决定性、引领性的重大项目,加快龙头培育和产业强链,建设国内一流产业集群。

(二)加快形成产业体系

聚力发展以工程塑料、合成橡胶、高性能纤维等先进高分子材料为主导的化工新材料产业;以新型高端原料药、生物医药、新型制剂等为主导的生命科学产业;以全市优势产业发展所需的专用树脂、高性能助剂、金属新材料、电子化学品为主导的高端精细专用化学品产业;以功能性膜材料、水处理化学品等环境保护化学品为主导的节能环保创新服务产业,加快形成特色鲜明、具有较强竞争力的重点新材料产业体系。

(三)构建"一区一战略"产业布局

引导洋口化学工业园重点聚焦高端专用化学品、石化下游新材料产业链,南通经济开发区做优做强化工新材料产业链,如皋港化工新材料产业园以油脂化工及下游高端专用化学品产业为基础延伸发展电子新能源材料产业链,探索培育通州湾石化基地,努力把新材料产业打造成国内一流产业集群。

(四)持续推动产业核心技术人才招引工程

以实施"江海英才"计划为抓手,以激发创新创业活力、提高创新创业能力为主线,着力加强经营管理人才、专业技术人才、高技能人才等高层次产业人才队伍建设。坚持市县联动,刚性与柔性引进相结合,在新材料领域引进市外特别是海外高层次创新创业领军人才、工程技术关键人才和紧缺专业人才。贯彻"跨江融合、接轨上海"发展战略,与上海深入开展新材料行业人才和创新创业合作,与上海高校、科研院所建立创新协作关系,充分吸纳上海科技人才到南通市创新创业。发挥好南通大学、南通职业大学等高校平台作用,通过开展联合攻关和共同实施重大项目为抓手,培养一批新材料行业技术骨干、管理精英,培育一批新材料产业工人、创新团队。

潘晓颖

2022 年 4 月

南通市纺织业发展报告

南通市纺织工业协会(商会)

2021年,南通市纺织行业在面对疫情带来的市场需求骤减、贸易环境更趋复杂、综合成本持续攀升等多重压力情况下,努力克服下行风险压力,全行业销售总量、经济效益回升,生产情况总体平稳。

一、2021年纺织行业总体情况

(一)经济总量恢复性增长

总体来看,南通纺织工业经济当前仍处于恢复性增长期。2021年,全市规模以上纺织企业1 246家,产值同比增长13.9%,实现营业收入1 501.96亿元,同比增长12.7%,利润总额107.62亿元,同比增长27%(详见表1)。主要经济指标均呈现两位数增长,主要原因为2020年受疫情冲击导致基数太低。利润总额持续保持增长势头,体现出南通市纺织行业转型发展取得明显成效,运行质态良好。

表1 2021年南通市纺织行业经济数据

指标名称	本期	同比(%)
营业收入(亿元)	1 501.96	12.64
利润总额(亿元)	107.62	26.65
企业单位数(个)	1 246	2.5
亏损企业亏损总额(亿元)	4.45	23.59
流动资产(亿元)	665.56	9.13
应收票据及应收帐款(亿元)	173.09	3.17
存货(亿元)	179.31	22.89
资产(亿元)	1 395.29	17.17
负债(亿元)	744.91	22.7

(二)主要板块喜忧参半

随着恒科新材料、华峰超纤等一批化纤企业入驻南通,文凤集团、弘盛新材料等化纤企业不断加大科研、技改投入,南通市化学纤维产业取得飞跃发展,主要装备国内领先,核心技术取得突破。2021年,化纤行业营业收入比2020年同期增长34.1%。以鑫缘集团为龙头,恒源丝绸、丝乡丝绸等为骨干的一批丝绸生产企业,充分发挥行业带动作用,不断推进丝绸产业发展。2021年,丝绸行业营业收入比2020年同期增长28.2%。2021年,服装行业受疫情影响营业收入比2020年同期下降了5.1%(详见图1)。

(三)主要品类出口回升

由于东南亚、南美等地区疫情反弹,部分欧美服装订单回流,纺织品在服装出口的带动下迅速反弹,从8月开始止跌,9月以来增幅逐渐扩大,并拉动整体出口全面回升。经调研,转移订单以中低端服装为主,因合同价格、净利润普遍偏低及交货期短,欧美客户大多绕开中间商,直接派单给生产企业,南通市纺织服装行业订单增加。

(四)骨干企业支撑有力

各细分领域都形成了一批在全国知名度高、竞争力强的骨干企业,有力地带动南通市纺织工业的持续发展。华强纺织、凯盛家纺、金太阳科技、金元亚麻等企业都是国内各纺织细分领域的知名企业,企业规模、运行质态、工艺水平等都处于全国同行业领先水平。

(五)新业态拉动销售增长

疫情加速了线上消费普及,促进线上消费模式创新,直播带货、社交电商等新业态、新模式有力促进了消费回补,纺织品特别是家纺线上消费需求加快释放。在"双十一"购物节中,罗莱家纺以4.82亿元的成绩进入"双十一"五亿元品牌俱乐部。

二、纺织行业经济运行面临的主要问题

虽然南通市纺织行业触底回升,在整体规模、运行质量等方面取得了平稳的发展,但企业运营成本上升,用工难度不断加大等因素,制约着南通市纺织行业的健康发展。

(一)企业运营成本全面增加

2021年纺织原材料、能源、染助剂、员工费用全面上涨,企业生产经

营成本显著上升。一是棉花价格持续攀升。10月末,中国棉花价格指数为22 301元/吨,环比上涨3 197元;月均价为21 448元/吨,环比上涨3 225元,同比上涨7 495元。但相应的棉纱、坯布不能同步上涨,客户下单谨慎,企业成本上升。下游印染、服装和家纺企业等终端产品涨幅受限,一些订单被迫推迟或取消。二是能源、染助剂价格居高不下。2021年以来,蒸气价格从年初175元/吨,到现在250元/吨,涨幅42.8%;煤炭从800元/吨涨到1 100~1 200元/吨,涨幅50%;轻质纯碱、32%烧碱等染助剂分别比年初增长132.4%、233.87%。三是员工收入普遍上调。2021年8月1日起,南通市月最低工资标准从2 080元调整为2 280元,上调10%左右。部分企业反映,受限电影响,一些订单需要赶工,企业只能给工人加薪完成订单。四是用工难问题持续存在。在当前人口红利逐步减少、劳动力普遍短缺的形势下,部分中介机构无序发展、恶意垄断有限的劳动力资源、故意哄抬中介费用,一定程度上加剧了制造业用工难问题,"招工难"正在逐步演变为"招工贵"。

(二)经济环境不确定性加大

一是"新疆棉"事件负面影响依然存在。"新疆棉"事件对国际供应链采购新疆棉花及其制品出口造成干扰,损害我国纺织产业链、供应链的健康稳定发展。梦百合、三润服装等企业均表示受到此事件的影响。二是人民币升值影响利润和订单。2021年起,人民币一直维持在升值高位区,部分服装企业出现有单不敢接,出口不盈利现象。三是产业向低成本地区转移。随着东部沿海地区的产业升级,南通市一些纺织服装企业开始向安徽、河南、新疆、宁夏等中西部地区转移。新疆政府为加大招商引资力度,出台运输费补贴、工资补贴、税费减免等一系列优惠政策招引纺织企业,当地市长、县长亲自招商引资,挂钩联系企业。

(二)生产要素问题依然突出

纺织企业普遍存在用工难、用电紧、智能化程度不高现象。一是用工难度不断加大。南通市人口老龄化问题突出,愿意从事纺织服装一线生产的适龄劳动者越来越少。外地员工由于国家实施中西部地区新型工业化发展战略,因家乡办厂等原因而减少外出打工。二是个别地区无序"控电控气"使企业无所适从。家纺产业园科学有序实施"双控",宝缦、梦百合、老裁缝、蓝丝羽等企业均表示虽然有停产,但对企业整体影响不大。不过,个别地区部分纺织企业反映由于受限电限气影响,在手订单特别是外贸订单无法及时交付,造成订单和客户流失。三是印染装备水平有待提高。南通市印染后整理发展水平较为滞后,除联发集团、启弘纺织等少数企业达到国内先进水平外,大部分印染色织企业设备陈旧落后,坯布深加工配套能力弱,面料自给率低。

三、2022年纺织业发展趋势

展望2022年,纺织行业经济运行具备平稳向好的条件和基础,但面临的发展形势仍错综复杂。由于低基数效应的逐渐消退,2022年纺织行业将回归至经济平稳增长运行、转型升级持续深入的常态化发展轨道。主要呈现四个方面的趋势。

(一)绿色低碳循环发展是大势所趋

根据中纺联发布的《纺织行业"十四五"绿色发展指导意见》,在国家碳达峰、碳中和目标导向下,纺织行业推动绿色低碳循环发展、促进行业全面绿色转型成为重要之策。2月23日,欧盟委员会提出《企业可持续尽责指令》,纺织品、服装产品的制造与批发贸易是重要领域。跨国公司也在通过供应链管理传导着绿色主张。从国内看,绿色发展相关政策密集出台,不断深化、细化。绿色产业将作为经济增长的新动力,为经济社会稳定发展提供重要支撑。

(二)智能装备制造推动纺织行业新变革

纺织行业以劳动密集型模式为主,对劳动力资源的依赖度较高。随着南通市劳动力成本的不断提高,经营压力倒逼企业淘汰落后产能,引入自动化、数字化、智能化的纺织机械设备是大势所趋。纺织机械的自动化可以节约用工,提高纺织企业的生产效率,增大盈利空间,提高信息化水平。

(三)高品质差异化是企业生存"王道"

在纺织市场整体欠佳的大环境下,很多纺织企业面临订单不足、库存积压的问题,相反,凭借出色的创新研发能力,部分企业差异化、个性化定制产品不愁销路,订单不减反增。进入后疫情时代,靠打"价格战"争订单的方式已经行不通,唯有创新产品,走高品质差异化道路满足客户多样化的需求才能走的更远。例如,大生集团10万锭智慧纺纱工厂生产的差异化纱线,市场潜力巨大。

(四)原材料价格继续保持高位运行

2020年新疆地区机采棉比例已达到80%,采净率在93%~95%。机采棉还会导致棉花品级降低,皮棉长度、强度降低,短纤维含量和棉结增加,地膜碎片增多,品质一致性较差。2022年如果棉花这一原材料行情价格的上涨势头得不到缓解,下游纺织企业高成本压力还将延续,最终传递到消费终端产品上。

四、推进措施及建议

(一)强化政策扶持,激发企业发展活力

进一步减轻企业税费负担。研究出台促进纺织产业发展的激励措施,进一步扩大研发费用、品牌宣传费用税前加计扣除比例,提升企业创新与技改投入积极性。简化企业办理相关优惠政策手续,确保企业切实享受到优惠政策支持。与其他行业相比,由于纺织服装行业小微企业偏多、设备投入偏少,难以享受技改补贴等惠企政策的利好,建议各县(市)区在对标市级标准出台政策时降低门槛,更多惠及小微企业,鼓励纺织服装企业加大技改投入和产品研发创新。区域全面经济伙伴关系(RCEP)自贸区的建成为纺织服装出口企业提供重大发展机遇,建议企业最大化利用RCEP协定,认真研究、读懂并运用关税减让表,关注并研究RCEP各成员国的海关程序、检验检疫、技术标准的规则落地,积极申请RCEP各成员国针对企业采取的便利措施和优惠政策。

(二)推动产融合作对接,改善企业融资环境

加强对纺织行业改造提升资金需求及融资现状的调查研究,推动金融机构与纺织企业对接融资需求等。引导建立纺织产业基金,鼓励优质社会资本支持行业发展。整合现有财政专项资金,着重支持纺织行业共性、关键技术研发应用及行业性科技创新与应用推广平台建设。重点支持纺织绿色制造、智能制造、纺织新材料等重点领域关键技术研发应用。支持行业性、区域性公共服务平台升级,推动重点产业集群信息化服务体系建设,提升发展效率。

(三)招引优质产业项目,实现产业链强链延链

围绕产业龙头示范,聚焦补链延链强链,依托纺织协会、服装协会、家

纺商会等组织,开展专题招商、以商引商,紧盯世界500强、国内500强和行业前10强,着力招引科技型、财税型重大项目。着力提升企业竞争力,深入实施大型骨干企业培育计划、高新技术企业树标提质计划、"专精特新"中小企业专项培育工程、龙头示范企业培育工程,打造一批行业领军企业、创新型企业、"隐形冠军"企业。加快印染产业聚集,加强通州湾印染园区、常安纺织园建设,推动筹建南通市印染行业协会进度,提高南通市印染后整理技术装备水平,提升南通市纺织品时尚化、个性化、差异化水平和附加价值。

(四)推出双控工作机制,因地制宜精准施策

能源双控加速了纺织行业的优胜劣汰,有利于防止产能过剩和过度竞争,进一步提高行业集中度和营利能力,从而孵化出龙头企业。相对此前粗放、刚性的限电方式,应推出有序用电和能耗双控工作机制,助力纺织企业实现有序用电和能耗双控的精准施策。企业可根据有序用电和能源双控计划,合理安排相应的生产计划。另外,应将有限的资源向自主研发企业、自主品牌企业、有发展空间的企业倾斜。

(五)多措并举培育人才,缓解企业用工困境

通过与南通大学共建现代家纺产业学院,与南通职业大学合作用工培训,探索纺织产业工人技能等级评定机制,提升用工规范,整治劳动力市场无序现象;开拓劳动力输入通路,定向招工、培训,为纺织企业输入更多熟练劳动力;积极推动纺织用工程序开发,不断完善模块功能,逐步形成用工系统大数据,促进劳动力市场规范化;加强纺织人才梯度培育,重点支持南通大学、南通职业大学、江苏工程职业技术学院等大专院校对现有中、高级工程技术人员的再培训、再教育和技术工人技能培训。

金 鑫 杨潇潇
2022年4月

南通市生物医药业发展报告

南通市工业和信息化局

生物医药是南通市未来五年重点布局发展的六大战略性新兴产业之一，也是重点打造的16条优势产业链之一。近年来，南通市医药行业把握"新产业、新技术、新业态、新模式"发展趋势，不断强链补链固链，形成了涵盖生物药、化学药、原料药、中成药、辅料包材、医疗器械、卫生材料等较为完整的产业发展体系。

一、产业基础和发展形势

（一）产业基础

1. 规模质效持续提升。2021年，全市规模以上医药企业119家，实现营业收入比2020年小幅增长，比2019年（疫情前）增长21.6%；实现利润总额同比增长23.8%，比2019年增长97.7%；医药材和药品出口40.8亿元，同比下降10.5%，比2019年增长81.3%。

2. 集聚效应初步显现。"十三五"以来，南通市医药产业园区精准招商引资，加快集聚发展。2021年医药产业园入驻企业141家，营业收入165.1亿元，医药产业园已成为南通市生物医药科技成果转化，培养高新技术企业和人才的重要发展平台。南通经济技术开发区、南通市高新技术产业开发区上榜2021年全国生物医药产业园区百强榜。

3. 重点领域优势明显。生物药创新能力取得新进展。伊士生物、药明康德等一批企业在细胞治疗、新冠核酸检测试剂、分子遗传、传染病和肿瘤检测试剂、细胞及基因疗法研发等多个技术领域在行业领先。化学药物研发取得新突破。艾力斯、默克制药、联亚药业的治疗非小细胞肺癌、糖尿病、心血管疾病和甲状腺功能失调、麻醉肌松药物处于行业领先地位。高端医疗器械取得新成果。臻亿医疗、爱朋医疗等企业在心脏介入器械、心脑血管和肿瘤植介入器械等医疗器械细分领域取得突破。现代中药取得新进展。精华制药的季德胜蛇药片、王氏保赤丸、槐耳颗粒、槐杞黄颗粒是销售超亿元的优势大品种。

4.持续发展能力增强。南通市医药企业越来越注重发展质量和可持续性,企业的融资、研发、营销和智能化水平取得显著提升。全市有4家医药企业上市,占比6.9%;7家企业进入拟上市企业"白名单",占比17.1%;创建省工程技术研究中心29个,占比6.9%;市级工程技术研究中心109个,占比8.8%;省级企业技术中心1家,占比3.4%;市级企业技术中心6家,占比11.1%;省级示范智能车间2家、市级示范智能车间2家;通过美国FDA认证的企业21家,爱朋医疗科技获2021年市长质量奖提名奖。市场占有率不断提升,默克公司的优甲乐,国内市场占有率第一;联亚药业的硝苯地平缓释片美国市场占有率第一。

5.应急保障显著提升。2020年1月武汉新冠疫情爆发后,全市防疫物资以及配套生产设备和产品很快配套齐全,不仅及时满足了南通市自身的防疫需要,也为外省市防疫物资、原材料配套及设备零部件采购提供支持。根据防疫需要,南通市迅速组织新冠核酸检测试剂、新冠抗原检测试剂、新冠疫苗原液生产,充分显示了南通市医药的技术储备和研发能力。目前,伊仕生物新冠核酸检测试剂日产能50万人份,核酸扩增仪日产能400台套。

二、存在的问题

(一)总体规模与南通经济地位不相匹配

2021年全市规模以上医药企业实现营业收入占当年规模以上全市工业总值的比例仅有2.3%。而2021年扬子江药业产值431亿,超过南通市规模以上生物医药总营收。

(二)核心产品大都处在研发起步阶段

从营业收入看,2021年,占据产业中高端的生物药、化学制剂营业收入分别占医药产业的7.1%、28.1%。而原料药、辅料及防护用品占了近50%。从产品品类看,医疗器械产品为采血针、输液器、麻药包等低值耗材,医疗影像、介入材料等高端器械少。

(三)投资营销环境需要进一步优化

企业普遍反映南通市在技术研发、资金配套、项目审批、人才培育等方面的激励措施比周边地区滞后。首先是土地资源,启东市生命健康科技园内大量土地为农用地和农田,实际可供建设的区域有限。其次是产业基金,深圳、苏州等地都在大力发展政府引导基金、投资基金,而南通市推出的"科技贷"、贷款贴息等均为传统金融政策,未能发挥促进产业发展的显著作用。再次是行政审批,虽然南通市将新医药类列入"鼓励类目录",但也明确了其化工身份,行政审批部门在审批医药项目时有所顾虑,造成一些优质项目流失。

三、相关建议

"十四五"时期我国生物医药行业处于重要战略机遇期,随着国家医药一系列政策措施的全面实施,为医药企业提供了更多的渠道和空间。南通市应立足当前求突破、对标先进找差距、整合资源谋发展、抢抓机遇,精准施策,全力推进生物医药产业高质量发展。

(一)明确发展目标,形成专班推进

对照国家、省"十四五"医药产业发展规划和上海大都市圈空间协同规划,制定《促进全市生物医药产业发展的政策意见》。根据南通市经济发展总体规划和医药产业链发展水平,编制发布《南通生物医药产业支持目录》,明确鼓励发展方向,列出限制淘汰类别,引导全社会从土地、财政、金融、环保、资源供给等各方面给予扶持和服务,推动全市生物医药发展水平走在全省前列。强化南通市生物医药及医疗器械产业强链部门联络机制,建立生物医药产业发展联席会议制度,建立政府和企业绿色协调通道,加快行政审批效率,协调发展中亟需解决的项目审批、能耗指标等问题。

(二)顶层科学规划,聚焦主导产业

要强化顶层设计和整体统筹,要科学布局生产空间、生活空间、生态空间,要把全市三年倍增计划和生物医药产业园区发展规划紧密联系起来。明确产业定位,聚焦主导产业,优化区域分工,提高园区承载力和影响力,形成"五园区、一基地、一市场"产业发展格局,即到2025年,把市经济技术开发区、海门区临江科技生物产业园、启东市生命科学城、如东县高新区生命健康产业园、南通市高新区生命健康产业园打造成为长三角综合性医药专业园区，如东洋口化学工业园打造成为全国性的高端原料药生产基地，如皋市医疗器械产业园打造成为华东地区重要的医疗器械生产和商业集散市场。

(三)聚焦创新研发，推动行业升级

深入落实市政府产业链挂钩联系制度，围绕生物医药、医疗器械等优势产业链，加快建设自主可持续发展的医药产业体系。

一是加强"链主"型企业培育。对标行业标杆，着力推动医药龙头企业整合创新、市场、资本、人才和品牌等资源，加大产品、技术开发力度，形成一批根植南通市的技术引领型、市场主导型"链主"企业，培育一批年销售超5亿元的"大品种"品牌产品。二是构筑医药研发高地。主动承担国家、省重大发展战略任务，依托重点单位和企业打造国家、省级药物科技创新战略型平台，围绕新靶标、新位点、新分子实体，加强前沿领域高水平基础研究，举全市之力争取国家、省重大科技基础设施和高级别生物安全实验室落地。三是加强人才梯队建设。围绕医药前沿领域的基础理论研究和医工交叉融合热点方向，培养产业发展急需人才，解决产业发展瓶颈。着力推动医药企业与上海市和省内高等院校深度合作，建立定向培养机制，共建人才实训基地。

(四)破解发展瓶颈，助推企业发展

在调研中，企业主要有三方面诉求。一是简化项目审批手续。建议加快项目立项、环评、安评、能评、消防审批速度，放开和简化园区外医药企业的中试、扩试备案等手续。二是加快原料药审批速度。市相关部门已经形成将化学药品原料药制造业作为非化工项目审批的初步意见，文件下发后，行政审批部门要加快审批速度，支持企业加大投资，加快建设。三是完善园区配套问题。从规划、资金上着手，切实解决园区的人才公寓、职工住宿、文化娱乐、酒店宾馆、超市菜场、交通出行、幼儿就学等生活设施和保障。

罗安然

2022年4月

南通市汽车维修业发展报告

南通市汽车行业协会

近年来,随着人民生活水平不断提高,乘用车从过去的奢侈品转变为大部分家庭的"标配"和代步工具。据统计,近五年来,全市汽车拥有量以平均每年 10 万辆左右的速度递增。2021 年 7 月南通市已成为全省第四个汽车保有量突破 200 万辆的地级市。汽车保有量的大幅增加,尤其是乘用车的普及,使汽车维修行业在市场需求的推动下,由过去服务营运车辆为主的辅助性旧业态,发展成为一个专业性强、分布面广、社会关注度高的重要民生服务行业。

一、基本现状

经过多年的发展,南通市汽车维修业已经形成了一个较大的市场,在全市的经济社会发展中占有一席之地。

（一）可观的经济总量

保守测算,每辆汽车年平均保养、修理费用一般不低于 2 000 元(包括每年 2~3 次的常规保养,行车 5 万公里更换一次轮胎,火花塞、皮带、变速箱齿轮油、刹车片等易损件的更换,车辆碰擦变形的修整和油漆修补,机械故障的修理等)。全市 200 多万辆汽车,年修理消费总额就达 40 多亿元。加上交通事故、自然灾害造成的车损修理和间接消费。全市汽车维修行业的经济总量相当可观。

（二）重要的就业平台

对崇川区和南通经济技术开发区进行调查摸底,该区域内汽车维修从业人员就达 5 500 多人,加上其他县(市)区,整个南通市从事汽车维修企业 1 500 多家,就业人员约两万人以上。

（三）民生的热点部位

汽车维修行业事关交通安全、公众出行、生存环境和人们的生活质量。随着汽车进入千家万户，维修服务的质量、价格、信誉、时效等直接关联着千家万户的日常生活，已经成为社会和谐稳定和民生关注的热点。

（四）发展的重要保障

行政审批由事前许可改为备案，简化了手续，为经营者进入汽车维修市场敞开了方便之门。事中事后监管，运用信息化和大数据技术，开发建设了汽车维修电子健康档案系统和行业诚信系统，提升了行业透明度和治理能力。围绕汽修行业转型升级，大力推进了绿色维修工程，建立并实施了汽车尾气排放检验与维修站制度，配合环保部门，深入开展了喷（烤）漆房废气治理和危险废物处置工作，妥善解决了企业在发展中遇到的一些实际问题，使南通市汽车维修行业基本满足了社会发展和人民群众出行的需要，为社会经济发展提供了重要保障。

二、面临的主要问题

（一）环境治理投入大，企业处境艰难

近年来，随着国家关于打赢蓝天保卫战的战略和新的《环境保护法》实施，南通市区的重化工、重污染企业相继关闭或外迁。但汽车维修企业因其服务民生的特点，为方便群众，一直布局在城市的大街小巷，已经成为市区的重要污染源和环保执法监管的重要部位。与汽车维修相关的的危险废物污染源主要有三大类：一类是废气，主要是汽车钣喷作业对油漆调、喷、烤产生的有害气体。二类是"废液"，即汽车保养维修中产生的废机油、变速器废油、废制动液等。三类是"固废"，即维修更换下来的滤清器滤芯、废蓄电池和废漆桶、香蕉水桶以及烤漆房更换下来的废活性炭、过滤棉等。经过数年治理，现在绝大多数二类以上维修企业产生的"废液""固废"已按规定与有资质的第三方处理企业签订了存放、收集、转移处置协议，基本实现了规范治理。目前面临的环保问题主要有以下几方面。

1.钣金喷（烤）漆废气处理点位多、要求高、难度大。钣喷已成为汽车修理中的重头戏，业务量的增加，喷涂产生有害废气也大大增加。据测算，仅南通市区，目前二类以上的汽车维修企业，平均每家年喷（烤）漆修理量一般不少于3 600个面,200多家企业,年累计达72万多个面,平均每个面使用各类油漆0.35公斤,全年使用各类油漆达25万多公斤。2018年,市区就根据当时国家规定的大气污染治理标准,对二类以上汽车维修企业的喷(烤)漆房进行了UV光氧/低温等离子加一次性活性碳的组合工艺设备改造,共有100多家维修企业完成了改造任务,并经第三方环评机构检测,确认合格后投入运营。随着大气污染防治的要求不断提高,随后江苏省出台了新的《汽车维修行业大气污染物排放标准》,已经改造的喷(烤)漆房治理废气的排放,达不到新标准的要求,必须改用"活性炭吸附脱附催化氧化设备"。第一次改造已经投入5~15万元,第二次改造又要投入25~50万元,而且新改造的设备,使用的吸附材料必须是符合国家质量标准的活性炭,充填量必须大于$1.8m^3$。使用一个多月大约喷(烤)350个面左右,就必须进行脱附后再使用。每月又要增加3 000多元的脱附成本支出。目前,除了较大的4S店外,一般二类维修企业都是只有10多个从业人员的微小企业,很难承受这么大的投入。所以,第二次喷(烤)漆房改造进展缓慢,推行半年多来,只有两家改造完毕,经有关部门组织专家验收合格,投入运营。另有3家正在实施中。下一步能够改造到位的,最多有20家左右。改造完成后,也只能完成市区喷(烤)漆总量四分之一,喷(烤)漆废气乱排放,甚至露天作业等违规行为亟待解决。

2.维修固体危险废物处置存在隐患。汽车维修产生的危险废物,一部分是有利用价值并能使企业获得收益的,如各种废机油、废电瓶。企业对这类废物都能按规范要求统一收存。但是没有利用价值,需要企业出资,统一送交有资质处置单位进行焚烧处理的危险废物,如机油壶、废油漆桶、废机油滤清器、有机溶剂包装物、废活性碳、废过滤棉等。由于处置成本高(每吨需企业支付近1万元),企业积极性不高。经过几年的整治,二类以上的维修企业基本上能按环保和安全部门的要求,统一收存,并和有利用价值的废机油、废电瓶一起,与有资质的危险废物处置单位签订协议,依法申报转移处置。但是三类维修企业和有执照未备案,以及既未领执照又未备案的快修店是危险废物处置的死角。他们高度分散,单个企业产生的危险废物少,运输处置成本高(不满一吨的一律按一吨收费),企业和处置单位积极性不高。有的企业把危险废物卖给收废品的，有的扔到垃圾堆，还有的随意乱放，污染土壤水源和空气，存在严重的事故隐患和责任风险。

(二)事中事后监管任务十分艰巨

2018年7月，国务院发布了《关于取消一批行政许可事项的决定》，汽车维修行政许可由审批制改为备案制，审批管理改为事中事后监管。行政许可的门槛取消后，排除了维修业户办证难的困扰，进一步改善了营商环境。由于机构改革，汽车维修管理人员的裁减，致使负责汽修行业监管的执法人员又略少。与此相反，汽车维修经营业户连年大幅增加，尤其是三类以下的经营业户，井喷式增长。加上审批改革中，个别企业对汽车维修的开业条件与要求不太熟悉，在备案中扩大经营资质，增加了事后监管的难度。繁重的监管任务，使汽车维修管理部门只能"抓大放小"。近年来，在汽车行业协会的支持配合下，着重抓二类以上维修企业的监管，基本做到每年对此类企业上门指导达到一次以上，而大批三类及以下的汽车维修经营业户，监管较困难。有的办了营业执照，不备案就营业，有的无执照，租个门面就修车，还有的配件店面也在修车。个别经营者消费不透明，修理质量差，服务不到位的问题时有发生。近年来的客户投诉举报的问题，基本上是这些小店所为，不仅客户维权难，而且严重损害汽车维修行业的整体形象。另外道路货运车辆执行车辆维护制度不到位，有的不进厂修理，在道路旁或停车场请维修工进行修理，质量得不到保障，给道路货运车辆行车安全带来很大隐患。尽快把三类以下维修企业及货运车辆维护纳入监管，实现全覆盖，是汽车维修行业管理面临的一项艰巨任务。

(三)行业转型升级进展缓慢

近年来，国家围绕汽车产业，先后出台了两项重要的战略规划。一是2020年2月国家发改委联合有关部门共同出台的《智能汽车创新发展战略》，二是国务院办公厅印发的《新能源汽车产业发展规则(2021—2035)》，由此汽车产业智能化、电动化、网络化和共享化成了"十四五"发展不可逆转的战略方向。汽车已经成为各类高新技术，环保技术的聚合体。作为市场重要组成部分的汽车维修企业，必须积极跟进，主动适应新技术带来的挑战，加快转型升级，提升服务能力，实现高质量发展。但是目前差距还比较大,比如汽车电子化、互联网等高附加值技术的发展,要求汽车维修行业与互联网融合发展,近几年推行的汽车维修电子健康档案系统的建设和应用,就是适应这一要求的基础工程,但是到目前为止,已经推行了五年多时间,全省才推进到二类以上维修企业,要实现交通部提出的三类以上汽修企业全覆盖的目标,更艰巨的任务还在后头。又比如汽车产业向智能化、电动化转型发展,必须有一批懂得相关专业知识和维修设备的专业技术人才,但是培养这类人才的工作刚刚起步。再比如维修企业的组织形态必须与高质量发展的要求相适应,但南通市汽车维修市场"小而多""单干式""碎片化"、各自为战的现状突出,必须向规模化、集约化、网络化转变。

三、加快南通市汽车维修行业转型发展的对策建议

根据南通市汽车维修行业的发展现状与存在问题,我们在广泛调查研究的基础上,综合各方面意见,提出如下对策建议。

(一)以建立汽车修理钣喷中心为龙头,构建南通市汽车维修行业新格局

随着新能源和智能汽车大量上市和汽柴油汽车的逐步淘汰,钣喷在汽车维修中的份额还将大幅度提升,必将成为汽车维修企业高质量发展的"龙头"。抓住这个"龙头",把钣喷中心建立起来,对于解决行业发展中的转型升级、环境整治、行业监管等许多问题都有十分重要的意义。

1.集中治污染,效果有保障。现在的汽修企业小而多,分布面广。分散治理,监管鞭长莫及,即使按标准对喷(烤)漆房进行了改造,也难免有的企业为节约成本,达不到环保要求,造成废气不达标排放。也有的会偷搞废气直排,露天喷涂,污染环境。更为重要的是目前汽车维修行业大气污染治理,执行的是第一时段标准。按规定,实施一年后,必须实行堪称史上最严的第二时段标准,其工艺措施、管理要求、检测手段等非常严格。维修企业面临的困难更多,难度更大。从长远角度看,随着国家《大气污染防治法》和碳达峰、碳中和战略目标的加快实施,各类新材料、新技术将会不断推广运用,治理大气污染的方式和设备也会不断改造和升级。所以建立钣喷中心,通过对废气排放集中治理,不仅可以节省治理设施的投入成本,提高治理效益,而且有利于适应未来设备更新改造和发展的新要求,通过集中智能化监管、规模化生产、流水作业,按规范流程操作,提升管理效率,杜绝各种违规违法行为。这是彻底解决喷(烤)漆废气污染,打赢蓝天保卫战的根本之策。

2.促进汽修企业形成联合体。钣喷中心可采取股份制形式,实行投资分红的方式建立,也可以采取组建汽车钣喷产业园模式,统一规划、统一建设钣喷中心。建成的钣喷中心,均采取共享化经营模式,对区域内现有的维修企业,凡是挥发性有机物治理不达标的,或没有喷(烤)漆房的,一律采用外包模式,交由钣喷中心生产。钣喷中心通过为所有汽车维修企业提供喷(烤)漆业务,形成互相协作关系。未参股的中小型维修企业和专项汽修店也可与钣喷中心投资企业、建立挂靠、连锁、托管或设立分店等关系,形成联合体。也可以由龙头企业,运用资本纽带和市场运作手段,把分散、微小的汽车维修点,通过重组、并购、扩张等模式进行组合,在社区、乡村、客货运站场、高速公路服务区、旅游景点等区域合理布局服务站点,通过维修信息技术共享、优势互补、统一规范,形成有序的汽车维修市场。逐步实现规模化、集团化发展。在这个基础上,强化网络建设,发挥整体规模效应,从而解决维修企业点多面广、互不联系、监管难、危险废物处理难和转型升级中的诸多难题。

目前,推进钣喷中心建设,具有很多有利条件。一是有政策依据。国家发改委、交通运输、环境保护等部门联合发文,明确提出了鼓励建设建立钣喷中心的具体意见。二是有榜样引领。近年来,全国多个城市通过建立钣喷中心,实现了集约化治理废气排放新模式,取得了成功经验。三是有企业响应。全市有条件的汽修企业,都表示愿意投资,参与钣喷中心的建设。四是有各方支持。市政协、市工商联专门召集环保、交通、土地资源管理等部门进行了论证,一致赞同钣喷中心建设。建议依据国家发改委和交通、环保、公安等十部委联合下发的《关于促进汽车维修业转型升级提升服务质量的指导意见》提出"将汽车维修纳入当地经济社会发展总体规划,在城市发展中为汽车维修业提供一定功能空间,增加城市承载功能,促进汽车维修业发展与人民群众维修服务、汽车消费需求相适应"。将钣喷中心建设列入城市建设总体规划,并按照环保优先和绿色发展的有关政策,给予征地、税收和投资等方面的优惠政策。

(二)强化监督管理、实现三类以上汽车维修企业全覆盖

面对事中事后监管的艰巨任务和行业转型升级的新情况、新挑战,要使汽车维修行业实现高质量发展,行业管理部门必须突破传统的管理模式,以开拓的视野、创新的思维,破解面临的难题。

1.加快汽车维修行业与互联网的融合发展。在近几年汽车维修电子健康档案推行到二类以上维修企业的基础上,按照交通部领导提出的"全覆盖、深开发、建制度、广应用"的总要求和江苏省交通厅的统一部署。把电子健康档案系统建设向三类汽车维修企业推进,实现全覆盖,并通过深度开发,建立健全数据上传和信息公开制度,推进车主公众点评,反馈应用,拓展应用场景,提高行业、企业和车主对应用场景的认同。促进汽车维修与互联网的深度融合。借助互联网优势把行业主管部门监管与行业内部相互监督,社会监督,覆盖到所有汽车维修企业。

2.在搞好网络监督的同时,切实强化现场执法监督,建议交通主管部门利用电子健康档案和群众投诉举报的信息,每年组织执法人员开展执法抽查。平时采取"四不两自"的形式,开展执法检查,对未备案从事汽车维修和备案后未履行承诺的违法违规行为发现一起查处一起。该处罚的处罚,该取缔的取缔,并辅以强有力的执法宣传,增强维修企业、尤其是三类维修企业及各类维修门店经营者的守法意识。推进监管全覆盖,实现由事前许可向事中事后精准监管的转变。

(三)加强部门协调,为汽车维修企业提供良好的经营环境

汽车维修市场是交通运输行业管理的五大市场之一,是千家万户密切关注的重要民生领域,其经营管理涉及众多的部门。生产经营方面,它与车辆保险,配件等行业密切关联;行业管理方面,它涉及交通运输、生态环保、市场监管、公安等管理部门。加强部门之间协调配合,是保障汽车维修行业发展的重要环节。

1.建立多部门联席制度。定期互通情况,增进相互了解,以便适时开展联合督查或专项治理,进一步提高执法效率,规范汽车维修市场秩序。

2.规范事故理赔。在汽车产业进入电动化、智能化,汽修行业推行"绿色维修"的新形势下,汽修厂在技术、设备和环境治理上投资很大,经营成本大幅增加,修理的价格及工时定额也应同步提升,需进一步对事故理赔进行统一规范,执行企业备案价。

(四)充分发挥协会作用,合力推进汽车维修行业全面建设

"十四五"规划和2035交通发展目标,对汽车维修行业提出了更高、更全面的要求,需要进一步总结经验,更好地发挥协会在交通高质量发展中的作用。使协会成为政府依靠、行业需要、会员认可、具有战斗力、凝聚力的社会组织。发挥协会的桥梁纽带作用。深入开展调查研究,及时掌握行业和企业的动态,反映企业和社会诉求,做到上情下达、下情上达,畅通政府和企业之间的联系。发挥协会的参谋助手作用。充分发挥技术专家和人才优势,鼓励和引导协会,积极参与或独立承担工作任务,更好地提供智力支持,当好参谋助手。同时指导协会,着眼行业发展需要,抓紧实施汽车维修紧缺人才培养工程,切实加强汽车维修人才队伍建设,针对目前紧缺的喷(烤)漆房挥发性有机物排放控制技术人才,新能源和智能汽车维护修理技术人才、钣金喷(烤)漆技术工人、汽车维修网络化技术人才、维修企业的管理人才等。充分发挥协会专家委员会、各专业委员会的作用,与相关职业技能院校挂钩,分期分批组织各类职业技能培训。完善专业技术人才培养、选拔竞争机制,组织和参与各类技术技能竞赛活动,并在政策允许范围内,对开展职业技能培训和竞赛活动提供支持和资金保障,努力建设一支高技能人才队伍,推动维修行业高质量发展。发挥协会职能作用。加强行业自律和诚信体系建设,积极配合行业主管部门,完善汽车维修质量信誉考核办法,运用互联网和信息化手段,引入消费者监督评价机制,构建企业经营行为和服务质量动态监管信息化平台,用市场信息公开透明和消费者口碑,倒逼和推动市场诚信体系建设。支持开展"售后服务客户满意度调查"强化日常监督和现场考核,组织参加"全国汽车维修质量服务月"活动,树立和宣传维修行业的典型标兵,凝聚行业服务精神,展示行业精神面貌。

孙成林
2021年11月

南通市餐饮业发展报告

南通市饭店与餐饮业商会

2021年,南通市餐饮从业者在各级党委政府和部门的关心支持下,牢记初心使命,坚决守牢抗疫防线,在转型发展中砥砺前行。

一、南通市餐饮业基本情况

2021年,国际疫情及全国部分地区疫情形势依然严峻,企业防控丝毫不敢放松,客流量大幅减少,餐饮形势未见明显好转。进入下半年,病毒变异,传染性更强,国家坚持"动态清零"政策不动摇,南通市周边城市南京市、扬州市、苏州市等地多点散发,连续两年的高压态势,部分企业承受不了高额的房租、员工工资、各项税费等,最终关门歇业。

与周边城市相比,南通市形势趋好。据统计,全年实现社会消费品零售总额3 935.5亿元,比上年增长16.8%,其中限额以上消费品零售额1 218.7亿元,增长18.6%。分消费形态看,餐饮收入95.6亿元,增长38.9%。全年接待境内外游客4 319.1万人次,比上年增长76.4%;实现旅游业总收入618.8亿元,增长45.5%。接待入境过夜游客4.1万人次,下降63.9%;其中外国人3.2万人次,下降67.1%;港澳台同胞0.87万人次,下降43.4%。旅游外汇收入5 570.8万美元,下降74.4%。接待国内游客4 315亿人次,增长76.5%,实现国内旅游收入615亿元,增长52.7%。总体来看,随着疫情进入常态化管控阶段,社会生产生活秩序缓慢复苏,人民的消费信心指数逐渐提升。

二、南通市餐饮业发展特点

(一)行业结构持续优化

餐饮业要以需求为导向,自我调节、完善管理、升级产品,满足消费者多层次、多样性、个性化餐饮需求。当前,南通市餐饮业结构变化趋于合理,呈现出业态多元、兼容并蓄的特点。据统计,目前全市大小餐饮单位约2万余家,全市拥有星级饭店54家,其中三、四星级酒店14家,五星级酒店2家。全市拥有超大型餐饮综合体10家,大型餐饮集聚街道30多家,集体配送单位30家,各类机关学校企事业单位食堂600多家,餐饮服务网点数达2.6万户,从业人员超过20万人。

(二)抵御风险能力提升

近年来,南通市餐饮业在疫情洗礼下,部分小型企业被淘汰出局,大中型企业苦练内功,调整升级,向品牌化、数字化、连锁化方向发展,经受住了市场风险。如南通大饭店、有斐大酒店、金石国际大酒店、滨江洲际酒店、中洋金砖酒店、启东恒大威尼斯酒店等始终保持龙头企业地位,一直是高端商务、高档宴席的首选。社会餐饮企业,如品尚豆捞、邵东酒店、好灶头、早海渔市、渔人码头、老码头、锅里岩等连锁化经营,兼收并蓄,发展势头较好;新生企业,如渔鲜生、九万里、醉江南、鲜沈捞等走社会化、大众化路线,颇具特色,宾客盈门;老字号企业四宜糕团、四海楼继续拓展,多点布局,老字号品牌家喻户晓;梅林春晓深耕上海滩,成为享誉沪上的江海美食展示窗口;非遗传承人巫雁冰制作的海门东方雁红烧羊肉已成为地方美食名片;传统餐饮企业转型为连锁化经营、多品牌培育、多渠道销售的现代化企业,成为餐饮企业提升竞争力、抵御市场风险的重要法宝。

(三)消费类别层次多样

南通市已形成了以"江海南通菜"为主体、海鲜饮食为特色,引进杭帮菜、粤菜、湘菜、川菜、闽菜、东北菜、台湾菜等传统菜系,入驻日本料理、韩国料理、西式餐饮、港式餐厅、主题餐厅等多种业态,以及现代快餐、奶茶、咖啡、饮料等休闲餐饮,满足不同人群、不同层次、不同需求的消费结构。南通市作为江海交汇的城市,有着得天独厚的自然条件,交通便捷,人文荟萃,伴随餐饮菜品的传承与创新,南通美食、江海美食已成为蛮声中外的美食"名片"。

(四)饮食文化更加凸显

饮食文化已经成为餐饮品牌培育和餐饮企业竞争的核心,现代科学技术、品牌经营管理、现代营养理念在餐饮行业中的应用将越来越广泛,约90%以上的店铺有着独特的经营文化和招牌特色。初步统计,南通市拥有白蒲黄酒、林梓潮糕、白蒲三香斋茶干、新中酿造、颐生酒业、如皋四海楼美食、穆义丰酒坊、西亭脆饼、四宜糕团、五山酿造、磨头豆腐等"非遗"、"老字号"品牌。拥有海安中洋河豚、如东狼山鸡、海门山羊肉、如东条斑紫菜、启东青茄、吕四海蜇、海安麻虾酱、如皋黄酒、如东文蛤、下原蘘荷等国家地理标志保护产品。南通市得天独厚的自然条件,赋予了人们更高的精神文化需求,吃饭不仅讲究口感、口味,色香味形,还追求营养、膳食的合理与科学,并且探寻品牌背后的文化和食品的来源故事。

(五)信息服务日趋完善

实践证明,线上线下一体化发展是必然趋势,线上销售甚至成为疫情时期企业经营的唯一渠道,拥抱数字经济是传统餐饮企业抵御风险、提升竞争力的重要途径。当前,"互联网+餐饮"已覆盖食材采购、物流配送、网络订餐、移动支付、企业内部管理与对外服务、信息反馈等全流程。据调查,南通市约95%以上餐饮店铺与线上网站合作,线上销售约占餐饮总营业额30%以上。几年来,年轻消费者追求便捷,外卖点单渐成趋势,西式快餐龙头企业肯德基甚至超过80%为线上售出。企业通过信息化技术运用从预订、点餐,到支付、点评为消费者打造数字化消费体验新方式。年轻消费者更关注餐饮消费的全过程,关注消费参与度和获得感、仪式感、成就感,从而形成友谊、融合、互动、分享价值。

(六)目的性消费渐起

目的性餐饮消费注重物质与情感、尊享与荣耀,是餐饮品质消费的标签,正朝着"情景化、健康化、主体化、文化性、永恒性"方向发展。餐饮商务消费领域,消费者更加注重品牌选择、产品和服务品质、环境场所氛围。餐饮家宴喜庆市场,已从单一的饮食消费需求走向情感交融、家族和睦,具有纪念意义的立体式消费集成,与布景、礼仪、伴手礼、婚庆等行业相结合。旅游餐饮消费市场中,城市地标美食、非遗、老字号美食、特色风味小吃等成为消费首选,也催生了餐饮新零售市场。

三、南通市餐饮业发展存在的主要问题

南通市餐饮有着鲜明的江海文化特色,但餐饮市场的繁荣程度与南通市的城市定位、经济发展、文化积淀仍不相适应,新形势下,南通市餐饮动力不足、人才短缺、野蛮生长,在市场景气度、产品竞争力等方面有很大的提升空间。

(一)餐饮企业品牌经营能力较弱

餐饮行业是资金投入不大、技术含量不高的劳动密集型产业。市场准入门槛较低,优胜劣汰明显,仅靠微利生存。近年来,房价节节上涨,餐饮房租、人员、食材等综合成本上升,不少个体餐饮企业经营越来越难。有调查显示,一般餐饮企业房租占到营业利润的40%~50%,上座率不足就只能关门转让,加之两年多来疫情反复影响,约有50%左右的餐饮门店开业不足3年。餐饮业经营的核心是菜肴质量与品种,餐饮业经营的实质问题是推陈出新,没有相对固定的客户群、比较鲜明的经营特色、比较严格的风控能力,就难以建立长久的品牌意识,不能做到持续经营。

(二)夜间消费经济亟需提升

南通市地处长江中下游,江海交汇,气候宜人,人民生活富裕,有较强的消费基础。夜间经济是消费指数的晴雨表,是城市经济活力的风向标,是促进消费升级的重要方面,而餐饮消费是夜间经济的主力军,约占七成。南通与其他沿海城市相比,如南方的泉州市、福州市、宁波市,北方的青岛市、大连市等城市有很大差距。餐饮夜间经济在政策配套、审批流程、税费优惠、科学管理等方面有较大的提升空间。

(三)商业综合体餐饮竞争加剧

近几年来,房地产催生下的商业综合体发展很快,有的规划不尽合理,造成供需失衡,存在配套不够健全、缺乏特色、底蕴不深、管理粗放等问题。商业综合体中餐饮占比越来越大,餐饮业态虽然丰富但同质化现象严重,租金高、物管费用高、营业时间受限,存在周末爆满、非休息日客流不足的现象。一定程度上,餐饮业依附着商业综合体的兴衰而起伏,餐饮价格竞争趋于白热化,绝大多数餐饮商家处于"微利"或亏损状态。

四、行业组织推进发展的亮点多

(一)全力抗击疫情,助力企业纾困减负

针对新冠疫情对餐饮业带来的重大冲击,行业经济损失达六至七成,有些饭店的经济收益下降50%。面对行业困境,餐饮业商会切实履行"娘家人"的责任和担当,鼓励会员提振信心,适时开辟食材配送等渠道,群策群力挺过非常时期。一是正确面对,抱团取暖。针对餐饮企业反映较多的餐厨废弃物处置问题,商会通过市工商联、商务局等渠道协调沟通,反映会员的合理诉求。经多轮磋商议价,天诚公司同意将处置费由原来的每桶30元降为5元,大大减轻了企业的经营成本。二是措施得力,促进复苏。在政府部门的指导下,商会联合发布《禁捕、禁烹、禁食长江鲜》《倡导文明用餐、推行公筷公勺》《节约粮食,杜绝餐饮浪费》以及分食打包等方面的倡议,有效推动全市餐饮市场向着绿色健康方向发展。三是就地过节,抗击疫情。商会及时向全市餐饮企业发出《鼓励外地员工就地过春节》的倡议,给予员工补助,减少人员流动,为抗击疫情发挥了积极作用。四是促进线上线下复合经营,抵御市场风险。支持网络服务企业与餐饮企业对接,帮助企业开展线上服务与宣传,开通阿里巴巴、美团、拼多多、饿了么、抖音及私域流量等服务,整合线上采购、线上营销、拓展外卖业务,减轻企业疫情"阵痛"。

(二)强化品牌建设,提升南通市饭店餐饮业美誉度

商会在餐饮结构的调整、美食品牌的提升、展会营销的造势、大型活动的开展等方面下功夫,为南通市餐饮美食文化的弘扬和传承发挥了积极作用。一是餐饮品牌发展势头迅猛。近年来,商会利用行业会议的时机,研究新情况,解决新问题,在经营结构上分析指导,通过协商形成行业共识,遵照市场规律,引领餐饮品牌发展。从目前南通市餐饮经营趋势来看,大型餐饮连锁经营、品牌餐饮发展迅猛,社会餐饮来势强劲,外来餐饮品牌强势登场。本土企业邵东家酒店已在长三角地区发展了19家门店,国际品牌星级酒店万豪、希尔顿、假日酒店等相继登陆南通。二是地标美食品牌亮点纷呈。南通美食是得天独厚的江海交汇地理环境的馈赠,是江海平原别具一格的风土人情的重要载体。近年来,商会与省餐饮行业协会合作,成功发布中国地标美食,参加金茉莉美食盛典。商会与市文旅局、广播电视台通过线上投票和专家评选,隆重发布《南通十大文化名菜》,组织江海渔港、邵东琇厨到上海电视台进行现场直播,接待台湾东森电视台来通拍摄,引起强烈反响。与市文旅局共同在"冬季游小洋口温泉文化节"上发

布《品羊肉美食地图》，起到良好的宣传效果。三是各类文旅展会精彩亮相。2021年，市政府高度重视餐饮业服务业复工复苏，推出多种形式的刺激举措，举办美食消费促销季，推出美食产品博览会，提供美食展销平台，为餐饮企业提供服务。商会组团赴南京市参加第十一届江苏省国际餐饮博览会，组织会员参加无锡大运河文化旅游博览会，安排会员参加淮安食博会和扬州的休闲小吃技能大赛。组织60家餐饮企业参加2021南通江海国际旅游博览会美食展，组织老字号企业参加商务局在丁古角步行街的老字号美食展销活动等。

(三)组织技能竞赛，提升行业服务质量

市委、市政府高度重视饭店餐饮业发展，把饭店餐饮业的服务质量提升列入"十四五"发展规划。为了积极响应党委政府的号召，商会牵头组织开展服务技能竞赛，以酒店为单位，开展应知应会培训，提升服务员的接待能力和服务水平。南通大饭店、金石大酒店、江南厨房、锦江花园酒店等开展服务技能和烹饪竞赛，江海渔港连锁酒店好灶头荣获第三届"苏菜优秀品牌"。早海鱼市荣获红厨帽委员会颁发的"中国苏菜传承"殊荣。通过竞赛，酒店从业人员掀起了以老带新、比学赶帮的热潮，员工之间互学互帮蔚然成风。商会还组织会员企业参加在南京、淮安、扬州等地举办的美食烹饪大赛，南通梅林花园酒店、邵东厨珐、早海渔市、醉江南餐厅、包福记牛肉馆、顺华楼包子店均获得大奖。商会还发动相关餐厅开展江海美食烹饪技能竞赛，打造"吃南通早茶、品非遗糕点、购地方特产、食传统土菜"的区域旅游大餐品牌。在市教育部门的指导下，商会积极发挥餐饮商学院的作用，与南通大学、南通旅游中专学校加强校企合作，利用旅游中专和张继华工作室，建立"现代学徒制"，实施餐饮人才培训计划和名师高徒计划，开展餐饮业创业工程，开展学生创业工程试点。与南通大学继续教育学院合作，开展餐饮行业在职人员大专学历教育招生工作，自主考试，择优录用。

(四)加强行业交流，弘扬美食文化

加强同行合作交流，是商会工作的重要内容，同行之间开展经营管理、菜品质量等方面的交流，是服务质量与美食质量提升的重要途径。商会组织饭店、餐饮企业负责人到西安、苏州、镇江、淮安等地参加行业峰会、展会活动,接待靖江等多批次省内外餐饮供应链和交流团、餐饮考察团,与全省13个城市餐饮行业协会建立友好商会关系,开展交流合作。在跨界融合交流方面,商会与相关行业组织打造异地联盟,形成合力,延伸服务链条。与绿地城开集团、万达集团、圆融集团、融创集团、金鹰集团等密切合作,帮助他们建立餐饮美食街区、商业综合体。与正大集团、中粮集团等建立产业合作标准化服务新模式。与市食品协会、酒业协会、旅游协会等行业组织加大合作力度。商会着力推进南通市地方特色名菜的传承与创新,举办"南通名菜厨艺竞赛""南通十大名菜"评比活动,对南通饮食文化进行挖掘梳理,与南通旅游中专学校、县市区餐饮协会密切合作,研究开发出"张公宴""董小宛名宴"、非遗传承"八碗八"、中洋河豚宴、江海风韵宴等南通特色名宴,组团参加海安中洋河豚节、海门伏羊节等活动,推出本帮菜、创新菜、特色菜和家乡菜四大南通美食。

(五)关爱会员企业,为会员发展鼓与呼

2021年7月,江苏省爆发新一轮疫情,南京市禄口机场、扬州等地形势告急,南通市的防控力度面临新的挑战。商会领导班子深入基层调研,了解会员企业的防控情况和经营情况,倾听企业心声,就如何防控和生产两不误进行交流,协调解决部分会员企业的实际问题,80%以上的餐饮企业在第三季度实现了正增长。商会不断增强服务意识,加强数字餐饮推广,扩大对外文化交流传播;建设标准化服务平台,以标准化、品牌化,推进绿色餐饮创建,选树一批标准化研发中心和示范单位。认真落实《安全生产法》《餐饮场所使用燃气基本安全要求》,配合政府部门给全市餐饮企业安装"燃气报警装置",解除餐饮后厨安全隐患,推广"明厨亮灶"工程,安装监控系统,建立食品冷冻储藏供应链管理体系,严格食品安全关。

(六)学习张謇精神,开展公益活动

商会认真组织学习总书记的讲话精神,引导企业家在弘扬张謇精神方面走在前列,争当表率,以大格局、大视野、大气魄,把个人和企业成长融入国家发展、汇入时代潮流,争当"张謇式"企业家。9月,商会在锦江花园大酒店举办"爱心驿站"启动活动,为环卫工人、交警、外卖员和需要帮助的人提供夏日清凉。中秋节,南通大饭店向抗疫一线的"白衣战士"和交警赠送中秋月饼。重阳节，四宜糕团店为老人赠送爱心重阳糕。冬至节，锦江花园酒店专门邀请环卫工人进店喝羊肉汤、送爱心礼包。在抗疫关键时刻，品尚集团为防控隔离点配送"中秋爱心餐"。众多饭店餐饮企业为部队、退役军人提供优惠、为孤寡老人提供家政送餐服务，为社会大众奉献"端午粽子""爱心粥""腊八粥"以及时令节日礼品等。"爱心年夜饭"捐赠活动已经连续举办了16年，如今已成为南通市"十大公益品牌"。

五、推动南通市餐饮业健康发展的对策建议

（一）优化城市空间布局，促进餐饮集聚发展

餐饮业是第三产业中的传统产业，往往缺乏统一的布局和科学合理的规划建设，但随着城市化进程加快、城市空间扩大、老城退二进三、大型综合体、人文景观、交通枢纽等区域成型，政府部门要从发展战略、网点规划、政策扶持、品牌建设等方面认真研究，切实改变目前餐饮业的放任自流、无序发展、盲目竞争的状况。近年来，南通市综合交通枢纽已经形成，南通新机场、北沿江高铁完成审批，各级政府要进行前瞻性规划和建设，加快现代服务业产业资源引进，以长寿之乡、名人故里、风景名胜、科创新城等为依托，发展一批综合性餐饮经营区，将餐饮街区规划纳入城市商业网点规划，避开城市交通拥挤、停车难、环境承载难、消防难等问题，坚持高起点、高标准、高品味，突出餐饮文化与购物、娱乐、旅游、商务、会展等紧密结合，更好地发挥特色餐饮街区的龙头作用和聚集效应，形成特色鲜明、布局合理、配套完善的市场体系。目前，1895广场、万达城、万象城、圆融广场、狼山三鲜街、中南城、星湖101广场等综合体餐饮已渐渐有了积聚效应，但南通西站、开沙岛旅游度假区、滨江新城以及地铁1号线、2号线沿线等，仍然缺乏规划和配套，建议政府部门优化二、三产业布局，增强土地综合效益，加强引导，突出主题，采取税收优惠减半等措施，鼓励本土企业连锁化、规模化、多品牌经营，吸引国内外知名餐饮连锁企业入驻主题街区，营造亲商、安商、富商的创业环境，努力打造工业文明、商业繁荣、生活便利的城市建设新格局。

（二）科学优化供给服务，繁荣餐饮消费市场

如今，随着人们对美好生活的向往，推进餐饮供给侧改革，保障各类

餐饮需求有效供给,优化多层次餐饮服务体系是今后的发展方向。在满足特殊人群需求方面,坚持政府引导、政策扶持、行业引领、企业参与的原则,通过标准制定、行业倡议、示范创建等制度实施学生、老年、孕妇、婴幼儿以及特殊人群等的营养餐行动。制作健康、养生、食疗等的饮食套餐,开展少盐、少油、少糖餐饮推广。深入实施中小学阳光食堂工程,依法规范学校食堂管理,落实食品安全法,在确保舌尖上安全的前提下,追求学生餐的营养美味可口。以促进夜间经济发展为契机,进一步规范特色餐饮街区标识,协调解决餐厨垃圾清运,提升餐饮夜间经济集聚度,打造夜间特色美食商圈,提升夜间消费品质,鼓励城市综合体餐饮经营场所延时经营。充分利用报刊、电视、广播、网络等媒体,结合江海旅游节加强宣传和推介,浓厚"假日节庆""以节造市"的氛围,利用如皋长寿之乡、海安中洋河豚生态养殖基地、启东吕四及如东洋口海鲜之乡、如东狼山鸡、海门山羊等绿色生态农业的旅游线路和资源,充分挖掘和宣传南通江海美食的地域特色和文化效应,广泛宣传乡土味浓郁的烹饪技艺和饮食文化,打造江海文化特色的休闲、娱乐、养生、体验之旅。

(三)完善食品安全管理,加快绿色餐饮建设

推进《食品安全法》贯彻落实,增强政府统筹食品安全综合治理能力,严格落实餐饮服务食品安全操作规范,按照信息化要求,加强从原料到成品的全程化溯源管理。各级党委政府、职能部门、行业组织要广泛宣传《禁捕、禁烹、禁食长江鲜》《反食品浪费法》等国家法律法规,让餐饮企业和普通市民敬畏法律,不碰法律红线。在餐饮业积极开展《使用公筷公勺,共建餐饮文明》行动倡议,以及拒烹、拒售、拒食野生动物倡议等,发展网络餐饮绿色服务,推广绿色加工和配送模式,推广可循环再利用餐饮具。倡导健康、科学、绿色发展理念,引导消费文明。当前,为积极应对疫情影响以及满足人们美好生活的需要,预制菜具有农产品向食品化升级、农业供给侧向需求侧升级的趋势。省餐饮行业协会制定团体标准《预制菜点质量评价规范》,南通市农业企业和餐饮企业要加快预制菜点研发和成果转化,加强理论研究,制作符合标准的富有江海南通菜特色的预制菜点,满足人们不断增长的消费新需求。

(四)挖掘传承餐饮文化,提升江海美食品牌形象

餐饮文化承载着城市的历史记忆和游子的一抹乡愁。打造地标美食文化,传承老字号非遗美食,注重餐饮资源挖掘、整理、运用,推进餐饮产业传承、加强餐饮人才培养、注重餐饮文化宣传是保持餐饮业经久不衰的不二法宝。商务部门、旅游部门以及美食研究机构要进一步挖掘南通市有代表性的美食特色宴席、菜品、面食小吃、特色食品。在老字号非遗美食方面,要进一步打造老字号品牌企业形象,开展非遗美食传习、竞赛、展演活动。在餐饮文化培养上,要进一步完善培养目标和方向,特别是要加大餐饮文化设计人才、餐饮文化经纪人、餐饮文化评论人才的培养。加大餐饮文化产品、文旅融合产品、餐饮民俗文化产品,在餐饮产业化方面与关联产业的融合渗透。

(五)加强商会建设,服务行业健康发展

行业商会作为党委政府联系企业的桥梁和助手,具备一定的"行业孵化器"功能,直接感受餐饮市场消费变化情况。近几年,疫情形势始终困扰和制约着行业的发展,餐饮食材受到流通环节的严重制约,商会应加强与农业龙头企业协调对接,扩大区域资源合作利用,降低企业成本,提振行业信心。组织餐饮企业到食材生产企业采取协议共建模式,进行大宗采购,降本增效,挖掘和推广本土资源。建议政府部门赋予商会承担行业培训、行业标准制定、职业资格鉴定等职能,听取商会对行业政策和收费项目的意见建议,采纳多方意见,反映行业诉求,提升商会话语权。政府职能部门要吸收行业组织参与行业执法,参与到消防安全、卫生治理、油烟排放、餐厨垃圾处理等监管之中,规范餐饮行业自律,强化生态环境监测监控能力建设。另外,行业商会要组织餐饮企业开展研讨活动,支持专题调研,研究后疫情时代餐饮发展新趋势,探讨在酒店厅堂设置、菜品预制、明厨亮灶、网络新零售,以及宾客导流、包厢设置、公筷公勺等方面加强创意,适应新形势,引领新潮流,为新时期南通江海美食名扬天下再立新功。

朱兴建

2022 年 4 月

南通市钢材贸易业发展报告

南通市金属行业商会

作为全国重要钢材物流集散地,南通市钢材行业一直保持较快发展。特别是2010—2019年,全市钢贸行业经历了体量扩大、获利丰厚的"黄金十年"。但自2020年上半年起,由于下游需求持续疲软,钢材价格不断走低,加之融资更加困难,钢贸行业发展受到一定程度的影响,企业运营从利润较高时代转入微利时代甚至负利时代。

一、南通市钢材贸易行业发展状况

南通市钢材贸易行业起步于上世纪80年代初期。南通市钢材贸易行业的蓬勃发展,既得益于南通市人民勤勉刻苦的传统文化,更得益于改革开放的东风红利和天然的地理环境及良好的营商发展环境。

(一)借助改革开放的东风,一大批钢材贸易企业应运而生

作为首批沿海开放城市,南通市紧紧抓住改革开放难得的历史机遇,一大批从事钢材贸易的个体户和企业应运而生,成为南通市商业经济发展建设的一支重要力量。经过40多年的不断发展,这些企业从无序竞争、恶性竞争中醒悟过来,逐渐认识到了合作共赢的重要性,开始联手发展壮大行业实力,打造一批品牌企业和产品,形成"一个大品牌扩一片,一个大市场带一串,一个大产业连一线"的集群经济。数据显示,截至2021年12月,钢材贸易行业覆盖全市所有区域,从业人员3万多人,拥有5 942家企业,其中规模以上企业149多家(按注册资金大于等于2000万统计)。

(二)从事企业以贸易为主,深加工和仓储配送物流为辅

由于历史原因,南通市钢材贸易企业还是处于"进销差价"赚取利润的传统阶段,粗放经营,缺少龙头企业的支撑,没有形成稳定的钢材供应

链结构,缺乏现代金融避险的理念、方法和工具。随着长三角区域一体化发展上升为国家战略,南通市迎来更加广阔的发展空间,用钢量上升,特别是交通基础设施的完善,越来越多的大型钢铁供应链管理型公司进入南通市,抢占南通市的市场份额,南通市本土的钢材贸易企业的生存越来越困难。

中小型贸易商。中小型贸易商,一般没有自己的库存,或者只有很少的库存。他们留有库存的目的主要是囤货,待钢材价格上涨时获利。尽管成交活跃,但是许多贸易商都不直接面对终端,没有稳定的出货渠道,而是贸易商之间互相转卖,这本身也是一种投机行为。这其中还有众多的"搬砖头"小户,做钢材跨区域的价差套利。

大型贸易商。此类贸易商经营时间长,在市场上有一定的影响力,资金量大,一般都有自己的仓库,或者租用了一些大型钢材市场的仓库。由于出货量大,他们与钢材生产企业建立了良好的关系,可以以较低的价格拿货,销售渠道主要是两个方面,一方面直接与建筑公司等钢材消费企业签订长期供货合同,另一方面则给中小型贸易商供货,其他的就是一些钢材零购客户。

(三)缺乏钢材集散地的整体规划,市场规模较小且产业难于集中

一是市场规模较小,缺乏规范引导。截至2021年12月,全市只有42个专业建材市场,有少量的钢材销售,有7个成型的钢材市场经营面积均不到50亩,规模较小,与建设大气开放的沿海城市不相匹配,这些钢材市场偏重于储存、经销,还没有一家集加工、仓储、物流于一体,功能齐全、规模较大的现代化钢材市场,与区域性中心城市的发展定位不相匹配。

二是物流配套能力较差,导致成本较高。全市有33个港口码头,南通、海门、启东、洋口、通州湾等港口配套有较强的吞吐能力。但是却没有较高的装卸效率,主要原因是,钢材装卸量太少,没有形成钢材装卸物流的完整配套,配套吊车的数量以及装卸工熟练程度,配套的运输车数量,配送的运价,储存仓库的面积,库存产品的数量,钢材规格等都无法与上海相比。

三是发展前景模糊,缺乏总体规划。钢材市场建设是南通市力推大市

场建设的重要组成部分,但由于缺乏钢材市场建设总体规划,使一些企业看不清钢材市场建设的发展方向及前景。如对钢材市场建设的可行性论证分析,对钢材市场建设的选址、规划及未来几年的发展趋势等都不明晰。

(四)钢贸企业效益较低,从事民营企业规模较小

行业进入门槛低,竞争日趋激烈。绝大多数钢材贸易商仍以简单的低买高卖赚取差价为主。近年来,整个钢贸市场环境发生巨大变化,钢贸企业面临来自各个方面的冲击,利润空间压缩,同时产生许多问题,在这一时期,以往单纯从钢管厂拿货赚差价的模式已经难以维持,钢贸行业利润比较微薄。

由于钢材贸易领域进入门槛较低,大量民营企业纷纷涉足其中,但企业规模较小。全市拥有金属材料销售业务的限上民营批发企业125个,占拥有金属材料销售业务限上批发企业的70%。截至2021年6月底,在全市限上大中型批发企业中,金属批发企业实现主营业务收入692.6亿元,同比上升15.2%,毛利率为1.4%。

(五)销售保持较快增长,电子商务新业态正在兴起

在国家积极的财政政策和稳健的货币政策等一系列促投资、稳增长政策作用下,"两新一重"领域建设发力,建筑、机械、能源等主要下游行业钢材消费量保持良好增长态势,带动国内钢材整体消费量较快增长。钢材贸易业积极应对市场需求不振,行业竞争激烈,价格大幅下跌的困境,钢材销售保持了较快增长,在全市商业经济中占据重要地位。截至2021年11月底,全市拥有金属材料销售业务的限上批发企业407家,占限上批发业单位的17.35%,上半年完成金属材料类销售额864.30亿元,下降4.42%,占到全市限上销售额的23.24%,拉动全市限上销售额1.3个百分点,贡献率为负5.35%。

由于钢材具有标准化、非时尚特性、规格繁杂、价格波动频繁等特点,相对于其他传统商品来说,更适合通过电子商务进行营销。同时,互联网的快速发展,也为钢铁电商发展创造了有利条件,企业由传统经销模式为主,向以金融监管、电子交易为主的电子商务方式转变,实现钢材贸易交易在

空间、时间、融资、效益上的最大化。近年来,"我的钢铁"等一批钢材贸易电子平台纷纷成立,全市钢材贸易业电子商务步入快速发展轨道,截至2021年6月底,全市拥有金属材料销售业务的限上批发企业中,通过网络实现的商品销售额44.74亿元,占全市限上金属材料销售额的5.69%。

二、影响钢材贸易行业发展的主要因素分析

过去10年间,中国宏观经济持续走强,受中国建筑业、基建规模大幅增长影响,中国钢材行业钢材产能快速扩大。从我国钢材生产情况来看,根据国家统计局最新统计数据显示,2013—2020年,我国钢材产量呈波动增长趋势,七年间我国钢材生产量年均复合增长率约为2.9%;2020年,我国钢材产量约13.25亿吨,较2019年产量增长了1.2亿吨。根据海关总署统计数据,由于国内钢价不断走高,叠加国内需求旺盛,我国2020年钢材进口量激增,2020年全年我国共进口钢材2 023万吨,同比增长64.4%。

综合来看,我国钢铁行业运行的外部环境未有明显改善。从国际上看,世界经济呈现疲弱、不均衡的发展趋势;从国内环境来看,我国经济发展进入转型期,钢铁工业面临新的变化,全行业在运行中还面临一系列新的矛盾和困难。与钢材生产商的区域性垄断不同,钢材贸易市场却相对活跃。由于目前宏观经济形势的影响,钢贸行业的发展受到多种因素的影响,经营面临许多困境,主要有如下几个方面。

(一)经营理念的影响

钢材贸易企业经营理念与高质量发展不匹配。目前南通市钢材贸易行业的困难的原因总体来说,是经济进入新常态、高质量发展前的转型期。从外部来说,先进地区、紧跟时代发展的电商平台、大型供应链管理型公司抢占南通市场、冲击本地钢材贸易行业。从南通市内部来说,意识落后、路径依赖、单打独斗、小富即安的保守思想制约了南通本地的钢材贸易企业紧跟时代步伐、适应高质量发展转型,做大做强。同时,政府部门要更加重视、关心、引导钢材贸易行业发展。

(二)市场需求的影响

国内市场钢材消费主要集中于建筑用钢消费和工业用钢消费,特别

是建筑、机械、汽车、家电、造船、石化、集装箱、铁路等八大领域占全部钢材实际消费的80%以上，其中建筑领域对钢材的消费量占全部消费量的一半以上，而房地产建设用钢占整个建筑用钢量的一半以上。这些集中用钢行业的运营情况直接影响了国内市场钢材需求。

随着经济发展步入新常态，集中用钢行业增长速度有所放缓，房地产投资回归常态，抑制了钢材贸易行业的发展。2020年以来，国家加大房地产行业的调控力度，楼市进入到了买方市场，建筑行业也随之进入了低迷期，下游需求无根本性改善。2021年上半年，全市规模以上工业增加值增长21.6%，同比提升18.4个百分点。上半年，全市全社会固定资产投资增长13.6%，同比提升9.6个百分点，其中房地产开发投资增长8.4%，同比回落7.5个百分点。

(三)钢材价格的影响

价格大幅波动，增加钢材经营的风险。受国际、国内多种因素的影响，近几年钢材价格总体是处于上升通道，但大起大落。特别是近年来钢材生产商加大了钢材直销的力度，与钢材下游企业直接签订长期供货合同，压缩了钢材贸易市场的规模。近年来，钢材价格持续波动走低，这主要是供过于求的矛盾过于突出造成的。2021年上半年，国家统计局对流通领域9大类50种重要生产资料市场价格监测显示，6种主要钢材产品价格呈现持续下滑态势。面对钢材价格的持续下跌，特别是部分种类钢材价格出现"倒挂"——出厂价格高于市场销售价格的情况下，钢材贸易企业靠传统的"低吸高抛赚差价"的营销模式已经难以获利，对钢材贸易行业的发展造成严重影响。2020年和2021年，每年钢材价格的波动幅度都接近50%。大幅度的价格波动对南通市的制造业、建筑业特别是钢材贸易企业都带来了巨大风险，影响经济社会稳定和发展。行业平均利润较低，成本压力增大，市场供大于求，过剩严重。2021年11月南通市的建筑钢材库存已达历史高位的30万吨，行业内竞争激烈，贸易商之间压价严重。

(四)融资环境的影响

钢材贸易行业为资金密集型行业，融资环境对行业发展影响最大。近年来，央行接连出台降息、降准、逆回购操作，实体经济融资环境有所改善,但社会融资整体规模仍然有所偏紧。截至2021年6月,广义货币M2同比增长11.8%,低于全年增长12%的目标0.2个百分点;狭义货币M1同比增长4.3%,处于历史低位水平。社会融资规模增量8.81万亿元,同比少增1.46万亿元。同时,钢材贸易行业是高风险行业,经营风险高,企业足务状况不稳定,银企信息不对称,特别是近年来钢贸企业纷纷爆发的信用危机,都进一步加剧了钢材贸易企业融资难度。

三、促进钢材贸易行业发展的对策与建议

从国际上看,境外疫情持续蔓延态势得到初步遏制,全球经济开始复苏。但受疫苗接种效率影响,各国经济恢复进程出现分化,发达经济体恢复增长预期明显好于新兴和低收入经济体。中国经济总量稳居世界第二,在新发展阶段底气坚实。但是也要看到,变异病毒仍在扩散,疫情影响可能超预期,发达经济体财政货币政策外溢效应会更加明显,全球结构性通胀预期强烈。未来,我们将会长期在一个不稳定、不确定的世界环境中谋求发展,风险挑战压力不可忽视,保障产业链供应链安全稳定难度加大,深化供给侧结构性改革,打通新发展格局堵点仍然面临较多挑战。

但从国际国内发展趋势来看,全社会对钢材的需求仍处在上升的阶段,钢铁工业发展仍面临历史的机遇,同时也面临诸多的风险和不确定的因素,预计今后较长一段时期我国用钢需求仍有增长潜力,钢材价格将保持高位运行且宽幅震荡的走势。

钢材贸易是全市商贸经济的重要组成部分。当前,钢材贸易企业紧紧抓住长三角一体化协同发展、建设南通市新飞机场、加快通州湾新出海口建设、建设长江经济带战略支点和上海大都市北翼门户城市建设以及"一带一路"建设六大历史机遇,推动钢材贸易行业较快发展,对促进全市商贸经济持续平稳较快发展具有重要意义。为加快钢材贸易持续高质量发展,建议如下。

(一)全市重点进行布局规划,加快"集散地+市场"建设步伐

南通市发展大宗商品物流中心的地理优势正逐步显现。钢材使用量与当地经济发展、特别是重工业制造业密切相关。南通市历史上除了钢丝绳产业集中度比较高,是全国重点硬线产品消费集中地之外,其它钢材品种消费量一般。虽然南通滨江临海水路交通发达但偏处一隅,由于陆上交通和铁路交通的限制,未能自然形成地区性钢铁物流的集散地,南通市的钢材大多从周边上海、无锡、太仓、靖江等地中转而来。随着南通市经济总量近十多年来的快速发展和转型升级,加之陆上交通体系的完善以及南通市固有的水路交通优势,形成了承接上海钢铁物流中心功能的外部条件,具备了成为长三角甚至东亚地区的钢铁物流中心的可能。南通市是钢铁物流"海进江、江出海"最佳交汇点。钢材市场建设,应充分发挥现有优势,除良好的区位优势、钢材深加工优势、钢材储存及交易的传统优势和便捷的交通优势外,钢材集散地市场不只是考虑局部,而应按全市布局来考虑,将发展以钢铁物流为重点的大宗商品物流纳入长远规划,利用南通市水陆交通和长三角副中心城市的优势,大力发展大宗商品物流中心和结算交易中心。整合目前南通市"小、散、乱"钢材仓储现状,以"立足南通,服务沿海、沿江钢铁物流"为目标,在沿海、沿江分别规划建设两个全国影响力的钢铁物流中转、销售基地,支撑钢铁物流供应链管理的发展,培育南通本土第一家"世界500强"企业。一是建议规划建设东部钢材集散地。规划建设总量2 000万吨/年东部钢材集散地,满足全市70%的市场份额,规划建设总量600万吨/年北部钢材集散地,满足全市30%的市场份额。二是引进钢材托盘企业以及金融机构。钢材的集散地是一个资金流密集的产业,需要大量的资金支持,前期引进如厦门国贸、建发等专业的钢材托盘公司,对库存钢材供应链金融支持,后期市场成熟以后鼓励本地的金融机构支持本地钢材贸易企业的发展,加快钢材集散地的形成。三是鼓励企业配套发展,降低成本。钢材集散地需要大量的物流企业配套,规划建设的同时鼓励装卸吊车企业增加数量和提高装卸效率,配送运输企业增加运输车辆,钢材加工企业为增加加工能力、钢材仓储企业增加仓储面积,型材企业的拆箱业务等综合服务,实现规模化、标准化、专业化的配套,从而降低成本,提高竞争力,真正的形成东部、北部钢材集散地的目标。四是强化产业发展政策保障。从推动科技创新、完善财税政策、加大金融支持、推动开放合作、加强要素供给等方面不断加强保障,最大限度地激发企业和市场活力。

（二）发挥行业商会独特作用，促进"一家人+联手"健康发展

行业商会是经济建设和社会发展的重要力量，推动行业发展，理清政府、市场、社会关系，创新行业商会管理体制和运行机制，对市场繁荣发展和产业转型升级具有重要的意义。当前经济处于新常态，上下游产业链的紧密合作和同行业之间的抱团发展尤为重要，如何做到行业内信息、渠道、资源共享，落脚点是发挥行业商会的独特优势，将单个会员企业的优势转化为行业群体优势，将行业的群体优势服务于会员企业的发展，做会员企业发展的"助推器"。一是加强行业自律，规范行业行为。在新的经济形势下，为让会员企业拥有一个"干净干事、诚信经营"的发展环境，行业商会应坚持对会员企业加强诚信经营理念和质量意识的宣传教育，强化行业自律意识，倡导诚信经营。二是帮助他们增强造血功能，不断延伸下游产业链和利益链，使贸商和终端客户利益都得到最大化体现。三是引导会员企业由扩大经营规模为主，向以增加整体经营效益为主转变，帮助他们整合和修复"钢厂—钢贸商—终端客户"的利益链条，稳住上游定价、控住中间销售、找准市场需求，挣深加工的钱，挣仓储的钱，挣物流配送的钱。

（三）积极大力倡导自主创新，深化"互联网+钢贸"发展方向

电子商务是钢材贸易行业未来发展的趋势之一。一是应加快电子商务与传统钢材贸易销售市场的深度融合，推进传统钢材贸易企业发展线上线下互动融合的O2O模式，推进钢材贸易企业营销模式的创新。同时，应通过电子商务平台建设，将供应链体系内的物流、加工、金融、销售等相关功能有机整合起来，打破传统钢材贸易企业盈利单一的问题。二是积极拥抱互联网+、物联网、云计算、大数据、区块链等新一代信息技术，推动贸易和信息化深度融合，推动企业上"网"上"云"，延长产业链提升附加值。三是积极引进、培育本土以数字化、数智化运营为基础的钢铁贸易物流平台，与南通市正在建设的"供应链金融服务平台"对接，形成贸易、物流、金融、信息融为一体的生态体系，建设具有全国性竞争力的钢铁物流供应链管理企业。

（四）规范行业信用总体管理，打造"共同体+信誉"融资方式

以产业联盟为基础打造钢材贸易企业的信用担保"共同体"，信用共

同体成员之间形成贷前、贷中、贷后的信用担保和资金保障机制,有效防范信用风险,积极提升金融机构对钢材贸易企业的贷款意愿,缓解钢材贸易企业融资困难。一是创新金融产品和服务,为钢材贸易企业提供多样化融资选择。推动金融机构创新研发适合钢材贸易企业的信贷融资产品,积极丰富融资方式,畅通股权、发债、上市、票据等多种融资渠道,减少钢材贸易企业对银行贷款的过度依赖。鼓励金融机构创新钢材贸易企业流动资金贷款还款方式,帮助符合国家产业政策、有竞争力、有市场但暂时出现资金困难的钢材贸易渡过难关。二是建立和完善担保体系,提高担保机构担保能力。政府应大力支持发展钢材贸易企业担保专营服务机构,探索钢材贸易企业担保模式。鼓励银行业金融机构积极拓展银担合作模式和业务规模,互通信息共防风险,扩大担保资金放大倍数,构建公平公正担保环境。三是拓宽钢材贸易企业保险业务领域,提高保险服务钢材贸易企业能力。鼓励保险机构综合运用财产保险、责任保险等产品为钢材贸易企业服务,提高钢材贸易企业抗风险能力。鼓励保险机构开发推广履约保证保险、贷款保证保险等产品,为钢材贸易企业融资提供保险服务。四是加快发展社会中介机构和中介服务,为钢材贸易企业金融需求提供配套服务。支持信用评级机构、资产评估机构、会计师事务所、律师事务所等中介服务机构发展,为钢材贸易企业的金融需求提供信息咨询、教育培训、管理咨询、创业辅导、市场开拓、政策法律等全方位服务。五是加快推进钢材贸易企业信用制度建设。建立和完善钢材贸易企业信用信息征集机制和评价体系,提高钢材贸易企业信用信息征集机制和评价体系,提高钢材贸易企业诚信意识。依托企业和个人信用信息基础数据库,推动信用机构为全市钢材贸易企业展开信用评级等服务,提高企业信用融资能力。

梁振宁

2021 年 12 月

南通市家具业发展报告

南通市家居行业商会

南通市家具产业历史源远流长,特别是改革开放四十多年来,在全市经济不断发展的大背景下,从最初的手工小作坊到如今的产业规模化,产品呈现高端化、多元化,产品销往全国各地,发展成为今天有一定区域性知名产业。纵观南通市家具业,呈现出高速发展态势:规模迅速扩大、结构调整突出、块状格局明显、销售模式丰富、品牌意识增强等五大特点。据不完全统计,截至2021年12月,南通市家具生产企业达到5 000家,从业人员近20万人,2020年行业产值达到380亿元人民币,南通市家具业已成为全市制造业不可或缺的一个重要产业。

一、发展历程及现状

(一)行业概况

1.较为突出以中小企业为主的企业规模结构

南通市制造产业基础比较好,人才集中,交通便利,信息业发达,不仅文化积淀深厚,传统产业自古就很发达,现代工业起步也很早。目前全市家具工业发展态势好,市场容量大,产品档次较高,营销模式也灵活丰富,营销企业精英荟萃。中小企业发展国际论坛透露,我国中小企业已占到全部企业数的99%。南通市的家具企业也不例外。据不完全统计,全市现有家具企业数量与1978年相比增加了20多倍,企业总数达5千多家,其中千万元产值以上家具企业达2 000家,梦百合家居科技股份有限公司年产值达85亿元,私营企业、股份制企业占90%;从企业规模来看,个体私营小型企业约占80%,但一批成长较快的个体私营中型企业因其生产手段先进、管理好、产量高、质量优,在行业中起着支柱作用;从地区发展来看,海安、海门、通州等地的家具生产企业,整体生产技术水平较高,它们引领着全市家具工业的发展。

2.较强的地方网络根植性呈可持续发展态势

产业群理论更强调地方网络,其主体不仅包括企业,还包括企业之外的组织机构,例如研究中心、中介机构、金融机构、政府组织等。所谓根植性是指各种网络关系和企业活动是构建在地方社会结构之上,它反映的是网络和企业对地方的归属性。根植性的强弱与产业群稳定性的大小以及它的可持续发展密切相关。

南通市家具产业群形成的地方网络的根植性较强。南通市家具企业大多为本土的个体私营企业,几乎没有像东莞市、深圳市那样多的独资外企,虽然在发展初期这一因素制约了当地家具业发展的规模、档次、速度,但因其地方网络的根植性强,而具有良好的稳定性和强劲的后劲。加上全市各地各种产业群的兴起,并形成气候,都为当地家具产业群的壮大奠定了良好的协作、配套的可能性以及社会结构上的合理性。如海安市,在交通、人才、信息均不及发达地区及沿海城市的条件下,2010年,中国东部家具业基地在海安市挂牌,128个家具生产性项目集中签约,拉开了海安现代家居业大招商、大建设、大发展的帷幕。海安市的开发区、滨海新区、曲塘镇三个高标准家具园快速崛起,2 000多亩的市场区铺开建设,全产业链的家具业在海安市蓬勃发展,在激烈的市场竞争中脱颖而出,在国内家具业中占有一席之地,这跟当地较强的地方网络的根植性是息息相关的。

以分工专业化与合作为基础的地方网络。分工专业化不仅可以降低产品的平均劳动成本,还可以增加整个社会获得知识和累计知识的能力。目前中国家具业的专业化分工总体水平还比较低,相对而言苏州市等苏南地区的家具行业专业化分工做的比较好。南通市家具产业群数量多、规模强,其中数量最多、规模最强的地区是海安市,围绕家具产业已经形成较为完善的专业化分工,一个家庭小厂甚至只生产某个产品的一个配件,或只负责完成某个产品的一道工序,另外一些企业只负责销售或采购,成千上百的工厂通过互相协作,建立了良好的产、供、销链,形成了最有产业特色的"专业市场+家庭工厂"式的经营模式,也就是"小企业,大市场"的"海安模式"。

3.较强的以特色工业园区为新的地域组织形式

特色工业园区成为南通市推动产业群新一轮发展的重要战略。南通市产业群是我国"离土不离乡"的农村工业化模式之下的产物。大多数产业以专业镇或专业村为基础,具有"村村点火,家家冒烟"的分散布局的特点,但这种模式已不适应新形势下产业群的发展要求。而特色工业园区是适应产业群在新的发展时期客观需要的新的地域组织,是产业空间格局走向有序化、规范化的必然产物。以南通市家具产业群的代表——海安家具产业群的最新发展战略就是组建和创办海安东部家具工业园区。中国东部家具产业基地是海安市政府与中国家具协会联合共建的项目,是江苏省重点项目,江苏省服务业"十百千"重点工程、省级生产性服务业集聚示范区。目前基地正按照江苏省委、省政府给予的"有效承接华东家具产业转移,打造华东升级版家具制造和集散中心"的定位,围绕着"研发有机构、生产有基地、销售有市场、物流有平台、服务有配套"的家具全产业链目标,正全力推进基地建设,产业链初具规模。到2021年底,新建各类厂房100多万平方米,生产型企业达到1 000多家。2017年底至2018年苏南家具产业的转移对南通市家具行业的影响很大。从上海市、苏州市、广东省等地搬迁到南通市的家具企业数千家,主要集中在海安东部、老坝港、如皋吴窑、启东等地,2018年南通市家具行业的生产总值达360亿元,比上年增长8.67%,2019年生产总值达420亿,比上年16.67%,2020年生产总值380亿元,比上年下降9.52%。同时在环保、安全工作的整治下,企业在生产工艺、设备上加大投资力度,大大改善了行业的整个面貌,开启了一个适者生存的新时代。

家具工业园区的建立,不是简单的企业扎堆,而是通过进一步集聚和工业化分工,从而推动产业升级,营造区域创新环境,以及解决农村工业化引发的社会和生态环境问题。

(二)市场特征

一是进入门槛低。由于家具行业科技含量和投资规模的局限性,造成行业的"门槛比较低",门外汉很容易成为"门内汉"。二是是市场集中度低。由于行业进入壁垒相对较弱,市场高度分散,南通市家具行业仍是以中小企业为主体的行业,行业集中度非常低,目前还没有一家企业市场份额超过1%。三是产品差异化程度小。家具企业数量众多,大部分仍处于原始积累阶段,而家具的种类和款式专利保护比较难,企业斥巨资开发的新产品只要被市场承认就会被同行模仿,迅速地行业化、规模化生产,好产品往往昙花一现。以前,一个畅销产品的生命周期2~3年,而现在却缩短到不到半年,市场的同质化严重。四是小工业化程度逐步提升。目前,国际先进的家具制造技术正在利用数字化控制技术、新的传感技术如激光测量及新的机械技术,提高加工效率和加工精度。大部分家具企业在锯、刨、钻、贴面、封边等方面出现了许多新的装备,相应采用了许多新的工艺。大型家具生产企业将进一步应用这些最新的生产工艺,工业化水平逐步提升。五是专业分工越来越细。随着全市家具行业的快速增长,市场竞争的白热化,行业重新洗牌,现有的"大而全、小而全"的初级工业生产方式,将越来越明显地阻碍家具行业的继续发展,专业化分工合作的现代工业生产方式则渐渐体现其优越性,专业化分工的结果是使企业根据自己的技术条件,确定自己的行业地位与角色。

(三)发展趋势

1.品种丰富,新工艺新材料用途广泛

家具行业是历史非常悠久的行业,它伴随着人们的衣食住行基本需要,并随着人们生活水平的提高而不断发展。近些年随着工业的进步,在传统手工作业基础上,各种新工艺、新材料不断应用于家具生产中,家具行业展现出崭新的活力和面貌。家具行业由家具生产企业、销售企业、原辅材料生产企业、科研单位等组成。目前家具企业所生产的家具种类品种非常丰富。按材料分主要有实木家具、红木家具、板式家具、塑料家具、金属家具、竹家具、藤家具、石材家具等,各种新材料均有所应用。按用途分主要有卧房家具、门厅家具、客厅家具、厨房家具、卫生间家具、办公家具、公共场所家具、户外家具、宾馆家具等,各种使用用途的家具都有生产。

2.缺乏创新,导致设计创新能力不强

缺乏知识产权保护,更谈不上对家具设计的保护,加上行业尚未出现专业强势品牌。在这样竞争环境中,家具企业都难以保证自身设计的独占性,创新设计行为的成本只被原创企业一家承担,而创新收益却可以被多家企业所无偿享用,家具款式的原创企业不仅享受不到创新所带来的超额利润和溢价优势,而且还无法阻止竞争企业"均享"自己创新成果并以更低的价格推出克隆家具。许多原创真品的销售业绩往往还不如抄袭品和仿造品。因此,对于大多数家具企业来说,自己花钱搞创新设计是不划算的,最好的竞争策略就是抄袭和仿造,以分享他人的知识成果来维持产品的成本竞争优势;这使得家具行业在模仿能力和生产能力增长的同时,大多数企业都丧失了进行创新和设计的原动力。

3.跟风模仿,自主制造不多,品牌少

由于家具行业科技含量和投资规模的局限性,又由于家具的种类和款式非常多,专利保护比较难,也给模仿者提供了机会。每年的国际展会和国内展会成了模仿者的课堂,小厂仿大厂,大厂仿国外,同行互相模仿,使得整个家具市场的产品款式具有高度的趋同性,真假难分、鱼龙混杂,要想让消费者在很多种类似家具款式中辨识出某一个产品的细微不同之处,实在不容易。而且,某些厂家的家具风格和家具款式又因为模仿名牌款式而经常变动,没有一个统一的品牌个性作为统率,就更加加重消费者的品牌识别负担,弱化了家具品牌在消费者心中的品牌意识,纵使家具企业卖出去很多产品、提高品牌展露次数、大搞促销,也难以累积品牌足够的知名度和认知度,就更别提在消费者心中树立品牌美誉度和品牌忠诚度了。

南通市家具生产企业百分之九十属于民企和中小企业,大型企业为数不多。家具企业在加工技术、产品质量方面已经开始出现均质化,低水平竞争加剧;知名品牌企业少,南通本地家具上市企业2家(亚振家居、梦百合家居),中低档产品多,开发能力差,营销水平低,近年受疫情影响,房地产调控政策的出台,市场原材料价格不断上涨,产品成本不断增加,招工难,企业的发展受到一定的制约。

二、存在问题

(一)缺乏长远规划,产业自然集聚程度不高

南通市家具企业不善于通过强强联合组成集团开拓市场,因此在渠道建设、资金、资源等方面依赖单个企业的积累,未能形成合力,家具产业的集聚是自然形成,未能形成集制造、商贸、物流、园区社会、消费者购物为一体的有效聚集模式。

(二)缺乏品牌战略,原始创新能力明显不足

全市家具产业规模很大,但长期忽视品牌建设,没有行业标准,企业间普遍存在一定程度的产品仿冒和抄袭,品种上缺少兼容性和继承性,不同厂家存在产品的差异,不能相互搭配,厂家之间各自为政,无著名商标;部分企业不以质量与创新赢得市场,而以单纯的恶性价格战占据市场,一味地考虑如何短平快形成利润,而无长期产业规划和成长蓝图。长此以往,这不仅不能为企业带来应有的利润,而且也极大制约了企业的进一步发展。因此,家具企业应将更多精力放在产品创新和质量提升上,逐步形成企业自身的核心竞争力。

(三)缺乏环保理念,部分企业生产污染严重

家具产业的先天不足之处就是生产过程中大量使用油漆、胶水等挥发性材料,甲醛超标、使用劣质化学材料等是一直存在的现象,影响大气环境。这其中又以木家具、人造板产品和金属家具特别严重。当今社会倡导的是低碳、绿色、环保和健康的理念,而部分企业仍把这些环保理念挂在口头上,没有改进行动,或者改进不明显,市场上真正的绿色环保健康家具数量有限。

(四)缺乏行业标准,产品同质化较严重

各式家具技术标准、监测标准的不健全使得生产产品标签较为混乱,同质化较严重。另外,有关部门对企业的监管、群众对企业的监督,缺乏体系,标准不统一。

(五)缺乏政策扶持,企业生产成本急剧上升

一是木制家具原材料受到木材出口国产量减少以及限制出口的政策的影响,原木、板材的价格飙升。二是随着国际石油价格的波动和国际有色金属期货价格的上涨,油漆、胶黏剂、海绵、五金件的价格均出现不同程度的上涨,进一步压缩出口家具企业的利润空间。三是伴随着我国人口红利的不断削弱,人力资源成本的大幅提升,极大地制约了诸如家具等劳动密集型产业的发展,甚至一度出现了用工荒情况。四是人民币对外升值。自2005年7月22日我国开始施行人民币浮动汇率制开始,人民币兑美元的汇率中间报价从8.11元一直降至到2021年12月初的6.3元,降幅高达27%。汇率的提升极大地削减出口家具企业的利润空间,造成出口价

格的大幅提升,使得出口家具的价格优势明显降低。尤其是对于那些出口低附加值、依靠出口退税生存的企业压力尤其明显。

(六)缺乏线下营销,电子商务扩展能力较弱

电子商务是现代科技对有限资源的最大化利用,最大限度接近消费者,满足客户需求。电子商务模式对家具生产提出标准化、易组装、相互兼容和设计多样的要求,当各行各业电商风卷云涌之时,家具的电商化对整个行业产生不小冲击,而家具电商服务链在消费者心中树立高信任度也越发困难。在业内希望通过对产品质量的把控谋求发展的企业并不少,但是当家具电商还未兴起之时,一些商家为了追逐利益就已经在质量方面放松了警惕。在如今新形势下,家具行业的发展不仅需要紧跟产业的信息化,还要不断探索适应消费者的运营模式。此外,近几年,电子商务在家具行业开始悄然兴起,众多知名家具品牌纷纷开展线上经济,电子商务逐渐成为家具行业营销的新宠。随着互联网的普及运用以及90后消费大军的兴起,网购成为人们主要的消费形式之一,但有些企业在这方面跟不上潮流。

三、对策建议

南通市家具行业面临着诸多挑战,也是中国家具业的一个缩影,要在未来的市场竞争中立于不败之地,必须具备品质、技术等多种优势,就必须抓住机遇转型升级,不断加大科技投入,研发自主核心技术,才能在市场竞争中立于不败之地。

(一)重点加强规划引导,布局家具产业宏伟蓝图

制定"十四五"家具行业规划,将家具行业作为全市重点发展的优势传统产业之一,在"十四五"期间重点发展绿色家具和家具产业价值链高端的研发、品牌及总部经济,开发多功能、智能化、高附加值的新型产品,发展家具行业新型材料等。利用全市大交通建设的契机,重点规划打造"家居产业生态建设(国家)示范区"等项目。此外,以打造家具物流名城为目标,尽快制定家具产业长远发展规划,激发家具产业的发展活力和潜力,进一步增强家具产业的竞争力和可持续发展能力。

(二)出台政策扶持力度,大力培植龙头骨干企业

加大对家具行业的扶持力度,针对全市家具行业现有的情况,在劳动

力成本优势还占主要地位的时候,出台配套政策,加大高新技术的投资,加快引进国外先进的家具行业加工技术及生产线,引导家具行业的产业加工升级,由劳动密集型产业转向高新技术产业,由简单的家具加工贸易转向产品的深加工、精加工、高端加工。提高家具产品的附加值和技术含量,促使家具企业向技术密集型企业方向发展,提升家具的质量和核心竞争力。针对龙头骨干企业少、物流带动不够等问题,加大对市场前景好、发展潜力大、能够带动产业发展的骨干企业实行领导联点、部门帮扶制度,实行减免行政性收费,返还部分税收等政策扶持。

(三)引导加强内控管理,全面激活内部管理活力

对于家具企业来说,向管理要效益,加强内控管理已成为企业进一步实现突破的重要手段之一。中小型家具企业应不断完善自身质量管理体系建设,强化内部管理能力和品质控制能力,进一步调动企业内部人员的生产潜力和积极性,激活管理活力,提升出口产品的质量和客户满意度,从而进一步创造更多的产品利润,塑造完善的企业品牌,开拓更加广阔的新兴国内外市场。

(四)积极推进产业升级,不断提升产品的附加值

家具企业要积极推进产业升级,向价值链的两端延伸,逐步改变OEM的加工贸易方式,加速发展本土企业主导的家具贸易,避免过多的贴牌生产,加大力度发展自有品牌,推动家具产品的功能升级,推进家具产业向国际产业链的高端发展。逐渐形成完整的贸易体系,从研发设计到品牌创建再到生产加工,不断提升产品的附加值。

(五)积极争创名优产品,系统化推进产品品牌化

品牌是企业文化、企业素质的整体反映,是企业无形资产的重要组成部分。应制定切实可行的家具企业的品牌设计与创建工作中长期计划,充分结合家具企业的经营文化和市场定位设计针对性的品牌建设执行方案,推动品牌创建工作。一是引导企业以创名牌为先导,坚持高起点、高投入,注重名牌营销,走品牌化的道路,对获得品牌的企业每年予以表彰奖励,进一步提高企业争创品牌的积极性。二是引导企业结合企业的自身情况,针对市场的竞品进行充分调研和分析,从消费者市场需求和细分市场定位来建立合理的产品家族,让所有产品形成相辅相成的品牌合力。三是

要推动家具企业品牌与子品牌之间的联动,明确品牌定位和主次关系,使品牌组合形成矩阵,覆盖目标客户,建立客户的品牌心智,为品牌创建服务。

(六)迎合时代发展潮流,拥抱互联网推进信息化

"互联网+"时代的变革今非昔比,在推进家具行业与信息化的融合的过程中,一是引导传统企业要转型,从生产制造、企业管理到思维的转变,充分运用云计算、大数据、互联网、社交等相关的技术与工具,创造更多的市场空间,推动现代信息技术为传统家具行业注入新的活力。二是引导家具企业迎合时代发展,积极应用电商平台,以智能算法和大数据推送的商品更加符合消费者的取向,实现信息化、自动化和智能化的大规模销售。

(七)勇当环保治理先锋,共同打赢蓝天保卫战

家具行业环境保护工作应坚持保护优先、预防为主、商会参与、企业施治的原则。企业应将环境保护工作纳入企业发展规划,确保环境保护与企业发展同步进行,处理好经济发展与环境保护之间的关系。一是要对家具企业增加环保设施给予政策激励,规范对企业的检查,减少多头检查、频繁检查、重复检查,实行包容审慎监督,减少罚款,减轻企业负担;环保部门要出台家具环保设备选用标准,要规范环保第三方中介市场,指导家具企业过好环保关;鼓励企业参与制修订或实施高于国家、地方或行业的环保标准进行生产。二是现有企业应主动对企业进行环保升级改造,加大对环境保护工作的投入,努力减少污染物排放。三是家具生产企业在新址建厂,必须进行环境评估,并提出保护生态环境的评估报告,不得破坏当地的生态环境;新、扩、改家具生产项目应优先进入家具专业园区,优先使用紧凑式涂装工艺、先进涂装技术和设备。四是生产企业在生产过程中,应按国家规定标准排放粉尘、污水,严格控制VOC挥发物质,不达标不得生产,确保清洁生产。五是家具生产用原材料,应尽可能采用低碳环保材料,节约木材等材料的使用。企业应积极研发符合环保要求的新工艺、新技术、新材料,提高企业环境保护科学技术水平。

范建斌

2021年12月

海安市机器人业发展报告

海安市工商业联合会　海安市委党校
海安市工业经济发展研究中心

机器人产业作为我国重点支持的战略性新兴产业，承载着打造制造强国、促进产业升级的重要使命。目前，全国各地"十四五"规划和2035年远景目标纲要中均明确提到，培育先进制造集群，推动机器人、工程机械等产业创新发展。各地党委、政府高度重视机器人产业发展，要求推动工业机器人产业技术攻关，培育工业机器人产业链。海安市委、市政府近年来高度重视机器人及智能制造产业的发展，市委十四届二次全会报告强调指出："必须牢牢把握新一轮科技革命和产业变革战略主动，争当科技创新开路先锋，打造可知可感的科创新城"。已成为海安市十大产业和海安市经济技术开发区"一主一特一新"产业之一的机器人及智能制造产业，面对新时代新阶段新形势新挑战，如何更好更快发展，理应成为当前亟待探究的重要课题。

一、机器人产业的发展背景

(一)全球机器人产业发展迅猛

近年来，全球机器人产业快速发展，不仅仅局限于工业领域，还涵盖餐饮、公共服务、物流运输等诸多领域，机器人的身影在各类应用场景中越来越普遍，机器人需求也在不断增加。根据《2021年世界机器人报告》显示，世界各地的工厂中运行的工业机器人共270万台，创下纪录。新机器人的销量保持较高水平，2019年全球发货量为37.3万台。与2018年相比，虽下降了12%，但仍然是有记录以来的第三高销量年份。当前，全球工业机器人的范围不断扩大，从能够快速、精确地处理所有有效载荷的传统笼式机器人，物料搬运机器人到可以与人类安全地工作并完全集成到工作台中的新型协作机器人，种类越来越丰富，发展也越来越快。因此，可以看到全球机器人产业处于迅速发展过程中且有较大发展前景。

(二)国内机器人市场潜力巨大

随着应用场景的增加,国内对于工业机器人的需求也快速增长,上游厂家的投产热情也随之提高。数据显示,2021年12月国内工业机器人产量达到了35 157套,同比增长15.1%;2021年全年国内工业机器人产量为366 044台,同比增长44.9%。与此同时,我国工业机器人产业链相对完善,由上至下依次可分为上游零部件制造、中游机器人本体制造及系统集成,下游应用广泛,主要包括汽车制造、家电制造、金属加工、塑料制造、物流运输等。我国出台了一系列政策,进一步加速工业机器人的产业发展,推动智能制造前进步伐,鼓励工业机器人产业发展。近年来,我国工业机器人行业迅猛发展,产量持续增长。我国工业机器人产量由2016年的72 426台增至2021年的237 068台。随着我国劳动力成本快速上涨,人口红利逐渐消失,生产方式向柔性、智能、精细转变,构建以智能制造为根本特征的新型制造体系迫在眉睫,对工业机器人的需求将呈现大幅增长。由此看来,我国工业机器人市场潜力巨大。

(三)江苏省机器人产业发展基础雄厚

长三角地区在我国机器人产业发展中基础相对最为雄厚,而江苏省作为长三角的核心地域,制造业实力雄厚,其机器人产业发展的基础更是不容小觑。2018年开始,江苏省在机器人产业政策上开始频繁发力,先后发布《江苏省新一代人工智能产业发展实施意见》《江苏省机器人产业发展三年行动计划(2018—2020年)》《江苏省智能制造示范区培育实施方案(试行)》,推动机器人产业迅速发展。据江苏省统计局数据显示,上半年,全省规模以上高技术制造业和装备制造业增加值分别增长17.1%、17%,增速分别高于规模以上工业平均水平4.3个和4.2个百分点。新产品产量快速增长,其中工业机器人增长超90%。由此看出,江苏省机器人产业发展基础坚实,前景较好。

(四)南通市机器人产业发展势头较好

近年来,南通市将智能装备产业列入全市"3+3+N"现代产业体系中三大重点新兴产业之一,先后出台一系列扶持政策,促进制造智能和智能制造,推动集成电路、智能终端、机器人、可穿戴设备、云计算、大数据等产业快速发展,取得成果喜人。南通市智能制造整体水平处于全省第一方阵,50%的工业企业正处于向"两化"融合集成创新阶段,其中振康公司自行研制开发RV减速机,成为国内"机器人关节"唯一批量制造商。跃通数控获国家重点研发计划智能机器人专项。

二、海安市机器人产业发展现状分析

国家、省市机器人产业发展趋势一片向好,海安市机器人产业也迎来了发展的新机遇。从无到有,从有到优,海安市机器人产业走出了"研发带动产业提升、市场促进产业集聚"的独特发展之路,形成优势的同时也存在一些仍需改进的不足之处。

(一)海安机器人产业发展的优势

1.战略定位明确。海安市委十四届二次全会报告明确指出,要坚持创新驱动,推动高质量发展,坚持以供给侧结构性改革为主线,围绕"枢纽海安、科创新城"战略定位,全力打造"五个海安",加快建设"五个强市",以优异成绩迎接党的二十大胜利召开。围绕这样的战略定位,海安市坚持创新驱动,积极鼓励机器人以及智能制造产业的发展,专门出台《支持机器人产业加快发展的若干政策意见》,安排1亿元产业发展奖励资金,用于平台建设、设备投入补贴、鼓励示范应用等。对全市机器人企业购置的生产设备,国产设备补贴15%~25%,进口设备补贴20%~30%;应用本市机器人企业进行"机器换人",按设备投资额的15%给予奖励;入驻园区的机器人企业,按不超过三年内对海安市财力贡献值的50%给予奖励等。

2.平台载体一流。近年来,海安市委、市政府积极为机器人产业的发展打造良好平台。一方面,以园区为载体,为机器人产业集聚发展提供有效空间。2016年5月,海安市成立机器人及智能制造产业园,服务于高科技项目及高层次人才,重点打造机器人及智能制造产业。该园区核心区2.18平方公里,以机器人本体及核心零部件、智能装备、系统集成为产业核心,以机器换人应用、机器人科创平台、机器人教育培训为特色服务,创新链、制造链、服务链、应用链、体验链为产业生态,着力构建机器人"335"产业体系,为机器人产业的全面发展提供了一流的软硬件基础。目前,园区已集聚图灵机器人、来福谐波、洛柳精密、弘琪工业等80多家机器人及智能制造型企业,建成5家机器人研究院(上海交通大学、苏州大学、常州大学、中科院自动化所和北京机电研究所),与哈尔滨工业大学、武汉大学等多家高校建立联合研发中心,初步形成了集机器人设计与研发、本体制造、核心零部件、机器人集成及自动化生产线的全产业链发展格局。另一方面,以科技展馆为平台,为机器人产业搭建开放式资源共享平台。2019年10月13日,海安市首座机器人科技展馆建成,通过展馆展示的方式促进更多交流合作,多角度、多层次地开展技术、标准、产品、人才、资本等方面的交流与合作,积极推动机器人技术创新和产业发展。比如海安上海交大研究院与天楹集团合作研发混合可回收垃圾机器人智能分拣系统,与奥普机械研发的旋转变位、自动翻转弧焊机器人等。

3. 配套产业丰富。海安市拥有上千家机械、数控设备制造企业,拥有上柴动力、通润汽车零部件、亚太科技等一批零部件优质生产企业,建材、锻压、电梯、磁性材料四个国家级特色产业基地,华东地区较大的五金机电城,每年举办一次五金交易博览会。同时,机器人及智能制造产业园自身建有机加工中心,并不断整合全市资源,针对机器人产业轻资产运行的特点,与市内CNC加工、金属表面处理、热处理、钣金、油漆等企业建立战略合作联盟,降低机器人企业生产成本。同时大力招引机器人关键零部件企业,努力实现两个80%,即80%的外协加工可以在海安市完成,80%的上游零部件可以在海安市采购。

4. 创新氛围浓烈。在科技创新推动下,海安市培育创新型重点企业,鼓励行业龙头建设企业研究院,面向产业开展共性技术研发、重大核心产品攻关和科技成果转化。联发集团、铁锚玻璃入选江苏省创新型领军企业培育计划;跃通数控是南通市唯一获国家重点研发计划智能机器人专项支持的企业。在海安市第十四次党代会上,海安市明确提出将加大高新技术企业培育力度,培育一批具有核心竞争力的"独角兽""瞪羚"企业。健全产学研一体化创新机制,加强对产业关键环节、核心技术等"卡脖子"难题的攻关力度,集中开发一批前瞻性、原创性重大成果产品。实施企业研发机构高质量提升计划,加快建设机器人、磁性材料、先进制造与智能装备等高新技术研究所,打造更多高水平研发平台。积极探索,打造品牌,海安市已营造出浓烈的创新氛围。

(二)海安市机器人产业发展面临的挑战

1. 科技创新水平有待提升。机器人产业发展的核心是技术,海安市机器人及智能制造的发展侧重技术追随和技术引进,基础研究能力还有待提高,原始创新仍不够,控制系统、系统软件等关键技术环节需要加强,精密测量技术、智能控制技术、智能化嵌入式软件等自主技术仍有较大可丰富的空间。

2.项目推进效率仍可提高。随着国际国内机器人产业的迅猛发展，全市也积极推进机器人产业的各个项目。对于在建项目需全力推进，比如科创服务中心、二期厂房、合泰自动化、佐尔传动等项目；对于待建项目需加快推进，比如显赫智能项目尽快推动其建设进度，规划设计中的恩牧必科技项目也需尽快推进；对于加速器项目需提速推进，2020年以来新招引入驻加速器项目34个，其中机器人本体项目3个，核心零部件项目5个，系统集成及智能装备项目26个，仍需加快推进其项目落成。关于在谈项目也需加紧跟进，梳理重点项目信息，有针对性抓好跟踪对接，促成优质项目落地建设。

3.产业管理机制仍需优化。海安市机器人及智能制造产业园成立至今，注重对各类资源的整合以及科创服务中心等配套基础设施的完善，成立重点专业园区统筹推进领导小组，统筹推进园区的发展建设。由于机器人等新兴产业的自身特点，仍需创新管理机制，更好地促进产业集聚、产业融合发展，比如海安上海交大研究院与天楹集团合作研发等，避免出现协调低效、"信息孤岛"等问题。

4."双招双引"力度仍需加强。机器人产业的发展既需要产业集聚降低生产成本，也需要产业集聚发挥规模效应，同时还需要更多更专业、更精通的高精尖技术人才的大力支持。近年来，海安市不断加大"双招双引"力度，2021年，新增国家级人才计划入选者4人，省级"双创人才"13人、"双创团队"2个，双创示范基地2个，2021年新开工10亿元以上项目27个。但目前与机器人相关的专业人才还很缺乏，在推动机器人产业发展过程中，我们仍需要更多更优质的项目落地以及专业技术人才的引进。

三、促进海安市机器人产业发展的有效路径

(一)咬定重点项目，立起机器人产业发展的"顶梁柱"

发展机器人以及智能制造产业不仅仅是设备更新改造和硬件升级，更是一项长期的系统工程，我们必须清醒地认识到在很长一段时期内将会出现机械化、自动化、信息化和智能化四种生产方式并存的局面。当前海安市推进机器人产业发展应当注重夯实基础、市场引导、重点突破。如何咬定重点项目，实现其突破发展呢？一要列明项目清单，做到"理清路子"。以项目作为立园之本,加快产业园集聚区项目开工建设,一方面,列好重点项目清单,对在园重点企业建卡立档,动态关注企业成长。比如加快推进科创服务中心、加速器二期建设。重点推进美事满电动工具、海瀛智能、合泰自动化等项目,倒排时间节点,确保时序建设。宝碟自动化、英迈杰项目力促达产达效。另一方面,聚焦产业链条,列好查漏补缺项目清单,让项目更集聚,链条更完善,产业特色更鲜明。比如对重点梳理出的28个在谈项目进行跟踪对接,专人负责,力争早日落地。二要完善平台建设,做到"搭好台子"。围绕图灵、新宝等一批重点企业,开展高企倍增计划和科技型中小企业"双提升"行动。加快培育一批高科技"独角兽"企业、"瞪羚"企业,发展一批专精特新中小企业。搭建应用场景平台,形成更鲜明的集群发展态势。再进一步,可以海安市机器人及智能制造产业园为核心,重点引进针对机器人关键部件的技术研发企业,努力形成多层次、多形式、多渠道的研发中心群,同时加快形成专业化、多元化的科技创业孵化体系,完善孵化功能。三要整合优势资源,做到"结好对子"。比如推动园区内研究院与天楹集团、新世嘉、荣威等重点企业深化研发合作,重点在纺织丝绸、现代家具等十大集群产业中寻求突破,加快本地企业转型,提升海安市产业集群智能化水平。

(二)谋定管理机制,抓牢机器人产业发展的"定盘星"

良好的平台与载体需要科学高效的管理机制统筹运行,机器人产业找准定位的同时,也要创新管理模式,真抓实干,构建园区管理新格局,加强产业园的规划建设与管理,持续提升园区质态,全力打造主导产业鲜明、辐射带动能力强劲的机器人产业园区。一要用好精细管理的"绣花针",精细体现在园区财务结报管理,体现在严格绩效考核,加大研究院管理,比如交大、苏大等研究院明年将集体入驻二期科研楼,整合科研力量、信息资源,提高设备利用效率,提升申请科研项目、申报国家重大课题的优势。精细还体现在通过媒体宣传、品牌推广、活动策划等形式,多措并举,强化对外宣传工作,为园区树立良好的投资形象和公众形象。二要当好绿色管理的"净化器",在碳达峰、碳中和的背景下,机器人产业的发展也需秉持着绿色、低碳的发展理念,这就需要落实到日常管理当中,一方面综合应用绿色设计、绿色制造、绿色材料、绿色工艺、绿色包装和绿色处理等先进技术,减轻产业建设过程中对环境的污染。另一方面,注重对固体废弃物进行源头分类回收,有效应用压实、破碎、分选、固化、焚烧和热解、生物处理等技术,加强固废的无害化、减量化、资源化处理。三要远离安全生产的"高压线","安全促生产,生产必须安全",在机器人产业园中加强园区值班管理,认真做好现场值班记录,将园区座机与值班人员手机联网,便于及时掌控园区安全状况。完善日常检查制度,并与开发区和洋蛮河街道联查联办,加强执法。与此同时,压实安全生产责任,提高消防硬件能力。

(三)锁定"双招双引",搭成机器人产业发展的"加速器"

海安市机器人产业的发展,需以"双招双引"为抓手,抓住项目招引服务、基础设施建设、功能配套完善、人才引进等重点工作,跑出智造"加速度"。一要明确主攻方向,聚焦重点抓突破。重点瞄准国内有影响的机器人及自动化十大产业基地和园区,主攻上海、深圳、重庆、长沙、沈阳、苏州等地区,开展密集招商、高频招商。重点瞄准产业链条上的缺项,按照"缺什么补什么"的原则,选取目标企业,着力在引进产业链关键环节、核心企业和上下游配套企业上实现突破。二要丰富招引方式,聚焦创新抓突破。一方面,要善用平台招引,比如发挥博览会、机器人联盟、机器人峰会、机器人论坛、地方商会和协会等"大招商、招大商"的重要平台,持续与上海交大、中科院自动化所、东南大学等开展机器人高端人才引进,对接省自动化学会、人工智能学会等,吸引知名专家落户,提升海安市机器人品牌竞争力。另一方面,善用活动招引,比如在北京、上海等重点招商区举办推介活动,将大型论坛、知名峰会等活动相结合,还可采用网络直播等形式,扩大影响力。三要充分挖掘资源,聚焦借力抓突破。善用资源,比如大力整合以商引商、委托招商多种形式的信息资源,充分打好借力招商这副好牌。同时亦可借力第三方机构,比如相关产业行业协会等等。四要注重人才招引,聚集人才抓突破。坚持"以人才引项目、以项目聚人才",充分发挥机器人产业政策和"1+10"人才新政。还可探索招商引资和招才引智融合发展,通过项目与企业一起招、技术与人才一起引,实现双倍成效。

王文蔚　晓　理

2022年4月

海安市制造业高质量发展报告

海安市工商业联合会　海安市工业经济发展研究中心

企业兴,则百业兴;制造业强,则经济强。当前,海安市正处于高质量发展新阶段。新阶段全市高质量发展开新局,离不开立市之本、强市之基的制造业。只有实现制造业高质量发展,才能实现经济的高质量发展。

一、海安市制造业高质量发展现状

(一)科技创新引领制造业高质量发展

1.科技创新投入不断加大。"十三五"期间,海安市坚持高质量发展导向,深入实施创新驱动发展战略,全面建设国家创新型县(市),聚力深化科技体制改革,积极开展企业创新能力提升三年行动,科技创新活力迸发,成为引领高质量发展的硬核力量。海安市先后成为全省科技创新体制综合改革2个县级试点城市之一,首批国家创新型县(市)建设52个地区之一,全社会研发投入比重逐年提升。全社会研发投入占GDP比重从2015年的2.51%提升到2021年的2.75%;万人发明专利拥有量从2015年的19.42件增加到2021年的56件。繁华玻璃先后投入2亿元研发节能调光特种玻璃,目前企业研发的节能调光特种玻璃中试研发阶段的全固态中空电致变色器件、夹胶电致变色器件、曲面弯钢电致变色器件相关产品性能指标均已达到一流水平,并申报40项发明专利,一举打破美国企业的技术垄断,预计全部投产后,可增加年销售额2亿元。

2.创新平台不断增加。2021年海安市共有高新技术企业402家、引进高科技制造业项目20个、研究所6家,新增省级以上科创载体2家、联合创新中心2家、省级企业工程技术研究中心2家。新增国家技术创新中心、企业技术中心、重点实验室4家。江苏联发纺织股份有限公司被省政府表彰为首届"江苏省科技创新发展奖优秀企业"。江苏铁锚玻璃股份有限公司入选"2021江苏省百强创新型企业"。实施产学研合作项目227项,其中10亿元以上重大项目27项,新增首台(套)重大装备及首创产品项目5个,实施国际科技合作项目6项。构建"众创空间+孵化器+加速器"的科技创业孵化体系,新引进孵化器、加速器项目92个,新增省级海安高创智谷科创园孵化器,海安市机器人及智能制造众创社区获批第四批省级众创社区备案试点单位。实施"海陵英才"计划及海陵"名家、名师、名医"工程,引进产业领军人才团队10个,高层次创新创业人才100人,财政资助人才项目40个。新增双创示范基地2个、"双创人才"13人、"双创团队"2个。

(二)新技术融合加快制造业高质量发展

近年来,海安市大力推进人工智能、大数据等信息技术与制造业深度融合,促进制造业向智能化和数字化转型,目前全市共有12家企业通过工业和信息化部"两化融合"管理体系贯标认证,12家企业获批省"两化融合"贯标试点企业,拥有19个数字化车间。

1."互联网+"赋能工业转型。所谓"互联网+",是指利用信息通信技术以及互联网平台,让互联网与传统行业进行深度融合,创造新的发展生态。目前海安市制造业企业在"互联网+"融合中,已取得一些不错的成绩,例如瑞恩电气的"5G+AR",以前每当设备出现故障无法解决时,需要设备方派出专人前往勘查、检修,企业引进了"5G+AR远程协助系统",可实现远程检修,每年可节省约10万元的成本支出。欧凯包装的"5G+智慧工厂",企业与电信合作,对投资8 000万元的二期净化车间进行5G数据智能化改造,通过机器视觉实现所有产品数据可溯源化,有效提升产品品质和客户满意度。类似的还有河马电子的"5G+智慧烟感"、明诺机械的"5G+智慧环保"等一批"5G+工业互联网"、"5G+智能制造"项目。借助"互联网+"的发展,海安市制造业企业电子商务发展也如火如荼,企业原材料的采购、工业品的销售都在电商平台上,2021年全市有97家规模以上企业在电商平台进行产品销售,累计电子商务销售金额超20亿元。

2.智能制造助推企业发展。近年来,海安市通过政策引导,鼓励企业开展机器换人，使生产性装备向自动、信息、智能、绿色和高端化发展，推进劳动密集型企业向技术密集型企业转型，有效缓解了企业用工困难，提高了生产效率。例如某汽车零部件企业推进"机器换人"，添置自动化、智能化制造装配生产设备，产能从每天的5千只提升到1万多只，取代原本人工近50人，实现市场不断扩大、效益稳步提升。海安市高新区的某科技有限公司投资3 000多万元从瑞士引进智能压铸设备，主要为上海特斯拉、北汽、吉利等汽车制造企业配套生产高强度轻量化零部件，新设备生产的产品，质量大幅提升。

(三)产业转型升级推进制造业高质量发展

1.先进制造业加快发展。近年来，海安市委、市政府大力实施制造强市、高质量发展战略，传统行业转型升级的步伐不断加快，先进制造业得到迅速发展，全市装备制造业、高新技术产业、战略性新兴产业稳步增长。2021年，全市高新技术产值总产值占规模以上工业的比重达到40.2%，战略新兴产业总产值占规模以上工业的比重达到44.7%，装备制造业总产值占规模以上工业的比重达到44.13%。

2.绿色制造发展成果显著。近年来，海安市以省委、省政府的"两减六治三提升"专项行动为抓手，以生态环境高质量为目标，大力开展环保整治行动，从源头上推动制造业绿色转型，制造业企业出于长远发展考虑，对于绿色发展理念越来越认可，企业不断加大环保设备的投入，节能设备的应用也越来越多，绿色制造发展成果显著。主要体现在：一是能源结构趋于优化，煤炭消费逐年走低，电力消费比重不断提升；二是单位工业增加值用水量稳步下降，用水综合效率稳步提高，2021年全市规模以上工业单位增加值用新水量下降5.8%；三是能源消费强度不断下降，2021年全市单位GDP能耗为0.25吨标准煤/万元，同比下降5.2%；四是高耗能行业比重逐年下降，2021年海安市规模工业六大高耗能行业占全市规模工业的比重为18.47%。

3.淘汰落后产能推动转型。2018年以来，海安市持续开展了化工产业安全环保整治和家具行业清理整顿专项行动，按照"关停取缔一批、整合搬迁一批、整改提升一批"的精准分类治理原则，一批"散乱污"企业被依法关停，截至2021年底，累计关停家具企业245家、化工企业69家，有效淘汰了化工、家具产业落后产能，引导了化工、家具企业转型升级，为先进制造业腾出了发展空间，同时也为全市制造业高质量发展创造了更加公平优质的竞争环境。

(四)开放合作带动制造业高质量发展

1.以资本运作为载体，推动企业做大做强。近年来，海安市高度重视企业资本运作工作，拓展资本市场融资渠道，把企业上市作为助推制造业高质量发展的重要抓手，推动企业裂变扩张、品牌塑造等，借助资本市场企业做大做强。通过广泛挖掘、重点培育、强势推动，一批基础条件优、运营质态好、创新能力强的企业纷纷开启对接资本市场之路。截至2021年，海安市新三板挂牌企业2家。

2.以强强联合为突破，推动产业迈向高端。为了推动制造业迈向中高端，海安市出台了《对接国企军企融合发展行动计划》等文件，鼓励企业以股权合作、产业合作等各种形式与国企、军企深度合作，充分发挥国企资本充足、人才的优势和民企创新驱动力强劲、经营机制灵活的优势，通过国企、民企的强强联合，实现企业的结构升级和转型发展。作为全市推进混合所有制经济典范的江苏永通新材料科技有限公司就是由海安市两家本土民营企业与特大型国企中国平煤神马集团合作共建，实现了相关企业上下游联动拓展纤维原料，拉长了海安市化纤产业链条。类似的还有鑫缘茧丝绸集团股份有限公司与中国丝绸工业总公司合作；江苏江海机床集团有限公司与一汽解放青岛有限公司等合作，成立青岛江海新能源专用车有限公司，生产新能源环卫车；明诺机械与东风汽车联合研发，生产出东风明诺纯电动专用清洁车，广泛应用于市政环卫、街道、马路、高速公路上，填补了国内中小型扫地车的空白。江苏品德科技有限公司今年与北京环卫集团进行股权合作，成立江苏京环品德科技有限公司，专门生产、销售新能源环卫车。按照《军民融合产业发展工作意见》精神，海安市积极贯彻军民融合发展战略，搭建平台，建立合作机制，联姻中航工业、中核集团、中国船舶、兵器集团等军工企业，推动企业获取军工资质，谋求更多军工订单，帮助企业转型升级。例如江苏合海集团股份有限公司、鹰球集团分别通过保密资格证申请和获得"装备承制单位注册认证"。

3.抢抓"一带一路"机遇,谋求企业多元发展。抢抓"一带一路"发展机遇,海安市越来越多企业开始走出去,深度参与全球竞争,加大全球资源配置力度,谋求企业多元发展。江苏联发先后在越南、柬埔寨等国家新设、并购多家企业,在柬埔寨,联发纺织成立了以纺织服装、规模种植为主业的多个企业,成功引领海安市有关企业前往投资。鹏飞集团瞄准国外市场,着力"走出去",企业产品已出口到德国、蒙古、印度尼西亚、阿尔及利亚等70多个国家,其中"一带一路"沿线国家24个,成功带动我国建材行业设计、施工、装备、技术全方位"走出去"。江苏天楹先后在越南、新加坡等市场取得了重大突破,其中越南河内垃圾焚烧发电项目,中方协议投资2.1亿美元,这一项目日处理量为4 000吨,超大处理规模全球罕见,垃圾处置费每吨21美元,为国内平均每吨垃圾处理费用的3倍,特许经营期长达49年。

二、推进海安市制造业高质量发展存在的问题

当前海安市制造业转型升级步伐不断加快,但推动制造业高质量发展仍面临一些有待解决的问题。

1.劳动力供给不足,技能和高端人才短缺

制造业的高质量发展离不开人才的支撑,用工问题已成为制造业迈向高质量发展过程的中的制约因素。一是制造业面临劳动力供给不足。从第七次全国人口普查显示数据,海安市常住人口为87.43万人,总量在南通县市区中处于末位,老龄化也较严重,60岁以上户籍老年人口占比超过30%,而海安市规模以上工业企业数达1 107家,随着后续项目建设建成投产,对劳动力需求也不断加大。海安市作为建筑之乡、教育之乡,每年有许多学子求学不再归来,建筑业又分流一部分劳动力,造成制造业劳动力供给不足。二是制造业人员呈老龄化趋势,存在人员结构断层隐患。当前全市很多制造业企业,特别是劳动密集型的纺织、化纤类企业老龄化趋势比较突出,很多工厂基本见不到30岁以下的年轻员工,用工年龄结构老化造成企业思想僵化、知识革新动力不足,缺乏积极性等问题,老员工退休后,也会带来用工断层等风险。例如南通双弘纺织有限公司,由于本地招工难,年轻人不愿从事这种劳动密集型工作,企业不得不招收退休职工,目前企业有400多名退休工人在企业工作,约占企业职工人数的四成。江苏华艺服饰有限公司,年轻人不愿从事缝纫工的工作,企业员工的平均年龄达到40岁以上。三是制造业面临技能人才短缺和高端人才短缺。随着制造业转型升级的加快,传统的产业工人的职业技能融入了新的知识结构、技术技能、工艺方法,特别是智能制造的推广应用,对产业工人提出更高的要求,企业面临技能人才短缺难题。海安市作为科技创新体制综合改革试点城市,当前制造业正从海安制造向海安创造转变,高端领军人才是企业转型创新的重要推动力和支撑要素,但全市大部分企业在高端领军人才、研发设计团队和技术骨干等方面,尚存在明显的缺口。

2.产业融合发展认识不足,融合处于低层次

一是对产业融合发展的战略意义认识不足。当前海安市服务业尤其是生产性服务业占比偏低,"重制造、轻服务"的传统理念造成在经济转型高质量阶段对产业融合发展的战略意义和内在规律认知不足。事实上,当制造业发展到一定阶段,实现其价值链延伸和高端市场的抢占,客观上要求制造业在"服务端"的强化,实现制造与服务的融合共进。产业融合涉及政府管理部门较多,当前条块分割,发改委、科技局、市场监管局等各管一块,行政职能交叉,协调不易,需建立起一种体制机制来理顺。二是产业融合处于低层次。制造企业对产业融合中出现的新竞争规律、新商业模式认识不清,对业务流程、组织架构、商业模式创新不够;多数制造企业仍然以自我服务为主,缺乏服务外包的理念,一些大企业的研发、设计、物流、财务、人力资源、品牌宣传等服务部门通常内置,一些中小企业没有能力购买专业化服务,对技术创新、产品开发投入严重不足,长期处于模仿抄袭阶段,这些都抑制了服务专业化,制约了企业的发展机遇。

3.制造业"多而不大、大而不强",阻碍了制造业转型升级

当前海安市制造业规模企业数在南通市处于前列,数量虽多,体量不大,实力不强,2021年规模以上工业企业中,大型企业只有5家,其中应税销售超百亿元企业只有3家,超50亿元企业只有8家,大型企业的应税销售占全市规模以上工业营业收入的比重不高,对全市工业经济影响

力有限。从全市增加值率看,2021年全市规模以上工业增加值率为21.3%,与第一名相比还有一些差距,与发达国家相比,差距更大,欧美发达国家的制造业平均增加值率高达35%以上。制造业增加值率反映制造企业附加值低,盈利能力差,难以吸引到优质资源流向制造业,既有的制造行业优秀人才也有向其他行业流失的危险,制造企业沿价值链攀升支持乏力,这种情况严重影响到制造企业的转型升级。

4.品牌建设落后,影响力不足

品牌对于企业来说至关重要。市场经济条件下,品牌作为一个国家经济实力的象征和一个地区经济发达的重要标志,是一个产业整体素质的体现和科技进步的结晶,更是企业提升管理、创新发展的灵魂。目前全市制造业企业总体上品牌影响力不足,品牌建设较为滞后,同时产权保护不够完善,容易出现仿造、假冒等恶性竞争现象。全市绝大多数企业没有自己的品牌,只是为外来企业代加工,缺乏品牌意识。现有的品牌中有影响力的也不多,品牌建设缺乏长期有效投入机制,品牌宣传力度不足,市场认可度较低,品牌效应无法显现。2021年海安市只有6家企业入选"2020—2022年度江苏省重点培育和发展的国际知名品牌名单",8家企业获评"2019—2020年度南通市重点培育和发展的国际知名品牌"

三、对海安市制造业高质量发展的建议

1.构建人才集聚磁场,优化制造人才供给

一是政策护航构建人才集聚磁场。引鸟归林,广纳贤才,通过深入实施《"海陵英才"计划及若干政策意见》《关于加快创新驱动 推动经济高质量发展的政策意见》《关于深化科技体制改革加快建设科技强市的意见》等一系列政策,护航海安市人才集聚。深入推进"双创"活动,吸引海安市在外人才回乡发展,积极实施"靶向引才",为使引进的顶尖、领军、紧缺科技人才落户海安,在项目经费、住房、配偶就业、子女入学等实际问题处理上,必要时可打破常规。二是积极吸纳外来人口。利用海安市荣获全国文明城市、国家卫生城市为契机,积极向外展示海安城市魅力,以和谐宜居的生活环境、健康向上的人文环境、安全稳定的社会环境、便利完善的消费环境等软实力增强人口吸引力。牢牢抓住长三角一体化发展的机遇,承接上海转移出来的部分优质产业,利用海安市的枢纽优势、产业优势,吸引更多人来到海安发展。"吸人"的同时还要"留人",加大对家门口大学生的关注度,通过更优惠的人才招引政策,留住海安南理工海安校区、海安中专的学生。三是加大高技能人才培训力度。加强对员工的培训力度,全面提高劳动者的技能素质,造就一批高技能型领军人才和"大国工匠"。组织实施校企合作人才资助计划,建立联合培养人才、引进人才的长效机制,深化提升"金蓝领"培训项目,完善技能人才选拔激励机制。

2.树立产融发展理念,推进产业协同融合

一是树立产业融合发展理念。在信息技术的推动下,产品的生产与服务的提供在消费全过程中相互渗透,制造业拉动服务业发展,服务业推动制造业升级,两者的关系越来越密切,边界越来越模糊。在现代经济体系中,仅依靠制造业或服务业"单兵突进",经济发展的整体质量难以改善,消费者的需求难以得到满足。因此,既要重视制造业发展,也要重视服务业发展,通过发展一体化解决方案,推动制造业和服务业协同融合发展,尤其是先进制造业和现代服务业的融合发展。因此海安市应尽快对产业融合建立起一种横向协调机制,解决制造业和服务业产业融合问题。以联席会议的形式,或以领导小组的形式,相对明确分工,政府部门着重从规划计划、重大项目管理与协调、产业园(基地)认定、政策制定与实施上发力,而将市场的事交给企业,行业协调的事项交给行业协会。二是完善政策体系,推进融合发展。建立促进一体化融合发展的产业政策体系,逐步消除服务业和制造业之间在税收、金融、科技、要素价格之间的政策差异,降低交易成本。对于产品与服务混合经营、提供一体化解决方案的企业,要根据其业务范围,在适用税率方面,实行"就低不就高"的政策,适用最低税率。鼓励制造业和服务业融合发展型企业申请高新技术产业。在加人对技术支持力度的基础上,加大对制造、服务企业流程创新、商业模式创新等软性创新的支持力度,推动制造和服务融合发展。三是打造先进示范区,促进产业融合发展与创新。产业融合发展,需要制造业、服务业的配套化融合,包括空间与区域两个范畴的融合。在集聚化过程中,配套的产业组织形态能够为服务商、制造商提供丰富的产业化结构,同时也可以降低信息获取的成本,扩充信息来源与途径,提升交易促成的概率,完善规模化经济,推进制造服务业的发展。通过打造先进示范区,解决产业融合发展中的个别问题,也可以为后续企业提供良好的范本。

3.强化服务意识和政策扶持力度,助力企业培优育强

在企业服务上,强化"一企一策"的精准帮扶解决机制,完善市领导、部门挂钩服务企业制度,切实解决企业在生产经营中遇到的融资、用工、用地、用气、人才引进等方面问题。在政策扶持上,做好"1+13+1"政策体系的宣传力度,鼓励企业早上、快上、多上项目,积极实施技术改造,引导企业强化科技创新,增加研发投入,开展产学研合作,加强研发平台建设;引导企业开展并购重组,应用多种金融工具,推动规模扩张。鼓励中小企业走专精特新创新发展道路,培育更多有核心竞争力的产业和企业。

4.推进质量强市战略,鼓励培育自主品牌

大力推进海安市质量强市发展战略,将商标品牌建设作为促进经济发展的重要抓手,加强组织领导,健全工作机制,加大财政、政策支持,鼓励全市代加工企业向品牌型企业转型。支持品牌企业以参股、并购等形式与国际品牌企业合作。鼓励品牌服装企业参加国内外知名展会,扩大品牌影响力。扶持一批品牌培育和运营专业服务机构,组织开展品牌对接活动和博览会,为提升服装品牌影响力搭建平台。

王秀和　程奎中　王　庆

2022 年 4 月

如皋市花木盆景业发展报告

如皋市工商业联合会　如皋市花木产业联合会

2021年,受新冠疫情影响,花卉苗木产业面临较大压力,疫情影响了苗木市场复苏,打乱了苗木产业调结构、去库存的节奏;苗木调运和物流不畅,苗木销售难;园林绿化施工等各个环节均受到了较大的影响,全年的销售收入和经营效益收到影响;苗木市场价格下滑,收益减少,资金普遍紧张,不少园林绿化施工企业、苗企和苗农现金流紧张;土地、人工、物料、物流等生产经营成本增加,负担加重。

一、立足发展,助力产业转型升级

1.配合产业办和农业农村局着力培育示范亮点生产基地,量质并举,增加市场占有量。培育特色花卉苗木和果园基地:围绕精品化、高效化、特色化"三化"方向,着力打造一批花卉生产种植基地。培育前沿高端精品,拓展规模高效单品,扩大市场占有份额。

2.配合产业办和农业农村局迅速裂变小微盆景出口基地,产销结合,推动结构转型。推动盆景产业从小众市场向大众市场快速转化,"十四五"期间打造小微盆景基地总面积5 000亩,目标建成国际国内最具专业性、规模性、创造性、科技性,标准化、国际化的一流小微盆景集聚区。

3.配合产业办和农业农村局持续培育龙头企业,形成支撑,增强行业竞争力。一是参与花木大世界控股公司4A级盆景大观园国家旅游AAAA级景区创建,为早日建成国家级农业产业化龙头企业、国家级重点花卉苗木市场夯实基础助力;二是参与华夏花卉销售公司(粗旷型)提升华夏花卉市场整体品味工作。三是参与和引导小微盆景专业市场建设,为其加快发展步伐助力。为花心思有限公司盆景生产企业标准化、规范化、工厂化模式发展献计献策。"中国小微盆景网"APP,成为国内首个小微盆景专业交易平台;参与培育商浩森园艺有限公司盆景种苗繁殖企业;为木易永华等园林龙头企业排难解忧。四是对苗木龙头企业持续出谋划策、推广宣传。

二、举办活动,提升如皋盆景影响力

一是请进来,举办展会增效益

3月,举办2021(第十届)全国春季园林绿化苗木供需对接会,并组织苗木分会会员代表以及其他分会会长参加苗木对接会活动,影响较大。4月,举办上海青年盆景研讨会如皋专场暨2021年度如皋市盆景拔尖人才选拔赛,"迎百年华诞"会员盆景展活动。5月,承办由中国盆景艺术家协会主办的2021中国羽——全国小微盆景展暨盆景交易大会。6月,赴上海市崇明区参加第十届花卉博览会暨第三届"中国杯"盆景大赛,全国共有17个省份310盆作品报名参赛,参赛作者244名,其中如皋市的10件参赛盆景全部获奖。7月,果树分会由专家李明光牵头组织,招引江苏郓天富牺粮仓科技有限公司来如皋,举办首届富硒脆桃采摘节,暨"世界长寿之乡"如皋富硒文化之旅活动,推销富硒脆桃6 000公斤。发展现代观光农业与文化旅游相互结合,有助于进一步加速国内农产品的大循环,既有利于种植户,也有利于市民健康生活。

二是走出去,拓展思路长见识

4月,组织人员赴上海市参加2021上海青年盆景人才研讨会。盆景分会赴安徽明光参加"花海明光"首届花卉盆景文化旅游节。8月,组织人员赴沭阳县新河镇以及沭阳花木城参观学习和借鉴电商物流经验。9月,牵头组织中国小微盆景集散中心首届全国盆景交易大会暨精品盆景第七届拍卖大会活动。10月,中国花卉协会盆景分会、如皋市花木盆景产业联合会联合主办"悦赏诗画盆韵"2021首届"如意"杯十佳盆景讲解员大赛。10—11月,市委书记何益军率队调研市新联会花木盆景产业实践创新基地("新心向荣"园艺荟)。市委组织部部长、市委统战部部长朱莹莹,如城街道党工委书记崔建村等相关部门领导参加调研,肯定创新举措。11—12月,协助市人社局和中国花卉协会盆景分会组织了省乡土人才盆景技能大赛初赛与决赛。

三是搭平台，探寻新路强服务

10—11月，集中两个月时间，进行"国家花木盆景产业标准化区域服务与推广平台"项目申报和答辩。11—12月，完善行业协会市级评估，通过3A级审核验收，为创建4A行业协会奠定了基础。12月，筹建筹划"如皋盆景电商直播"、"如皋盆景直播分享中心"平台和活动。

三、积极应对，充分发挥基金作用

小额担保基金成立于2019年，主要目的是帮助园林绿化行业苗木经纪人化解资金难的矛盾。几年来，小额担保基金为应对金融大环境解决了园林绿化和苗木经纪人资金难题，为支持和促进花木盆景产业的发展发挥了积极作用。2021年9月，花木大世界控股有限公司经法院裁定进入破产程序后，对全市花木盆景产业产生重大振荡，尤其是对花木担保基金的运行产生巨大冲击。"花融保"业务受阻，企业融资难度加大。在市花木转型发展领导小组办公室的大力支持下，一是想方设法帮助企业按时还款，续借贷款；二是及时申报债权，确认债权性质；三是及时汇报、通报，提高透明度，得到了大多数投资人的理解支持。

四、强化宣传，持续提高产业知名度

为弘扬"花木之乡"和"中国盆景之都"美誉，经多方发力、多点宣传，积极宣传亮点、报道热点，引导看点，指导难点，为促进花木盆景产业作出了不懈的努力，一年来，如皋市充分利用请进来、走出去，利用融媒体，立体宣传如皋小盆景、大产业，以国家级主流媒体《中国花卉报》为依托，宣传如皋市花木产业优势，不定期发布展会活动信息，抓住花木生产典型进行报道，整合花木市场供求大数据进行分析与发布，推进产业产销创新融合，实现产业供需数据化的核心价值。同时，组织开展花木通讯员业务培训，加强花木盆景产业互通交流，通过以举办各类展会活动，加强横向联系，实施花木盆景产业信息互通、融合，推进花木盆景产业健康发展。

2022年主要工作思路是：围绕第一要务，推动产业发展要围绕第一工程，服务企业发展要围绕第一关键，提升自身素质；围绕第一窗口，打造信息平台。以推动行业发展为己任，在规模做大、品牌做优、机制做活等方面不断探索,创新发展。

（一）扶持龙头企业做大规模

对行业系统各类资源进行整合,有效发挥规模效应,进行广泛市场调查、政策咨询和充分论证。形成资源协配、品牌共用质量、企管数据通报、核算独立的一体化运营模式,增强龙头企业的辐射带动作用。在积极鼓励和支持企业苦练内功,鼓励企业争先创优,做大规模,在全行业营造你追我赶的浓厚氛围。

（二）积极引导企业创优品牌

品牌是一个行业的重要名片,要努力通过各种途径和方式,强化企业的品牌意识,引导企业创建精品名牌,同时协助企业申报各类项目,争取各级的政策扶持,使企业在更高的层次上参与市场竞争。

（三）打造产业链推动产业化经营

围绕发展主题,组织多种形式的行业合作,开展为企业维权等工作,有力推动行业的持续稳定发展,通过龙头带基地,基地育龙头的战略渠道,推动产业化经营。

杨 勇

2022 年 4 月

如东县新能源业发展报告

如东县发展和改革委员会　如东县工商业联合会

新能源产业作为如东县优先发展的战略性新兴产业，对推动如东县社会经济发展具有极为重要的意义。为推动新能源产业的发展，2021年专门组建了产业推进工作专班，进一步加快了对该产业的推进力度，全县新能源产业发展后劲进一步凸显，对工业经济的贡献份额显著提高。

一、如东县新能源产业发展概况

截至2021年底，如东县风电和光电产业链企业共有130家，全年实现应税销售716.52亿元，同比增长84.6%；实现税收16.2亿元，同比增长28.5%。其中风电发电企业23家，实现应税销售42.6亿元、同比增长70%，实现税收2.88亿元、同比增长31.6%；风电装备制造企业29家，实现应税销售464.4亿元、同比增长63%，实现税收8.28亿元、同比增长22.9%；风电配套服务企业66家，实现应税销售169.92亿元、同比增长241%，实现税收2.76亿元、同比增长73%；光伏及配套企业12家，实现应税销售39.6亿元，同比增长47%，实现税收2.28亿元，同比增长10.2%。目前，如东县风电和光电产业链已覆盖规划设计、施工运维、检测监测、大件运输、环保防腐、职业培训、安保服务、数字化服务等行业。

二、产业链推进情况及取得成效

（一）坚持规划引领

2021年工作专班组建以来，多次组织赴外地考察调研，广泛听取专家建议，委托权威机构推进全县新能源产业规划编制工作。一是风电产业规划编制。启动了"十四五"海上风电布局研究和规划编制工作，目前已完成规划初稿并纳入全省"十四五"规划范畴。根据最新规划，全县"十四五"

海上风电总装机容量达到480万千瓦,其中,领海基线内130万千瓦(预计投资160亿元),领海基线外350万千瓦。二是光伏产业规划编制。如东沿海地区水面和闲置滩涂资源经初步测算,可规划光伏容量约500万千瓦(预计投资200亿元),目前"十四五"光伏规划编制工作已形成初稿并征求相关单位意见。三是委托华东勘测设计研究院编制的《如东县打造绿色能源产业体系行动方案》也已基本定稿,该行动方案将为全县探索县域绿色能源发展工作机制、示范样本和指标体系提供科学依据,为双碳目标的顺利推进提供技术支撑。

(二)注重产业培育

1.加快风电项目建设,确保年底前全容量并网。自2018年以来,如东县共有13个海上风电项目开工建设,为确保项目如期并网发电,工作专班多次召开协调推进会,为项目顺利推进纾困解难。截至2021年底,13个项目全面建成,装机容量380万千瓦,已陆续调试新增并网发电193万千瓦。目前全县海上风电并网容量已达483万千瓦,真正成为全国海上风电第一县。

2.大力提升服务质量,加快推进落户项目。围绕已签约落户项目,专班会同属地镇区,靠前服务、全程跟踪,加快项目建设进程。东方三峡先进装备产业园项目已完成项目公司注册、项目初步可研,主体厂房施工图设计基本完毕,总包招标;浙江德磊风能科技连接架制造项目已于当年9月注册,目前正进行土地挂牌、厂房设计等工作;九鼎新材料叶片制造项目钢结构厂房已全部完工,具备生产条件;上海电气已于去年5月注册2家海上风电运维公司,首期注册资本金8 400万元已到账,两条运维母船已委托上海振华重工建造;中国电建集团华东勘测设计院有限公司在如东县注册全国首个县级独立核算子公司。

3.充分发挥联盟作用,积极引导产业融合。工作专班充分发挥风电产业联盟资源整合、产业联合和资本融合的作用。一方面,牵头各风电开发企业、主机供应企业、基础和塔筒制造企业、海缆生产企业、施工运维企业、码头运营公司及所有参建单位,加强沟通、交流和磨合,不断优化生产步骤、供货流程和施工工艺,确保在建项目有序推进,共同围绕年底全容量并网的目标全力冲刺;另一方面,积极引导促进产业链上下游企业相互支持、加强合作,实现供应链在本地配套,推进产业链协同共赢。海力风电就是得益于如东县产业链协同发展,成为如东县本土首个风电装备制造板块的上市公司。

4.加大光伏、储能项目招商,为新能源产业链注入动力。工作专班积极推进,目前,外向型农业开发区已与华能、中广核、华润合作,共同开发外农滩涂光伏项目。充分利用如东县的光伏资源,积极招引光伏、储能制造相关企业落户如东县,目前正与华润集团、正泰、阳光能源等企业加强对接,广拓招商资源。如东县申报的国家整县分布式屋顶光伏开发示范项目已获批,正在全力推进,目前已经初步摸排了相关资源,并形成了初步的开发方案。

(三)突出科技创新

1.亚洲首座海上风电换流站成功安装,实现了我国海上柔性直流输电平台领域"零"的突破并处于国际领先水平,有效解决了海上风电场大容量、远距离输电的问题,填补了国内远海大规模海上风电输电技术的空白。

2.中船海装首台国产化海上风电机组下线,实现了国产大功率风电机组在补短板技术上的创新,标志着国内首次全面掌握了海上风电机组关键重要部件的核心技术,打破了国外的技术垄断和封锁,带动了国内风电全产业链技术水平和制造能力的发展,对实现海上风电全产业链国产化和海上风电的平价化具有重要意义。

3.全国首个深远海SOV运维母船启动打造(SOV运维母船相比于传统交通船,具备更强作业能力、更大存储空间、更低单位油耗强度、更长距离航行和作业时间等特点),预计2023年建成运营,同时,上海电气拟通过在如东县打造深远海SOV生态港来填补我国深远海风电产业运维板块的空白,将对我国海上风电走向蓝海起到积极的示范和引领作用。

三、产业发展存在问题

随着风电平价时代的到来,如何控制风电开发成本将成为未来海上风电产业可持续发展的关键。通过近几年来的大力发展和推动,如东县风电产业链已初步形成，风机关键零部件以及配套的生产性服务业方面还需进一步补链，特别是在大兆瓦级的风电主机、新型柔性材料叶片研发生产和关键电控设备国产化还需进行技术攻坚。集聚集群效应尚未完全形成，光伏产业链还处于建链阶段，缺少头部企业进驻，储能产业还刚刚起步。同时，在海上风电"抢装潮"大背景下，海上风电项目已进入了冲刺阶段。如何应对台风、寒潮和突发强对流等恶劣天气，加强海上应急救援基地和能力建设，加强面广量大的海上运维船舶的安全监管，将成为当前风电行业安全发展的重中之重。

四、下一步工作举措

(一)进一步完善专项规划

继续跟踪省级"十四五"海上风电规划编制及报批进展，积极争取远海深水风电项目纳入国家示范；进一步优化光伏资源布局，充分挖掘沿海可开发利用光伏资源，稳步开发集中式光伏项目，推进国家百万级千瓦光伏基地建设，加快推进全县分布式光伏发电项目；不断加强与省、市、县自然资源和规划、生态环境等部门的沟通衔接力度，实现风电、光伏开发与其他涉海产业和谐共存、相互促进，实现项目用地、用海的合理化和资源利用高效化，为"十四五"重大项目的顺利实施、为如东县新能源产业链的健康、可持续发展夯实基础。同时，积极利用风电和光电优势，探索氢能产业，谋划实施一批示范引领性、带动性和标志性的新能源与氢能重大项目。

(二)进一步加快项目建设

继续加大协调力度，主动靠前服务，通过加强与属地政府和企业的沟通和联系，帮助镇区和企业及时化解在项目建设和运行过程中遇到的突出问题和矛盾，为在建风电、光伏项目和已落户产业链项目的顺利推进营造良好氛围。依托小洋口风电母港及配套重装产业基地，加快推进东方三峡如东先进装备制造产业园区项目尽快开工、早出形象，持续打响如东县"全国海上风电第一县"品牌。

(三)进一步突出产业链创新

目前风电光伏市场增量市场与存量市场并存，增量市场上依托风电产业联盟平台优势,精心绘制产业地图,紧盯目标客户,重点瞄准风电光伏核心装备、头部企业、新型储能项目及现代服务企业,借力资源优势靶向招商、精准招商,从招大向引强转变,推动产业链向高端发展。存量市场上进一步强化技术创新,在风电主机、钢结构、施工工艺上引进创新技术,促进全产业链降本增效。同时,改变传统单纯以资源换产业的思路,践行新发展理念,坚持规划引领,强化创新创优在资源配置中的地位,推动资本、要素与科技创新深度融合、协同发展。

(四)进一步强化安全生产管理

充分发挥海上安全联合执法小组的联合执法工作效力,开展常态化海上风电场现场检查和参建船舶安全检查,进一步加强对风电项目施工安全生产监督管理。抓紧完善江苏省南通市海上应急救援基础设施建设项目实施方案,积极向省市争取资金、政策支持,全面提升如东县海上应急处置能力,为新能源产业健康发展保驾护航。

曹卫东

2022年4月

如东县食品业发展报告

如东县发展和改革委员会　如东县工商业联合会

食品产业作为如东县的传统产业,为解决当地的劳动就业创造了有利条件,2021年深入贯彻落实县委"双聚双高"作风效能提升要求,组织相关部门负责人多次走访凯爱瑞、正大食品、越秀集团、博多食品包装等一批省内优质企业,定期组织县市管局、外农开发区、县食品协会等单位召开产业链发展座谈会、分析会,紧紧围绕"补链、增链、强链"工作目标,在项目招引、扶强创优、品牌建设、服务优化等方面持续发力,全县食品产业经济质量效益和核心竞争力稳步提高。

一、如东县食品产业发展概况

2021年如东县食品产业实现主营业务收入94.92亿元,同比增长7.6%,实现利润3.57亿元,同比增长28.7%。其中45家规模以上食品生产加工企业,实现主营业务收入64.62亿元,实现利润2.02亿元。

二、产业链提升情况及取得成效

(一)"项目为王",发力招商引资

牢固树立"项目为王"理念,切实抓紧项目建设"牛鼻子"。一是坚持产业链招商思维。梳理在手项目,紧盯优质企业,开展项目对接工作,招引了一批规模大、链式效应广、创新能力强、税赋贡献高的龙头项目、高端项目、特色项目。二是引导社会资本参与食品产业园区建设。与东方龙商务集团等代理机构深化合作,推进新华集团、标龙集团等企业合作建设标准厂房、共建食品园中园,吸引东南亚、长三角等地区食品企业入驻。三是积极探索多种招商模式。实行借会招商、委托招商、代理招商。积极联系对接苏南商会、中介机构,特别是苏州市、无锡市、常州市的如东商会,组织招商团队赴

上海、苏州、重庆等地召开食品招商恳谈会、参加上海国际食品展、中国(成渝)美食工业博览会等活动，充分利用活动平台吸引"长三角"食品企业来如东县投资。共接待客商136批次，策划招商活动3次，实现项目落户2个，注册公司2个。总投资45亿元的新华项目，经多轮谈判，正在对部分投资细节内容进行深入洽谈，拟于近期签约。总投资10亿元，占地240亩的标龙·绿色慧谷食品产业园项目正在进行施工图审批，目前已有3家食品企业预购厂房。梦之鲜、乾瀚食品、聚格食品3个亿元项目正在洽谈中。

(二)坚持"服务为本"，加快项目建设

对现有食品企业以及在谈有意向落户如东县的企业，实行项目全链条服务，根据企业需求、项目类别，明确专人负责，实行跟进式服务。一是抓住项目立项、环评、审批等关键节点，加大协调服务力度，对项目推进中遇到的困难和问题，逐个查找原因、逐项解决落实，做好项目建设保障服务工作。二是强化主动服务意识，积极与项目方做好沟通协调，及时掌握企业需求，做好企业对接服务，确保项目早落地、早开工、早投产。三是进一步优化投资环境，做好先期启动区支路建设、完善园区管网、绿化提升等，强化园区东侧配套服务功能，招引社会资本共同开发园区生活配套服务，不断完善食品园区、渔港经济区等平台功能，提升项目承载能力。目前变性淀粉项目正在进行厂房验收；源丰食品项目正在报建；经纬食品项目正在办理用地审批手续。

(三)坚持"质量为上"，严把质量关口

牢牢把握产品质量这一企业提升短期竞争力和长期生存所必需的战略要素，提高县内企业核心竞争力。一是严格监督检查。对正常生产的246家食品企业，开展监督检查399家次，问题发现率2.29个/家，整改闭环率达到100%，消除风险隐患。二是开展培训考核。先后组织企业负责人和食品安全管理员参加了省、市级培训会议共计66家次，421人次；组织249家企业，528名管理人员参加在线考核，合格率99.81%。三是力促转型升级。推进32家企业落实食品安全总监制度，帮助53家食品生产企业升级改造通过ISO9000/ISO22000/HACCP等质量体系认证，持续提升食品质量安全管理水平和风险防控能力，促进企业持续快速健康发展。

(四)坚持"保护为先",培育本土品牌

一是深挖产品特色。挖掘"人无我有,人有我优"的特征性指标,强化特色品质保持,促进小作坊特色品牌发展,指导7家小作坊进行升级改造申报省级"名特优"小作坊,4家通过初审入围最终评审。指导22家小作坊申报市级示范小作坊,16家小作坊申报了市级"江海名坊"。二是强化知识产权保护。截至目前"如东文蛤""如东条斑紫菜""如东泥螺""如东狼山鸡""如东大米""栟茶竹蛏"等已成功注册国家地理标志证明商标。其中,"如东狼山鸡""如东条斑紫菜""如东泥螺"先后获评国家地理标志保护产品。此外,为完善地标产品追溯——防伪体系建设,创新建立了"地理标志+工业互联网标识"管理平台,实现了产品防伪、部门监管与产品溯源的有机结合,从源头上保障农产品质量。狼山鸡已率先入驻该平台。三是创新资金帮扶手段。及时与中国农业银行如东支行对接,商议建立企业资金需求动态台账,对企业信用状况进行初筛并及时对接农行,定制个性化的金融支持方案,目前县农业银行针对如东县粮食加工企业和紫菜加工企业较多的特点,设立了"紫菜加工产业集群""大米加工产业集群"两个产业集群项目,项目内客户的贷款由县级银行自行审批,流程短,审批速度快,同时享受低于人民银行基准利率的优惠,切实缓解企业融资难题。

三、产业发展中存在问题

(一)从全县层面看

一是产业整体规模偏小。具有带动性的大型龙头企业明显偏少,大部分企业规模偏小,绝大多数为一次紫菜加工和大米生产企业,产业整体实力较弱。二是创新能力偏弱。现有食品企业中,大部分生产流程简单,部分还停留在传统工艺,技术含量较低,现代食品制造技术和先进装备在食品工业中的应用刚刚起步,企业自主创新开发新产品的意愿和能力普遍不强。三是集聚程度偏低。全县的食品加工产业涵盖行业众多,但规模型企业布局分散;产品种类较多,但尚未形成主导品牌产品,整个产业集聚程度较低。

(二)从园区层面看

一是配套相对滞后,承载力还不强。已完善了部分基础设施,但园区

配套还不够完善,与客商的期望和要求还存在差距。园区所在区域还是原始状态,还未有专业园区应有的形象。土地并未完全平整,土地受政策调整延缓供地,蒸汽、天然气、污水处理等管网未能对园区实现全覆盖,园区管网、园区道路未能形成闭环,绿化为自然状态,景观效果尚未形成,影响了食品园区整体形象。产业园配套商务区仍处于规划状态,不能提供入驻企业就近的办公、生活等基础服务。二是经济环境持续下行,新动能还不足。经济大环境对食品行业的影响非常大,从现有对接食品项目看,企业进行投资的信心不足,项目落户存在一定困难。外农区域相对较偏,人员招聘存在一定困难,前期对接的几个项目均是因招工问题而未能落户。亩均税收达20万元的要求对食品行业来讲门槛比较高,一定程度上增加了项目洽谈难度。入驻企业较少,食品园区建设较慢。入驻企业中投产者甚少,园区没有支柱型企业和国内外知名品牌,发展呈随机性、无序性。三是政策措施不够完善,支撑力还不够。外农(茸镇)以农业、渔业为主,每年财力极为有限,缺少支撑项目落户的金融、税收、土地、财政、人才、劳动力、物流、招商奖励或支持等政策,一定程度上影响招商引资满意度。园区内没有专门的招商运营团队,市场化运营的知识和能力还不足,相对园区"专业化、集群化、高端化"发展方向,远不能满足园区建设和发展的要求。

(三)从企业角度看

生产成本急剧上升,受国际国内新冠肺炎疫情爆发的影响,生产所需的原辅材料、包装、物流等价格持续上升,且幅度不小,使得部分企业,尤其是进出口企业生产成本急剧上升,如进口冷链食品管控收紧后,进口肉类、海鲜数量大减,导致原料价格上涨,进口企业原料成本增加;受国际物流成本大幅度上涨影响,目前个别出口企业为履行订单合同,处于亏损状态。全年共有8家规上企业处于亏损状态。

四、下一步推进产业发展的工作打算

(一)强化招商引资工作

一是创新招商方式。探索推行中介招商、大数据招商,借力市场监管平台、依靠上海市行业协会、全国焙烤制品委员会糕点分技术委员会等行业协会,对接江南大学、上海海洋大学等高校院所,了解产业发展基础和方向,突出产业链招商,采取"小团队、点对点"灵活机动的举措,充分发挥"盯关跟"精神,快速对接、快速跟进、保持联系,加快项目落地转化。二是强化宣传推介。开展"走出去、请进来"活动,充分利用各类博览会、招商洽谈会等活动平台,积极推介,广泛宣传。打造优秀招商队伍,适时充实调整招商人员。对现有招商人员从招商理念、招商方式、谈判技巧等方面进行培训,为招商引资工作提供优秀人才保障。

(二)加快在建项目进度

围绕现有变性淀粉、经纬食品、标龙项目等项目,紧盯关键时间节点,细化施工计划,定时间、定任务、定责任,对每一个项目安排专人跟进,向企业提供政策信息、代办帮办等服务,开展跟进式、定制式、量化式服务,及时关注掌握项目进展情况,协调解决项目推进中遇到的困难与问题,做好服务保障,确保高效推进项目建设。

(三)提高品牌建设速度

引导食品企业增强品牌意识,鼓励食品企业加强品牌建设,加强与大型电商品牌对接,拓宽销售渠道。着力培育一批拥有核心技术、配方和市场竞争力强的品牌,鼓励县内老字号食品企业传承升级,形成如东地方标识。充分利用龙头企业先进技术、品牌价值、标准和营销网络,提升知名度和外向度,形成"区域名片"。积极参与全国食品安全示范城市创建,推进溯源体系建设,鼓励指导企业通过质量体系认证,提高食品安全与食品质量,提高食品企业竞争力和区域综合竞争力。

(四)拓宽人才培养渠道

积极落实人才战略,有针对性地与江南大学、上海海洋大学、省海洋研究所等高校院所加强联动,与如东中专高职院校落实蓝领工人共建计划,推进人才培养互动机制。推行"职业院校+行业协会+龙头企业"模式的产业技工培养基地,推动技工院校与行业协会、龙头企业等社会培训资源合作,通过深化校企合作、举办职业技能竞赛、开展职业培训鉴定等措施,为加快发展食品加工产业提供更多技能人才支撑。

曹卫东

2022年4月

启东市电动工具业发展报告

启东市工商业联合会

电动工具业是启东市起步较早、规模集聚优势明显、市场竞争力较强、发展潜力巨大的特色产业。自上世纪70年代末起步,经过上门维修、坐店零售、批发经销、生产经营、品牌培育、产业集聚等发展阶段,电动工具产业从无到有,从小变大,产业呈现出加速发展、加快转型的良好发展态势,成为中国电动工具"三分天下有其一"的主产区,通过启东人销售的电动工具产品占全国市场总量的60%以上。

近年来,产业发展坚持大力实施规模集聚、品牌培育、创新驱动、外向开拓等四大战略,先后获得了"中国电动工具产业基地""中国电动工具第一城""国家外贸转型升级基地""江苏省电动工具出口基地""江苏省产业集群品牌培育基地"江苏省第一批"中小企业产业集聚示范区",江苏省重点培育"小企业创业示范基地""江苏省电动工具出口产业集聚检验检疫监管示范区""江苏省服务业集聚示范区"等省级以上荣誉。

一、电动工具产业发展情况

2021年,启东市电动工具产业紧紧围绕市委十三届十次全会提出的"推动电动工具产业创新转型,全面提品质、创品牌、拓市场"要求,以"崛起电动工具产业城"为目标,用更高的标准、更大的力度、更快的速度、更实的举措,积极推动电动工具产业发展。

通过调整控规盘活存量土地,积极破解产业发展用地瓶颈。全年累计新开工总投资亿元以上电动工具产业项目12个,总投资24.24亿元,开工面积27.2万平方米。

2021年全部电动工具企业完成应税销售150.51亿元,同比增长41.04%,占全市工业产业应税销售的11.7%,实现工业税收2.6亿元。规模以上电动工具企业完成应税销售 130.44 亿元,同比增长 34.27%,实现工业税收 2.35 亿元。龙头企业东成完成应税销售 101.9 亿元,同比增长 44.34%,实现税收 18 491 万元,成为启东市首家应税销售突破百亿的民营制造业企业,国内市场占有率继续保持第一。同时,东成公司正积极筹备向欧美市场发力,拓展全球市场布局,努力打造全球知名工具品牌。

2021 年,新增规模以上电动工具及配套企业 33 家,其中工业企业 23 家,限上贸易企业 6 家,电动工具配套服务业 4 家。已培育东成百亿级企业 1 家;国强成为五亿级电动工具企业;新增亿元企业 7 家。电动工具行业共有百亿级企业 1 家,五亿级企业 1 家,亿元企业 7 家。

当前,共有电动工具行业企业 630 家(同时具有工商注册登记和税务登记的经营单位,不含个体户),其中整机生产企业 275 家,配件生产企业 305 家,贸易企业 36 家,研发服务企业 11 家,拥有自营出口权企业 95 家。275 家整机生产企业中:电动工具整机 138 家(拥有自主品牌且核心配件自主生产的整机企业 13 家),激光水平仪整机 111 家,喷涂设备 21 家,钻孔设备 9 家,焊接设备 7 家,空压设备 3 家,气动工具 2 家;305 家配件生产企业主要集中在齿轮、轴承、铝件、冲压件、塑料件、电线电缆、电机组装、控制系统、包装等领域。

二、电动工具产业发展的短板和问题

(一)产业中坚力量相对薄弱

启东市电动工具产业存在龙头企业一枝独秀、中坚企业相对薄弱、小微企业长尾的现象。应税销售亿元以上企业只有 9 家,其中东成公司销售 102 亿元,10 亿元以上出现断层。2021 年,全行业实现应税销售突破 150 亿元,东成公司占比达 67%,行业应税销售基本来自东成及其配套企业。同时,优质配件企业数量不多,产能不够,配套能力不足。全市 305 家配件企业中能够为东成、史丹利百得、东科、大艺等品牌企业配套的仅占三分之一,其他整机企业想发展规模和品牌难以得到保障。即便是东成,目前配套企业 400 家左右,在启东本地配套也只有 100 家左右,其余配件企业主要分布在浙江、上海等周边地区。配件企业发展仍有较大的市场和提升空间。

(二)外贸市场开拓相对滞后

中国是电动工具生产大国,全世界 80% 的电动工具产自中国,中国生产的电动工具80%出口。据有关统计数据,全国手持式电动工具出口市场超1 000亿元。而启东电动工具向来以内贸市场为主,出口仅10多亿,仅占全国出口总量的2%。国际市场对于本地电动工具产业来说发展空间巨大。目前启东市电动工具产品出口市场主要集中在东南亚、中东、非洲等地区。企业自营出口不多,仍不具规模优势,多数企业由于外贸专业人才缺乏仍通过外贸公司代理渠道出口。

(三)全产业链发展相对不足

产业门类不够丰富,产业链不够完整。近年来新发展起来的锂电工具、气动工具、光电仪器门类中具有一定规模优势,但产业链还不尽完善。涉及到锻造、铸造、控制板、激光器等配件多数依赖外地采购。行业门类中园林工具、空压机、焊接设备、喷涂机等门类生产企业甚少,难以形成规模,巨大的市场空间未及开拓。

(四)自主创新能力不强

产业还是以传统低端产品为主,自主研发能力和投入方面远远落后于国际国内一流企业。拥有自主品牌且核心部件自主生产的整机企业数量偏少。整机企业中大部分为小规模、作坊式的锂电组装企业、贴牌企业,除东成、国强、仟得、东科、德世等,在行业内能够叫得响的品牌不多。尤其是近年来光电产品、锂电产品蓬勃发展,原本纯机械的电动工具产品融入了算法、芯片等高科技,部分企业追求成本控制,选择"拿来主义",企业创新能力缺失,知识产权侵权现象时有发生。

(五)生产配套支撑不足

吕四地区尚无物流园区,现有物流公司分散经营,不能满足产业物流配套需求,造成物流成本偏高,与浙江地区相比明显存在劣势。电动工具属劳动密集型产业,用工需求较大,本地人力资源不能满足企业需求,人才公寓等配套设施尚不健全,各层次人才引不进、留不住。

(六)企业竞争无序失范

曾经的吕四电动工具起点高、品质好,浙江省电动工具的电机都在启东市采购,国内市场牢牢把握在我们手中。但近年电动工具行业的准入门槛降低,市场和质量监管体系松散,低价低质产品扰乱市场秩序,光电、锂电等新兴产业陷入新一轮价格战,存在"劣币"驱逐"良币"倾向。

（七）土地要素瓶颈制约

本地电动工具产业发展起步较早，建设初期缺乏合理规划，土地集约利用率不高。2000年以后大发展时期，用地不尽规范，违章建筑比比皆是。近年来，由于土地供给门槛提高、土地指标供给不足、严查用地违法行为和周边地区定向招商力度加大等因素，一部分急于发展的企业外流海门等周边县市，据不完全统计有20多家，其中不乏大艺、铁锚、高精数科等优质企业。还有一部分老企业也因无土地指标供给或企业不在新规划建设区内等瓶颈而无法实现改扩建目标。目前，政府对龙头企业东成公司发展用地给予全力保障，其余配套企业同步发展的用地瓶颈也亟待突破。

三、2022年工作打算

启东市电动工具产业发展的总体目标是打造全国电动工具制造中心、研发中心和销售中心，做强"中国电动工具第一城"，"十四五"目标是电动工具产业应税销售规模达300亿元；国内市场占有率优势不断放大，力争达到70%以上；将东成培育为200亿级企业，打造具有国际影响力的民族品牌；锂电、光电等优势新兴行业研发创新能力领跑全国。围绕上述目标，将做好以下工作。

（一）强化产业发展组织领导

市委、市政府将电动工具产业作为重点支持的特色产业提升到市级层面加强组织领导、政策支持和推进落实；进一步发挥市电动工具产业发展领导小组机构作用，进一步激活天汾电动工具产业园管委会体制机制，协调解决电动工具发展瓶颈问题。电动工具行业党委发挥党建引领作用，助力产业腾飞；电动工具行业协会发挥桥梁纽带作用，凝聚发展合力。

（二）科学规划电动工具产业发展

发展空间和平台是电动工具产业当前发展中的瓶颈问题。推进产业规划与空间规划深度融合，实施成片开发规划调增。编制新一轮产业发展规划，优化产业空间布局，为产业做大做强奠定基础。借鉴浙江永康和武义先进经验，启动电动工具众创城建设，建成产业服务和创新平台，以市场化运作、服务外包的方式推进创新服务，满足电动工具企业对转型升级、扩大再生产的强烈需求。积极引进一批急需的生产性服务机构，提升公共服务能力和水平。积极招引强链补链企业，进一步扩大产业规模和集聚效应。

(三)大力推进梯度培优扶强

实行企业梯度培育计划,在政策扶持和资源保障方面给予倾斜,引导资源和政策向龙头企业、骨干配套企业和高成长性企业倾斜,培养形成结构更优、实力更强、竞争优势更明显的企业群体。研究出台电动工具产业发展专项扶持政策,扶持亿元上下中微型成长型企业,变"一枝独大"为"一超多强"。帮助企业加大自主创新和人才引进力度,提升智能制造水平。鼓励支持企业打造自主品牌,培育更多出口名牌。"十四五"期间,实现规模企业数倍增,从49家增至100家;亿元企业数倍增,从5家增至10家;5~10亿级企业不少于3家;扶持东成为200亿级企业。

(四)全力开拓双循环市场

以获评"国家外贸转型升级基地"为契机,支持企业加快"走出去";支持跨境电商等新业态赋能电动工具销售;探索电动工具产业互联网发展;加大电子商务支持力度,实施原产地区域品牌计划,整合资源抱团上线;探索发展销售联盟,更大力度抱团开拓市场;加大电动企业数字化改造和电动工具企业参加大型交易会会展补贴力度。

(五)强链补链招大引优

启东市的电动工具产业,也要突破原有产品系列。一是出台政策支持大企业开发新产品;二是支持中小企业做大做强;三是招引上下游相关产业,延长启东市电动工具产业链。针对光电仪器、气动工具、园林工具等细分行业加大招商力度,争取招引一个企业,带动一批配套,形成一根支链。针对当前产业链相对薄弱环节,从研发设计、关键零配件制造环节入手,引进强企名企,补齐补强产业链。加大返乡创业招引力度,掀起二次创业热潮,抓好目前在手在谈的国内外知名工具企业的跟踪和落地。

(六)建立创新服务体系

从市级层面加强同高校、科研院所对接,合作建立产业研究院、技术转移工作站等平台,为电动工具企业提供包括人才、技术、资金、培训等全链条、全过程的创新支持和服务。加快协调东成公司与国内顶尖高校建立研发合作,帮助企业实现三年研发团队达到500人规模、研发能力达到国际先进水平的目标;创新服务综合体的日常运营,要引进专业运营团队,采用市场化的方式运作,以确保创新服务的工作数量与质量。

(七)优化生产配套服务

提升电动工具公共服务中心十大服务平台能力,做实做优企业服务。重点实施电动工具检测中心提升工程,在市科技局、市场监管局指导支持下,根据产业发展和企业实际需求购置一批锂电工具、光电仪器检测设备,提升检测能力,优化实验室建设方案,争取通过两年时间,光电检测实验室获得省级试验室资质认定。加强人才支撑保障。建成吕四港人力资源市场,定期组织线上线下招聘会。对东成等重点企业,会同人社局开展校招、劳务基地定点招聘等一对一服务,多渠道化解企业用工难题;推进城市建设,完善城市功能配套,加快吕四港人才公寓、东成人才公寓建设,营造更好的创业创新环境。

(八)规范市场行业竞争

行业无序竞争和垄断都是创新的敌人。规范市场经营主体,坚决取缔非法生产企业,严厉打击恶意扰乱市场竞争秩序企业。依托电动工具质量合作社,指导推动锂电工具、激光水平仪等新产品企业标准、行业标准制定。

(九)提供土地要素保障

优先安排土地指标支持产业发展。立足当前,收购小型企业,改建成标准厂房,租给有需要的企业。着眼长远,在产业空间规划和用地指标供给方面给予倾斜支持,从吕四港经济开发区划出一部分土地,用于建设新的电动工业产业园。高度重视电动工具产业的发展潜能,要像重视外出招商一样重视市内安商,努力留住本地企业发展项目。

(十)提升质量打响品牌

狠抓行业质量提升,联合市场监督管理部门继续深入开展专项整治,打击违规生产经营行为。着力推动标准化工作,引荐协调东成公司对接国家激光标准化委员会并参与国家激光水平仪行业标准修订工作,全面推进在手8家激光水平仪企业标准化工作,两年内形成覆盖重点光电企业的标准化体系。

孙　林

2022 年 4 月

启东市建筑业发展报告

启东市工商业联合会

2021年,在宏观经济环境复杂多变、国内经济发展换挡减速、新冠肺炎疫情持续冲击的大背景下,全市广大建筑企业始终弘扬坚定理想信念、勇于攀高争先的奋斗精神、坚持铁军传统,不怕艰难险阻的牺牲精神、坚持与时俱进,不断破旧立新的改革精神和坚持实事求是、积极投身改革实践的奉献精神,坚持新发展理念,积极应对经济新常态下的各种困难和挑战,切实加快转型升级步伐,积极拓展市场规模,整体实力和质量效益同步提升。

一、2021年发展情况

2021年,启东市建筑业以雄厚的实力、骄人的业绩,继续在全省乃至全国奏响"建筑之乡"的凯歌,为"十四五"规划开好新局。

（一）综合实力再上新台阶,主要指标稳中有进

全市建筑业总产值突破1 400亿元,同比增长8%。实现入库税金15.8亿元,同比增长3%。全年承建施工总面积1.06亿平方米,同比增长18.5%；新签合同额844亿元。全市建筑业从业人员达29万人,建筑业劳动生产率达64.2万元/人,同比增长9%。从业人员人均年劳动报酬超7.5万元。企业资质不断升级。截至目前,全市共有建筑业企业664家,比上年新增97家。2021年全市新增三级以上资质建筑企业8家,其中施工总承包一级增加3家、二级增加2家,专业承包二级增加3家,三级以上资质企业总数达146家。全市建筑企业在数量和专业门类覆盖范围方面,继续保持全省领先。龙头企业贡献明显。二建集团、建筑集团2家特级资质企业全年实现产值共计945亿元,占全市建筑业总产值的67.5%。13家一级

资质企业合计实现产值380亿元,占比27%,全市建筑产业集中度达96%。二建集团入库税收突破4亿元,占全市建筑业税收四分之一;启安集团税收1.36亿元,同比增长22.1%;建筑集团税收1.2亿元,同比增长50%,增幅均创历史新高。二建集团、建筑集团、启安集团被市委、市政府评为金牌企业,银洲集团、电力安装公司、通启公路公司被评为银牌企业。

(二)品牌优势得到新提升

全市建筑企业精品工程战略不断推进,创优夺杯成果丰硕,"启东建造"品牌进一步打响。名优工程再获丰收。全市获中国建设工程鲁班奖5个、国家优质工程奖1个、詹天佑奖4个,第十次包揽三项国家级优质工程大奖。企业荣誉再攀新高。二建集团连续5年、共计10次荣登江苏省建筑业企业综合实力百强榜首,连续25年荣获"江苏省守合同重信用企业",第17次进入中国企业500强、"中国承包商80强"。建筑集团荣获"全国工程建设诚信典型企业""全国建筑业AAA级信用企业""江苏省建筑业百强企业(综合实力类)""江苏省守合同重信用企业""江苏民营企业200强""江苏省统计信用红名单企业""江苏省建筑业企业安全生产先进单位"等荣誉。启安集团连续12年荣膺江苏省建筑业百强企业安装类第一名,荣获"全国建筑业AAA级信用企业""江苏民营企业200强企业""江苏省守合同重信用企业"。科技引领再创佳绩。全年获得国家发明专利4项,实施新技术示范工程22项,编制省级工法9篇,荣获国家级QC(质量控制)成果24项,省、市级QC成果107项。二建集团"基于GIS+BIM的智慧工地管理平台"被住房和城乡建设部评为智能建造新技术新产品创新服务典型案例。启东建筑工程学校不断创新建筑人才培训方式,成功举办2021年南通市住建系统建筑信息模型技能竞赛,同时,持续开展建造师、安全员、特种作业、职业技能等线下教育培训,共计培训各类人员32期、2.4万人,为助推全市建筑业高质量发展打下坚实的人才和技术基础。

(三)市场开拓实现新跨越

全市建筑企业持续巩固传统市场,积极拓展新兴市场,在南通市、苏州市、南京市、京津等地牢牢占据建筑市场排头兵位置。南通市市场赶超争先,以完成施工产值341亿元遥遥领跑各大市场;苏州市市场完成施工产值178.8亿元,牢牢保持第一方阵地位;南京市市场不断自我加压,完成施工产值60.2亿元;京津市场保持高点定位,完成施工产值53.5亿元。二建集团长三角沪宁线规模持续扩大,完成产值占集团总量63.2%,新签合同额占集团总量的60.4%。启安集团与国企、央企设计院联合参与市场竞争,通过施工承包+特长+投资+等方式,努力寻找发展新空间。海外经济再创佳绩,二建集团正式进入ENR250国际承包商行列,顺利获得以色列G5资质三年延期许可,海外施工总面积达到129万平方米,同比增长6.7%;施工总产值达21.6亿元;新签合同额达21.8亿元。

(四)转型升级取得新突破

全市建筑企业的转型升级步伐不断提速,全领域、全过程、全产业链的战略转型加快了建筑产业的发展壮大。二建集团多领域、全方位调优调强经营结构,利用品牌及资源积累优势,不断承建外资项目,主动承接了不少高、大、难、新的标志性工程,特别是在物流仓储领域持续发力,市场认可度得到显著提升。建筑集团旗下的现代建筑产业基地经过两年多的发展,经营市场逐步稳定,形成了主攻上海市场、辐射长三角周边城市的清晰定位,年产值达1.9亿元。泰林建设和俊杰建材旗下的两款新墙材产品顺利获得省级认证,成功填补了新墙材领域的市场空白。江苏恒绿不断注重公共建筑市政项目拓展,与外省优秀企业形成长期互惠互利的合作,打开了强强联合、合作共赢的新局面。

同时,全市建筑业面临以下问题:产业结构还不尽合理,粗放型生产方式及管理模式尚未彻底改变,大部分建筑业企业仍集中在传统房建施工领域,专业施工产值占比偏低;经营机制不够灵活,资金运作和融资能力亟待加强,很多企业现代企业制度没有真正建立起来,高资质的企业占比较小,特别近期内缺少跻身特级资质的潜力企业;金融扶持、司法保障等服务企业的效能有待进一步提升。对于这些问题,必须高度重视,认真研究,尽快加以解决。

二、2022年发展目标和措施

2022年是党的二十大召开之年,是全面落实江苏省、南通市和如东市党代会精神的开局之年,更是全市建筑业新常态下转变观念、加速发展的攻坚之年,也是启东市建筑业大发展、大转型、大跨越的关键阶段,面对诸多机遇与挑战。今年全市建筑业将坚持以习近平新时代中国特色社会主义思想为指导,紧紧围绕质量和效益这个核心,坚持创新驱动,推进转型升级,优化产业结构,加快改革步伐,为全面推动启东市建筑业高质量发展而不懈努力。今年全市建筑业预期发展目标是:完成建筑业总产值1 500亿元,同比增长7%;实现建筑业增加值、承建施工面积、新开工面积同比增长10%;争创"鲁班奖""国优工程奖""詹天佑奖"10项、省级以上优质工程50项;杜绝重大安全生产事故发生。

三、2022年全市建筑业发展措施

(一)因势而谋,把握市场开拓新机遇

要强化对国家宏观政策的研判,加强对发展战略中心城市建设规划的研究,牢牢把握党中央、国务院、住建部等出台的有利政策,调整优化区域市场布局,以更加精准的定位和行之有效的方式占领市场、获取项目。一是巩固扩大国内市场。进一步深耕主力市场,开拓新兴市场。不断巩固京津冀、长三角、珠三角等核心区域市场,深耕东北、华北、西北传统区域市场,开拓中部、西部等新兴市场,争取在国家发展战略中心城市圈和经济发展热点城市群形成5~6个超百亿的潜力市场。同时,要继续挖掘启东市本地建筑市场。随着多重国家战略机遇叠加,启东市迎来了港口、高铁等一批重大基础设施项目,加上益海嘉里、卫华重工等一批重大项目落地实施,启东市建筑市场大有可为。二是持续发展海外市场。要把与央企、国企合作作为策应"一带一路"、加快"走出去"步伐的战略首选,发挥各自优势,实现合作双赢。鼓励企业"靠大联强",通过与国企、央企、项目所在国企业股份合作、项目合作、组建联合体等方式,共同承包国外大中型项目。三是强化市场开拓组织。建筑行业主管部门、建筑业协会要选择在国内主要建筑市场、一带一路沿线国家和地区组织开展推介活动,增进沟通互信,促进市场开拓。要推进全市建筑企业与工业企业跨界联合、抱团发展,以建筑企业的"走出去"带动更多关联产业的发展。要主动适应国家投资重点转移及加快民生工程、基础设施和生态环境建设的要求,加快向盈利能力强、带动效应大、投资回报率高的领域拓展,努力提升在交通、水利、

市政、铁路等基础设施领域的市场份额。

(二)应势而动,提升企业核心竞争力

科技创新是企业发展的动力源泉,人才是企业科技创新的基本保障。要深入推进全市建筑行业"软实力"建设,提高科技创新和人才对建筑业发展的贡献度。一是提升科技创新能力。要把科技创新、自主创新作为提升核心竞争力的根本途径,继续加大研发投入力度,加强产学研联动,积极组织形式多样的产学研对接活动。引导企业与高等院校、科研单位进行战略合作,开展产学研联合攻关,积极参加行业标准、地方规范的制定。要充分发挥二建集团、建筑集团等企业技术中心的引导和示范作用,重点在影响行业发展的关键性技术上不断有所突破。二是鼓励企业争先创优。坚持品牌发展战略,积极争创优质工程、标化工地和科技示范工程,力争获得更多国家级奖项,在政策、技术、人才、资金等方面争取更多支持。在全行业大力弘扬和传承鲁班文化,形成精益求精、追求卓越的文化氛围,打造严守规矩、诚信执业的工匠本色,进一步打响"启东建造"品牌,持续提升"启东铁军"的社会认可度和美誉度。三是加强人才队伍建设。大力弘扬工匠精神,不断提升职业能力和素质,加快农民工向建筑产业工人的转化,深化建筑行业用工制度改革,推进建筑劳务企业向具有稳定劳动关系的专业化作业企业转型。同时,住建局、教体局、人社局、总工会等单位要加快完善职业技能培训体系,不断优化职业技能多元化评价方式,建立健全人才培养、考核、交流等人力资源管理制度,拓宽建筑业人才的晋升通道,为优秀人才脱颖而出提供平台。

(三)顺势而为,推动建筑产业现代化

以绿色发展理念、工业化生产方式等为主要内容的建筑产业现代化是建筑业发展的必然趋势。全市要创新发展模式,在推进新技术推广应用、提高建筑业科技含量方面下功夫,切实加快建筑产业现代化发展步伐。一是加强数字建造技术应用。加快推进BIM技术在规划、勘察、设计、施工和运营维护等全过程的集成应用,实现工程建设项目全生命周期数据共享和信息化管理,为项目方案优化和科学决策提供依据。尤其要在一些大型重点工程项目中,选择一批代表性项目进行BIM技术应用试点示范,形成可推广的经验和方法。引导全市一级资质以上施工企业掌握并实施 BIM 技术一体化集成应用,全市以国有资金投资为主的新立项公共建筑要提高集成应用 BIM 技术的比例。二是大力发展装配式建筑。进一步健全规划审批、财政评审、工程招标、设计审查、造价定额和质量安全等监管办法,对装配式建筑实施全过程监管。要优选部分财政投资项目带头实施装配式建筑。三是深入推广"绿色建筑"。通过开展绿色施工,应用绿色建材,推动工程项目全生命周期绿色化发展。要推动绿色建筑品质提升和高星级绿色建筑规模化发展,切实加强建筑业的节能减排、绿色环保。要实现工程施工现场的"搭积木""拼装化",进一步节能降耗,减少对环境的影响,减少对劳动力的过度依赖,进一步实现建筑行业劳动结构的优化。

(四)乘势而上,增创体制机制新优势

一是提升资质等级。通过转型升级、放大优势,既要打造 1~2 家比肩中建集团、上海建工、北京城建的旗舰型企业,又要形成几家像苏州金螳螂、沪宁钢机那样在全国叫得响的专业龙头企业。全市特级和一级资质的建筑企业偏少,但产值占绝对优势,仅二建集团就占 52%,建筑集团占 15%,去年二级资质企业产值比重虽然略有上升,但力量仍然较弱。而与兄弟县市相比,仍有较大差距。如何提升特级、一级资质企业的数量,推动二级企业资质升级,是摆在我们面前的重大课题。启安集团、银洲集团要加快特级资质的申报工作,力争年内申报成功 1 家;江洲建设要不断提升自我发展的层次和水平,尽快升级为市政园林一级资质企业;银投建设集团要加大创新投入、促进转型升级,争取年内取得施工总承包一级资质。住建局作为行业主管部门,要提前介入、积极配合,在资质申报、组织协调、材料送审、人员培训等方面,主动服务、优先服务、优质服务。二是优化产业结构。抢抓城市管廊建设、老旧城区更新等机遇,全面拓展在轨道交通、桥梁隧道、综合管廊等领域的占领份额和施工能力。积极引导企业由单纯的建筑项目承建产业向建筑承建和生产产业延伸拓展,形成产、供、销、建一体的建筑产业链,不断向高端领域延伸。二建集团要充分发挥资本、技术、人才和管理优势,实现三级联动开发;建筑集团要继续保持多元化经营特色;启安集团要进一步提高在光伏电子领域的承建空间,赢得更大的话语权。三是提升管理水平。全市建筑业企业要调整决策思路,精心制定企业长期发展规划,充分发挥企业既有的竞争优势和专业特长,实现平稳增长。要加快建立现代企业制度,着力打造与企业自身状况相匹配的法人治理结构,改变传统的粗放型管理模式。要积极应对市场变化,加强自身建设,规范经营行为,加强风险管控,特别是要加强施工项目的安全生产日常管理,坚决做到对安全隐患"零容忍",确保安全生产"零风险"。

(五)造势而进,服务建筑产业新发展

坚持效能建设,进一步营造优良营商环境。一是组织保障再强化。各相关单位和部门要根据实际情况和企业需求,创新思路、加大投入,为企业提供一站式、综合化服务,全力以赴为企业排忧解难。通过备案、监控、督查相结合的风险防控体系,有效加以解决,切实维护建筑业企业和从业人员的合法权益。二是发展环境再优化。市各相关部门要积极为建筑业企业的发展创造条件,多指导、勤服务,自觉当好建筑业企业的可靠后方和坚强后盾。深化建筑市场"放管服"改革,努力营造公平、公正、公开、诚信的市场环境。三是服务水平再提升。要进一步建立健全财政、税务、行业主管部门以及区镇之间的联动响应机制。强化建筑业项目管理,落实市外项目税收源头管控措施,鼓励我市企业家在市外创办的建筑企业,以及在市外建筑企业工作的劳务队伍牵头人回启东市纳税。要统筹建筑市场和施工现场的联动监管,在质量安全等方面给予企业更多指导和服务,确保安全生产监管无遗漏、安全隐患排查全覆盖。

孙 林

2022 年 4 月

通州区家纺业发展报告

通州区发展和改革委员会

家纺产业是南通市传统支柱产业,也是通州区工业化进程中投入少、见效快、贡献最大的行业。最近这十几年以来,通州区家纺产业在一直处于快速发展阶段,截至2021年底,全区家用纺织制成品制造企业约3 080家,2021年实现工业应税销售365.15亿元。其中,规模以上家用纺织制成品制造企业280家,占全区规模以上企业总数的39.38%,2021年实现工业应税销售334.8亿元,占全区规模以上企业销售总额的30.14%。2021年家纺规模以上企业中有166家工业应税销售实现正增长,占家纺规模以上企业数的59.3%。家纺行业在迅猛发展的同时,也迎来了严峻挑战。首先受到世界新冠疫情对世界经济的影响,家纺产品的外贸需求急剧下降;其次,近几年产业的飞速发展导致通州区乃至全国家纺业的产能饱和,大批工厂面临生死存亡的危机,恶性竞争导致产业整体利润变低;最后是电子商务等新渠道的产生对传统家纺产业的冲击,以上三大因素都直接或者间接的影响着通州家纺产业,使得通州区家纺产业转型升级迫在眉睫。

一、产业发展情况

目前南通市家纺城共有7个公共服务平台,分别是中国南通(家纺)知识产权快速维权中心、江苏省(南通)家纺产业技术研究院、南通家纺城电子商务产业园、POP家纺设计服务平台、通州家纺物流园、新天地家纺电商创业园、创纺E站。旨在全方位促进家纺产业链有效整合,提升价值链核心竞争力,加大以家纺市场为整体的推介力度。

近年来,南通市家纺城产业链结构不断优化,大中小企业融通发展。产业集聚度高,拥有工业园区15个,在纺纱织布环节有唐盛、亨通、鸿业等重点企业,在面料设计研发方面有金太阳领航,在成品生产环节有蓝丝羽、宝缦、梦之语等驰名商标。目前核心家纺市场已从低端面辅料交易市场向高端成品市场转型,从生产传统床上用品为主,衍生到全品类家居用品,从纺织轻工业向现代服务业转型,形成了一条以高端纺织为主的全产业链。南通市家纺城核心区域现拥有家纺商户4 000余家。其中微供商户500余家,建筑面积约25万平方米,顺应"互联网+家纺"及线上线下体验销售发展新趋势,呈现个性化、多样化、品质化三大特征,2021年市场销售额超150亿元。面料商户2 000余家,建筑面积约35万平方米,主要由化纤、全棉、棉涤混纺三大面料品类组成。辅料及包装等商户1 000余家,主要涉及花边、织带、嵌条等辅料,及无纺布、PVC、人造革、真皮等包装种类。其他服务业门市近500家,包含超市、宾馆、酒店等生活服务类。

二、存在的问题

（一）缺乏有效协作

通州区家纺产业普遍存在结构雷同现象,企业与企业,产品与产品之间关联度不高,缺少内部专业分工协作。

（二）缺少强势品牌

通州检家纺产业生产主要以贴牌加工为主,自主品牌产品比重低,国内家纺市场大多被知名品牌、知名商标产品占有,很多企业主要产品以技术引进和模仿为主,存在"一流设备、二流产品、三流价格"的现象,产品附加值低。特别是通州家纺还缺乏世界知名品牌。

（三）高端人才不足

通州区家纺企业过去主要以生产出口为主,产品以来料加工、贴牌加工为主,企业培养的大多是生产管理型人才,而现在转向打造自主品牌,发展自己的经营渠道,在研发设计、品牌运作、市场细分、营销策划、国际贸易、职业管理等方面还有大量工作要做,特别是缺乏名设计师、大企业家、现代营销人才等。

（四）缺乏现代管理

通州区家纺企业大多是家族式企业,企业家大多是"半路出家"。在经过原始资本积累后进入快速发展的新阶段。急需引进现代职业管理人制度,对企业实施所有权和经营权分离改革,引进现代企业管理制度。在企业家培养、经营机制改革上需要提上议事日程。

(五)缺少印染产业园

印染产业是家纺产业链中非常重要的一环,特别是南通市家纺城大市场对印染面料需求量巨大。随着南通市政府大力推进印染行业整治,通州区由于没有经批准的专门的印染产业园,印染企业被迫关停或搬迁,造成家纺印染产业链面临很大的困难。

三、家纺产业转型升级情况

(一)产品品种、品牌、品质的提升

1.在品牌培育方面,家纺业是通州区传统的支柱产业,近三年来,通州区把提高家纺企业适应市场能力作为重要战略路径,认真贯彻落实国务院和省政府《实施商标战略纲要》,在经济下行压力加大的背景下,主动出击,与纺织商会合作,举行一系列宣传、推广、培训活动,提高纺织产品的技术含量、质量意识,推动家纺产品品牌的认知、运用、保护,提升企业适应市场能力。现拥有中国驰名商标7个(金太阳、蓝丝羽、梦之语、圣夫岛、宝缦、卧龙、新世嘉),省著名商标16个,省级品牌13个,市知名商标42个。一是企业品牌意识加强。通过对品牌战略的不断宣传推广,政府加大鼓励奖励力度,企业也认识到产业需要转型升级。这几年,企业的品牌意识不断深化,紫罗兰家纺获江苏省名牌以后,又被评为现场管理良好行为企业;圣夫岛家纺公司在获江苏名牌、"圣夫岛"商标被认定驰名、著名商标后,又将所属戴威尔(南通)纺织品科技有限公司注册的"戴威尔"商标申请认定为省著名商标,以及"江苏省名牌产品"。企业在品牌建设方面更加自觉,完善了各项制度,落实了经费。二是龙头企业品牌带动作用。在紫罗兰家纺、蓝丝羽家纺、乔德家纺、梦之雨家纺等企业获得江苏省名牌和驰名、著名商标后,产品质量大幅度提高,企业美誉度得到提升,获得比较好的经济效益,扩大了企业规模和产品的市场占有率,龙头企业的表率作用是巨大的,带动了许多小微企业创优的积极性,形成以家纺城为主要集聚区纺织产业集群,也获得了诸多的名品名牌。三是主管部门保驾护航。随着纺织产业集群的形成,纺织品质量的纠纷也越来越多,家纺城管委会、高新区管委会审时度势,分别投入较大资金,与市纤维检验所合作,建成了南通市纤维检验所通州纺织品检验中心,出具公正数据,满足产业发展的需要。同时区委区政府加大了对纺织产业品牌保护的力度。创新开展政企联合打假协作,与区内

50多家名标名牌、高新技术企业签订了协议书,积极保护企业创业创新成果和利益。为了维护南通家纺整体信誉,创新开展政企联合打假协作,去年还集中精力开展了家纺产品商标标识侵权行为专项整治活动,有力打击了侵犯注册商标专用权的违法行为,保护了商标注册人的合法权益,维护了南通家纺整体信誉和商誉。四是品牌提升带来良好的经济效益。企业认识到品牌的作用后,更加自觉地维护自主品牌,一些易被侵权的家纺企业,积极要求列入省市重点保护名录,并及时组织跨地区维权,较好地做到了行政、司法、自我保护并举。多数企业利用在外设立的专卖店、专卖柜等场所,构建了维权网络,有效避免了侵权行为的发生。

企业获得自主品牌以后,取得了比较好的经济效益,市场也得到了扩张,叫响了南通市家纺的品牌。"梦之雨"公司在"梦之语"商标未认定驰名商标前,商品只能进入三线城市,商标认定后商品很快进入了一、二线城市。一些家纺企业,如新世嘉公司,应用名标优势,进一步拓展了国际市场,实现了国际、国内两个市场互动发展。纺织产品只有不断提高产品的技术含量、提升产品的品位,才能增强适应市场能力。

2.在质量提升方面,随着我国国民经济的持续稳定发展,人们的收入水平和生活质量不断提高,消费观念也逐步向时尚性、舒适性、健康性、功能性和生态性发展。家纺产品也由传统的床上用品向婴童产品、家居收纳、毛巾靠垫、家居小饰品等其他家居产品延伸,更支持个性化定制。材质也日益多样化,涉及到全棉、麻棉、丝棉、真丝、蛋白纤维、牛奶纤维、竹纤维、碳纤维等系列,拥有印花、喷花、提花、绣花及手绘等三十余万款外观花型,不断地充实和丰富家纺产品。

为保证家纺产品的质量,在家纺行业开展质量提升活动,加强质量密切相关的计量、标准化等技术基础工作,建立健全的质量管理体系,积极鼓励支持企业质量体系认证。应用先进的质量管理工具对质量指标进行统计分析,用数理统计理论开展质量预防活动,有效地降低了质量成本,提高了质量控制的能力。

(二)企业信息化、数字化深度融合的提高

加快推进"两化"融合,依靠信息化提升产业层级。按照提升层次、重点突破、稳步提高的原则,以人才的大培训,推进信息化工作大推进。以公共服务平台建设,推进行业信息化建设,以示范点建设推进面上提升,有生产设计应用逐步用全方位推进。以人才培训为先导。南通市家纺城管委会与通州区电信、移动企业合作开展大规模的培训,对企业管理人员全面进行普及培训。对企业骨干人员,如设计人员、营销售人员开展"定单式"培训。对重点人员及关键岗位人才进行重点培训,主要采取送培和邀请专家定向培训,帮助企业培养一批应用型精英人才,在关键岗位发挥作用。推进集群试点建设。推进金太阳纺织、宝缦家纺、紫罗兰等先行优势企业,在产品研发、电子商务、供应链管理实现突破。推进企业信息管理提升水平,全面应用于生产、设计、成本核算、管理,全面建立企业内部局域网,采用 ERP 管理系统。推进信息公共平台建设。

南通市家纺城被认定为省两化融合示范区。一是在经营管理领域得到广泛普及。OA 系统、财务管理系统应用的较为普遍,而更深层次的 ERP、SCM、CRM 等也有了较为广泛的应用,尤其是在大中型企业,这些信息技术的应用提高了企业管理运作效率,减少了沟通成本和运作成本,给企业的生产经营带来了最直接的效益。二是在生产制造环节的探索运用。借助计算机辅助设计可实现从传统图纸到数字化设计和产业链的协同研发,借助制造执行系统、生产过程自动监控系统等,实现了从单一产品制造到对信息技术深度吸收、集成应用的转变。新世嘉家纺率先引进的智能化生产线实现了裁、缝、包装的一体化,大大提高了生产效率,节约了成本,这种信息技术的采用对家纺企业乃至整个产业的生产制造过程都产生了较大影响。三是营销模式的创新融合,推动了电子商务的飞速发展。从阿里巴巴后台数据显示,在全国家纺电商交易总额中,50%卖家、70%发货均在南通市,南通地区的家纺电商销售在 300 亿元左右。通州区正在着力推进的南通国际家纺城电子商务产业园。

(三)设备智能化、科技创新水平的进步

一是设备智能化的提升。近年来,家用纺织品业整体装置水平大幅度提升。鼓励企业加大技改投入,加速科技成果转化,通过信息化手段提升生产效能,推动家纺产品附加值翻番。以蓝丝羽、新世嘉、老裁缝等企业为代表的智能吊挂系统流水线升级改造,逐渐形成智能化、柔性化和网络化生产的先进制造能力。恒科新材料公司长丝车间被省工信厅命名为首批示范智能车间,派得羽绒被南通市政府命名为南通市首批示范智能车间。新世嘉纺织品(南通)有限公司投资500余万欧元,研发全自动家纺生产设备,开启了公司生产自动化时代。欧通、蓝丝羽、凯瑞等一批家纺企业也均建成自动化生产线,生产效率提高30%。紫罗兰家纺投入2 000多万元开发生机家纺系列,包含益生菌、中药助眠等七大系列的功能产品,上市后供不应求。二是自主创新实现新的突破。通州区积极搭建政产学研企合作平台,连续多年举办"百名教授进企业 百家院所入南通"大型产学研活动,成为在国内高校院所中有影响的产学研活动品牌。依托江苏太阳纺织科技公司在家纺行业成立了江苏省家纺现代设计及新材料技术创新战略联盟,通州区人民政府与东华大学建立了战略合作关系,色织名镇先锋镇与南京工业大学建立战略合作。南通市家纺企业与清华大学、东华大学、中央美院、苏州大学、南航大等100多家高等院校、科研机构建立了产学研合作关系。南通市家纺城被认定为省工业设计示范园。金太阳家纺研究院被认定为国家工业设计中心,这是全国家纺行业唯一的一个。金太阳家纺研究院作为通州区家纺行业研发平台,2021年成功发布1 700多款新设计作品,带动了产业链上下游企业创新提升。

(四)企业文化、人才培养的建设

1.企业文化建设方面

随着改革开放的不断深入以及社会主义市场经济的不断深化,我国民营企业得到了迅速发展,已成为社会主义建设的生力军。但大部分民营企业缺乏核心竞争力,寿命不长。企业文化建设恰恰是培育民营企业核心竞争力的重要途径。家纺城党工委积极引导本地区家纺企业从精神文化方面、制度文化方面、物质文化方面推进企业文化建设。同时注重从六大方面对企业提供对策建议,包括注重民营企业管理者自身修养的培育;树立合适的价值观理念;企业文化建设要与时俱进;企业要构建学习型组织;推进"以人为本"的管理制度;品牌文化建设要与企业文件建设同步发展。通过几年的不断引导,也呈现出了像宝缦、嘉宇斯、凯瑞等一批具有自己企业独特文化的家纺规模企业。

2.人才培养建设方面

一是加强人才引进。1998年成立了全国第一家美术图案设计所,在家纺城境内设立劳动力和科技人才市场,并通过《家纺时代》《家居时代》《中国纺织报》"中华家纺网""中国家纺产业网"等媒体,为企业和设计单位每年引进2000多名管理人才和研发设计人员。在上海市设立了人才工作站,政府和企业合资成立了1 000万元的大学生创业基金,用来鼓励大学生到通州区来创业。二是加强技能人才培训。近年来,通州区以服务经济、促进就业、提高劳动者技能素质为宗旨,不断加大对纺织产业从业人员职业技能的培训力度,增强职业技能培训的针对性、实用性和有效性。2017年至2021年,全区共培训缝纫工15 862人,发放初级、中级服装缝纫工、服装设计定制工、织布挡车工、服装制作工职业技能证书共计9 854人次。通州区结合纺织产业的特点,强化培训管理,坚持培训计划、培训教材、培训台帐备案制度,积极实施就业订单式培训,避免培训的盲目性。突出实际操作能力的培养,提高培训的实效性。认真分析研究企业用工供求信息,对一定时期内用工状况进行预测,适时调整职业培训内容,使职业培训与企业用工需求相匹配,全面提升了全区家纺产业从业人员的职业素养和实际操作技能,推动了家纺产业的进一步转型升级。三是优化人才使用。怎样把人才的作用,人才的积极性发挥到最大,是通州区人力资源服务平台关注的重点,通过各项优惠政策和良好的就业环境的创造,留住了一大批优秀的家纺类人才,特别是流动性很大的设计师,推动了通州区家纺产业集群的快速发展。

(五)绿色循环经济、社会责任的落实

通州区积极推进家纺企业开展节能技术改造,每年实施技改技术改造投入40多亿元,通过先进装备既减少了用人,降低了各项能耗,实现了综合能耗持续降低。近五年,规模工业万元产值能耗总体呈持续下降趋势。

一是大力发展循环经济,提升资源综合利用水平。以可持续发展和循环经济理念为指导,从"点循环、线循环、面循环"入手,构建符合经济特征要求、与区域经济发展相对接的产业生态、绿色消费、技术创新、政策保障等体系,带动家纺产业循环经济快速发展,资源利用效率指标达到同期国内先进水平,建成优势产业与地方资源相融合、特色经济与自然环境相一致、产业结构合理、社会和谐的环境友好型集群试点。二是发展生态集群试点。根据资源条件和区域特点,用循环经济理念指导和促进产业布局的合理调整,实现"三废"的集中处理,废弃物的集中加工转化,延伸下游产业链,形成规模化的资源综合利用产业,体现社会效益和经济效益双重价值。三是创建资源节约型、环境友好型企业。按照循环经济"减量化、再利用、再循环"的"三R原则",在家纺相关企业积极开展资源综合利用工作,在印染加工企业积极推行中水回用、染化料回收、余热回用、边角料回收利用以及各种废弃物的循环利用。

四、发展建议

(一)推动家纺市场协同发展

围绕《南通市家纺市场协同发展三年行动方案》,通过实施家纺品牌提升计划、完善市场功能设施配套、做优做美市场环境、建设跨境电商产业园等途径,推动南通市家纺市场信息化、标准化和品牌化水平明显提升,市场管理、产业拓展和基础设施建设取得显著成效,形成多功能、多品类、多层级,家纺特色鲜明、内外贸结合的综合性商品交易市场,成为全球家纺标杆型市场。

(二)打造区域家纺品牌效应

加快招引中欧家纺时尚产业赋能总部项目,创造引领新理念、新模式,打响"南通家纺"品牌;开展品牌推介活动,加强媒体合作,通过投放广告、举办品牌推荐会等形式加强推广。发挥"张謇杯"家纺设计大赛、中国(川姜)家纺画稿交易会和中国家纺质量大会等各类展会的积极作用。

(三)提升设计研发能力

充分利用家纺研究院的平台,建立与东华大学等知名高校的定期联系制度;依托"设界"等专业化平台,实现国内外最新家纺设计信息即时更新、即时获取,发布最新家纺流行趋势和流行元素,提高市场产品更新换代能力。打造市场"创享空间"和"设计师驿站",为设计人才提供资源对接、产品展示、创业孵化、赋能培训等解决方案。

崔 巍
2022 年 4 月

通州区建筑业发展报告

通州区住房和城乡建设局

2021年，通州区建筑业主动应对国内外复杂多变的宏观经济形势，发扬逢山开路、遇水搭桥的铁军精神，敢于直面经济新常态下的各种困难和挑战，全面完成了年初制定的各项目标任务，实现了"十四五"良好开局，在历史难点和较高起点上完成了新的跨越。

一、主要特点

（一）综合实力保持领先

2021年通州区建筑业完成施工总产值2163亿元，同比增长11.4%，增幅全市排名第一。建筑业实现入库税收19.73亿元，同比增长27.63%，占通州区入库总税收的17.39%。强企培育成效显著，全年新增有资质企业数218家，其中一级企业7家、二级企业18家，高资质等级企业数量继续保持全国领先。南通四建、通州建总以782亿元、468亿元的营业收入再次跻身2021年度"中国民营企业500强"，分列第113位、第212位。8家企业入围江苏省建筑业百强企业榜。2021年6月，南通四建党委荣获"全国先进基层党组织"称号。

（二）产业质态提档升级

通州区特级、一级资质企业实现建筑业总产值1976亿元，产业集聚度达91.4%。业务领域由单一的房屋建筑加快向轨道交通、市政桥梁、机电安装等综合多元板块拓展，完成非住宅类施工产值853亿元，占总产值比重39.4%。积极推行数字建造，以BIM技术应用为抓手，南通四建、通州建总等龙头骨干企业积极探索，先行先试，部分项目达国内领先水平。积极构建建筑业采购平台，"筑材网"采购平台已入驻商家超5万家，累计签订合同额达1200多亿元。

(三)品牌优势持续彰显

2021年,通州区建筑企业秉持工匠精神,不断推进精品工程战略,创优夺杯成果丰硕。斩获"鲁班奖"6项,其中独立承建3项,分别是南通四建集团承建的南通国际会展中心和江苏省政务服务中心及公共资源交易中心二期、南通市新华建筑集团承建的江苏省供销合作经济产业园;参建3项,分别是南通市承悦装饰参建2项和江苏达海智能参建1项。荣获"国家优质工程奖"9项,国家级专业奖项7项,国家级QC成果28项,省级奖项及省级QC成果150余项。积极开展关键技术研究,科技创新能力不断增强,入选省级工法15项,发明专利和实用新型超150项。

(四)市场开拓稳中有进

一年来,通州区建筑企业持续巩固传统市场,积极拓展新兴市场,不断加快"走出去"步伐。目前区域市场中,建筑业总产值百亿级市场达到4个,五十亿元市场达到7个,超十亿元市场达到35个,以省外市场为主导的市场格局得到进一步巩固。深耕"一带一路"建设,今年通州区建筑企业海外新签合同额1.1亿美元,全年建筑海外经营实现营业额1.5亿美元,均呈增长态势。此外,南通四建、通州建总、江海公路等诸多本地建筑企业集聚到区内建筑市场,积极参与江海大道东延等重点项目建设,区内全年完成总产值达350亿元,同比增长17.81%,通州区市场跃升成为省内第一大市场。

(五)发展环境不断优化

落实落细奖励政策,兑现建筑企业补助资金1.08亿元、建筑业高质量发展奖励871万元。开展校企融合,引导企业加强与大专院校合作,南通四建与通州中专合作办学的"工程造价"专业群获评职业学校现代化专业群,成为江苏省首批产教融合型试点项目。注重舆论宣传,在中央电视台新闻频道、人民日报、新华日报等各大媒体报道了通州区建筑业发展取得的系列成就,极大提振了通州区建筑企业家信心,为通州区建筑业"十四五"开好局、迈好步注入新活力。

二、存在的主要问题

当前通州区建筑业发展仍存在一些问题和不足:一是企业核心竞争力亟待提高。大部分企业未建立现代企业制度,普遍实行家族制管理,对人才吸引力不足，不利于做大做强。建筑业企业还普遍存在信用担保基础弱、贷款难、成本高、额度低、周期短的现象，融资能力严重不足，并且同质化竞争严重，工程业务主要集中在房建领域，专精特新企业还较缺乏，整体管理水平还不高。二是建筑工业化能力亟待提升。通州区建筑工业化市场环境还不成熟，装配式建筑设计的系统化、集成化水平还不够高，设计、生产、施工整个生命周期标准化程度不够，未完全形成技术支撑体系产业链。企业装备机械化、自动化、数字化、智能化程度不高，规模化效益尚未有效形成，装配式建筑优势未能充分体现。三是产业队伍建设亟待加强。通州区建筑业从业人员职业化、专业化、技能化水平还不高，产业队伍综合素质能力不足，初级技工比重较低。年龄结构失衡，老龄化趋势突出，可用劳动力数量也下降明显。同时，现有专业人才供给与行业发展需求不够匹配，人才的层次和数量仍存在较大差距。对于这些问题，必须高度重视，认真研究，加以解决。

三、面临形势分析

2022年是党的二十大召开之年，是实施"十四五"规划的关键之年，也是全面落实通州区第十三次党代会精神的起步之年，做好建筑业发展工作意义重大。

从宏观环境看，建筑业面临发展机遇。当今世界正经历百年未有之大变局，外部环境更趋复杂严峻和不确定。我国开启了全面建设社会主义现代化国家的新征程，进入高质量发展阶段，制度优势显著，经济长期向好，发展韧性强劲，市场空间广阔，"一带一路"、长三角一体化、粤港澳大湾区、雄安新区、城市更新、乡村振兴等战略红利将加快转化为新动能。因此，新一轮重大发展战略机遇期正在开启，蓝海依然辽阔，建筑业仍大有为。

从发展形势看，建筑业面临严峻挑战。在组织方式上，工程总承包、全过程咨询、投建运一体化等风口不断形成，给传统建筑企业的产业链融合、资源要素整合、技术和人才等综合竞争能力提出严峻挑战；在建造方式上，绿色建造、智能建造、新型建筑工业化、装配式装修等新技术不断成为建筑业践行新发展理念的热点；在发展环境上，经济发展换挡、市场竞争准入、服务方式转型、安全质量监管、资质新政等将给建筑企业带来挑战，碳达峰、碳中和给传统建筑业治理体系和治理能力带来新冲击。总之，通州区建筑业必须正确面对机遇与挑战,坚定必胜信心,既紧跟时代步伐、顺势而为、更积极主动作为、逆风前行,以时不我待的紧迫感、舍我其谁的使命感,过险滩、闯难关,奋力推进通州区建筑业在新时代新征程上取得新的更大成绩。

四、2022 年发展目标、要求及举措

2022 年通州区建筑业发展的主要目标是:建筑业总产值达到 2340 亿元,规模总量达到全市第一;建筑业税收贡献额进一步提高,在全省保持领先水平;转型升级深入推进,企业持续发展能力不断增强,产业现代化水平稳步提高;工程质量持续提升,创国家级工程奖励 20 项以上、国家级 QC 成果 30 项以上;安全生产保障有力,避免一般等级安全生产事故,杜绝较大及以上安全生产事故。

2022 年通州区建筑业发展的总体要求是:以习近平新时代中国特色社会主义思想为指导,深入贯彻落实党的十九大和十九届历次全会及中央经济工作会议精神,按照省市区委全会部署要求,围绕稳中求进总基调,以新发展理念为引领,以推动高质量发展为主体,以深化供给侧结构性改革为主线,以改革创新为根本动力,以新型建筑工业化为主要路径,积极培育发展新动能,加快构建新发展格局,着力扩大市场份额、提升企业竞争力、优化发展环境、强化质量安全,实现建筑业规模总量、质量效益、发展潜力、品牌价值的全面提升,推动"强富美高"新通州建设不断取得新成果。

(一)优化市场布局,拓展建筑业发展新空间

市场是企业赖以生存和持续发展的基础,通州区建筑业企业要吃透政策要点,找准投资热点,牢牢把握国家重大战略和国内国际"双循环"带来的发展红利。

一是持续深耕本土市场。继续抢抓南通市和通州区本地新一轮发展机遇,全力向南通市新机场、北沿江高铁、通州湾新出海口、金沙湾新区、滨江高铁新城等战略热点延伸。鼓励综合实力强、信用良好的本地建筑业企业独立或者以"联合体"方式参与重大基础设施建设,努力为南通市新一轮城市建设贡献力量。

二是巩固扩大外埠市场。利用好国内大循环的市场新格局,紧抓国内区域化进程的新机遇,进一步做大做强外埠市场规模。全力巩固提升省内

主阵地、长三角、粤港澳等传统市场规模,加大区域优势市场开拓力度,不断提升市场份额。以绿色、质量、技术、品牌等优势资源不断开拓国内新兴市场,向中西部的省会城市和大中城市渗透发展,争取在国家发展战略中心城市圈和经济发展热点城市群形成1~2个超百亿的省外潜力市场。

三是积极开拓海外市场。密切关注海外疫情发展,紧抓"一带一路"、RCEP(区域全面经济伙伴关系协定,是亚太地区规模最大、最重要的自由贸易协定谈判)、中欧经贸合作等重大国家战略机遇,紧跟政府援建项目,加强与国内外优势企业、知名承包商合作,巩固拓展东南亚、非洲等传统区域市场和行业市场,积极开拓发达国家区域市场,有效控制经营风险,稳步提升国际市场份额。

(二)聚力转型升级,实现建筑业发展新突破

转型升级是实现高质量发展的必由之路,通州区建筑业企业要把转型升级作为当前一项最紧迫的任务,抓紧、抓实、抓出成效。

一是稳步推进装配建造。加快落实装配式建筑技术标准体系、市场推广体系、质量监管体系和监测评价体系的实施步骤,健全发展装配式建筑设计、生产、施工及设备制造、运输、装修和运行维护等全产业链,增强产业配套能力。推进新建住宅采用标准化、集成化、模块化的装配化装修,积极探索钢结构装配式住宅试点。

二是着力推动智能建造。加快数字化转型,推进一体化行业监管和服务平台建设,提升数据资源利用水平和信息服务能力。加快推进BIM(建筑信息模型技术)在规划、勘察、设计、施工和运营维护全过程的集成应用,实现工程建设项目全生命周期数据共享和信息化管理,为项目方案优化和科学决策提供依据。加强智能建造、建筑工业化及"机器代人"的应用推广,推动建筑科技成果转化、重大产品集成创新和示范应用。

三是加快推广绿色建造。对照碳达峰碳中和目标,推广建筑业低碳利用技术、可再生能源建筑高效利用与储能技术,推动被动式超低能耗建筑发展,实行工程建设项目全生命周期绿色建造。支持企业开展装配式建筑、BIM、智能智慧等技术与绿色建筑深度融合,推进绿色建筑向深层次发展。推动施工企业采用先进成熟的节能减排技术、工艺、工法、产品向工程建设标准、应用转化,降低碳排放量大的建材产品使用,推广应用绿色

节能建材。

(三)深化改革创新,点燃建筑业发展新引擎

改革创新是企业发展的不竭动力,通州区建筑业企业要持续推进管理创新,提高运营水平,为加快高质量发展夯实基础。

一是创新发展模式。鼓励建筑企业深化产权制度改革,优化股权结构,创新股权进退和激励机制,完善法人治理结构,建立现代企业制度。引导企业主动融合数字经济、绿色经济,创新商业模式,促进建筑业由低端经济向高端经济发展模式转变。以信息化为手段促进建筑企业管理制度改革,加强企业风险管控,强化资金集中管理、物资集中采购,实现管理制度化、制度标准化、标准流程化、流程信息化。

二是优化产业结构。推进大型建筑业企业和中小型建筑企业、上下游企业加强产业协同,形成产业链、供应链、价值链良性协作机制,加快构建现代化产业体系。鼓励房屋建筑、市政基础设施、交通、水利等领域的骨干企业向建筑工业化转型,提升工程总承包能力。支持具有产业优势的钢结构、装饰、幕墙等专业承包企业向专业化转型,走专精特新道路。引导企业通过业务拓展、专业转型以及并购、重组等方式,转向基础设施、绿色环保等国家重点投资领域。

三是促进资源整合。推进工程总承包发展,培养以核心业务为主的产业链组织协同能力,以信息系统为支撑,搭建矩阵式组织结构模式,进行技术、管理、融资能力的深度融合。推广全过程工程咨询,鼓励投资咨询、招标代理、勘察、设计、监理、造价、项目管理企业,采取联合经营、并购重组等方式发展全过程工程咨询服务。

(四)注重人才培养,厚植建筑业发展新优势

加快推进人才发展战略,加强人才队伍建设,实施人才培养工程,营造人才辈出、人尽其才的良好氛围,对于建筑业发展有着决定性作用。

一是加快产业工人队伍建设。充分发挥通州区建筑行业产业改革指导站作用,围绕推进建筑产业现代化、建筑工人现代化和建筑企业现代化,强化企业技能培训主体作用,发挥设计、生产、施工等资源优势,大力推行现代学徒制和企业新型学徒制。依托通州建校等专业学校实训基地,探索开展智能建造相关培训,重点培养装配式建筑、BIM 等新兴职业建筑

工人,增加高技能专业人才供给。

二是全面提升人才综合素质。着眼梯队培育招引人才,积极推动以行业人才需求为导向的校企双向合作机制,促进教育链、人才链与产业链、创新链有机衔接,联合培养实用型、应用型的各类人才。加大各类专业技术人员继续教育培训力度,拓宽投融资、网络技术等相关知识面,培养满足智能建造、绿色建造等发展战略需求的新型专业人才和复合型人才。

三是提高建筑工人权益保障。全面推行建筑工人实名制管理,建立技能导向激励机制,鼓励建筑企业建立自有和稳定的核心技术工人队伍。探索建立劳务供需双方双向信用评价制度,完善失信联合惩戒机制,健全工程建设领域保障薪酬支付长效机制,切实维护建筑工人的合法权益。

(五)营造良好环境,打造建筑业发展新高地

建筑业是通州区重要税源经济和优势产业,要把建筑业发展摆上更加重要的位置,以更强的举措、更优的服务、更好的条件促进建筑业加快发展。

一要营造宽松政策环境。修订完善扶持建筑业发展的政策意见,制定更加丰富的奖励措施和宽松灵活的操作细则,全力扶持本土建筑企业做大做强。加强重点企业、重大工程的帮扶引导,切实帮助企业解决实际问题,让想发展、会发展、快发展的企业有荣誉、有信心、有劲头。

二要营造高效服务环境。用改革的方法、发展的思路和服务的理念,加大对企业改革、总部建设、人才培养、市场开拓、税收筹划等方面的支持力度。进一步精简审批手续,简化办事流程,在企业资质升级、银企对接、工程投标等方面提供更加便利、更加周到的服务。

三要营造有序市场环境。加强建筑市场诚信体系建设,推动信用信息分级管理,强化市场与现场联动,规范信用信息的认定、归集和应用,加强信息公开在工程建设各环节的应用。坚持严管与厚爱并重,全面落实工程建设各方主体责任,推广使用建设工程现场管理信息平台,健全工程质量和安全生产监管体系,确保工程建设全过程节能环保,坚决杜绝各类建筑安全生产事故的发生,奋力推进通州区建筑业健康、平稳、持续发展。

周 峰
2022 年 4 月

海门区生物医药业发展报告

海门区工商业联合会
中科基因生物科技(江苏)有限公司

生物医药产业是海门区重点培育的"3+3"主导产业之一,是海门区"十四五"期间重点发展的生命健康产业链的重要组成部分。近年来,海门区抢抓科技创新和产业变革的机遇,充分依托医药产业基础优势,通过平台打造、政策集成等措施,推动生物医药产业在转型升级中实现高质量发展。

一、海门区生物医药产业发展基本情况

打造生命健康科技创新高地,海门区始终坚持高端引领、政策扶持、链式集聚、绿色生态发展理念。目前,全区共有规模以上企业25家,主要集中在临江新区、开发区、三厂工业园区、悦来镇等地区,其中临江新区是生物医药产业发展的主阵地,它以生物医药科创园为依托,围绕生物医药主体产业发展,闯出了"产业+资本+平台"的发展模式,实现了从昔日的精细化工园区向生物医药特色园区的华丽转型。临江生物医药科技创业园,作为集聚科技研发、企业孵化、服务外包、产品中试、GMP工厂为一体的新型产业园,目前已成为全省首批生物医药科技产业园。经过一段时期的发展,海门区生物医药产业基础不断夯实,逐步形成了涵盖药物研发、原料药、医药制剂、片剂及医用新材料、医疗机械等较为完整的生物医药产业链。

二、海门区生物医药产业发展特点

十年发展,海门区生物医药产业发展呈现出"一稳、二快、三提升"的总体特征。

(一)"一稳":产业基础稳

经过多年的努力,海门区医药产业发展已经形成了一定的基础,对于重点发展的生物医药产业,海门区近几年加大投入力度,海门生物医药科技产业园作为海门生物医药产业重点发展园区,占地面积近500亩,总投资9.5亿元,建有公共实验平台、孵化创业区、服务外包区、GMP中试生产区、商务办公区、会展中心、公共服务配套七个板块,依托平台优势,多家生物医药高端企业入驻,成为全区医药产业发展核心区域。

(二)"二快":产业产值增长快

十三五期间,生物医药产业产值增势迅猛,2021年1至10月,25家规模以上企业实现应税销售和入库税金分别为46.7亿元和3.6亿元,增幅分别为26%和18.9%,成为全区"3+3"产业中发展速度和发展质量最好的产业。临江新区作为重点打造的特色小镇,围绕生物医药这一重点发展产业,正加快推进服务医药产业发展的创新要素集聚。目前,上海市国家新药安评海门分中心、澳斯康CDMO中心、中国模式动物基地、长三角药物高等研究院创新中心、百奥赛图CMC基地中科基因、沈化测评等重点项目已投入运营。

(三)"三提升":产业集中度日趋提升

临江新区是海门生物医药产业集聚地,到目前为止,临江新区已成功引进200余家生物医药相关企业,培育了百奥赛图、中科基因、澳斯康、益诺思等一批高成长性企业,吸纳了一批优秀人才,近百个项目入选省市级人才计划,累计获得资助超亿元。由澳斯康在临江新区成立全资子公司健顺生物,拥有国内领先的无血清培养基技术,填补了中国无血清细胞培养基的工业化技术空白,主要应用于生物制药、人用疫苗、动物疫苗以及细胞治疗等四大市场。同时在生物制药领域具备覆盖全产业链的强大平台和独有的培养基原料优势,对产业链上下游企业集聚产生了较好的虹吸效应。

三、海门区生物医药产业存在的问题及原因分析

生物医药产业已成为海门区经济发展的新引擎,为海门区的发展带来新的增长动力,但仍然存在一些问题和不足,产业链上断点、堵点较多。

主要表现在以下几个方面。

(一)规模以上企业数量少,增长速度较慢

目前,海门区生物医药规模以上企业仅25家,2015年为22家,对比来看,全区规模以上生物医药企业数量增长乏力。大部分企业规模仍然偏小,年销售额有限,且自主研发等实力尚显不足,呈现附加值不高的发展状态。

(二)知名企业少,高端专业人才匮乏

生物医药行业除对科研领域高端人才需求依旧旺盛外,对生产管理、质量管控、市场营销、资本运作、注册申报等方面的中层岗位人才需求也逐步增大。但目前现有人才与本土生物医药企业实际需求匹配性较差,符合需求的人才供不应求,企业招聘存在一定难度。同时,知名企业较少,周边配套还不完善,对于高端人才吸引力弱。

(三)生物医药产业集群、产业结构有待提升

与环渤海、长三角、珠三角生物医药产业发达城市相比,海门区生物医药产业集群尚处于初级阶段,要素亟待聚集。目前区内生物医药产业结构中,缺乏高端化学制剂、生物制品、医疗器械、研发服务等龙头企业,尚没有形成核心竞争力,未来产业高质量可持续发展存在瓶颈。

四、海门区生物医药产业发展对策和建议

目前我国经济出现增速放缓的困扰,在受疫情的影响下,众多行业都面临着极大的挑战与压力,而生物医药行业则受益于医疗物资、检疫检测、疫苗等相关领域的需求增长,迎来了发展机遇。我国生物医疗行业拥有巨大发展空间。生物医药产业作为海门区"十四五"期间重点培育的生命健康产业链的重要组成部分,力争到"十四五"期末,全区生命健康产业市值突破1 000亿元,应税销售总量突破100亿元,这一目标的提出则需要海门区在生物医药产业进一步加大发展力度。海门区充分发挥紧靠上海的区位优势,大力实施大健康产业布局,打响"海门药谷"品牌。

(一)全面提升海门区生物医药产业发展规模和质量,做优做强产业链

1.壮大产业规模,积极招引龙头企业和总部。聚焦海内外行业龙头、

细分领域头部企业和上下游关键节点配套企业,加快引进一批发展前景好、产业关联度大的龙头项目和配套企业,努力在招大引强上实现新突破。集聚更多顶尖人才,实施"延链、补链、强链"工程。同时推动企业合资合作,对发展专项资金给予奖励。

2. 遴选一批成长性强的潜力地标企业,引导、培育企业向专精特新"小巨人"企业看齐。近年来新兴的一批由科学家牵头创办的生物医药中小企业,以核心技术团队专注某一细分市场,聚焦打造细分领域创新药物,同时还能将自身关键技术服务于行业龙头,实现产品技术"专精特新",促进生物医药市场的健康快速发展。这类专精特新"小巨人"企业,既能关注行业痛点,灵活攻关卡脖子技术难题,为产业"补短板",又能为传统大企业注入先进核心技术,实现协同创新,为产业"锻长板",专精特新"小巨人"企业对大企业、产业发展的支撑作用,政府对于专精特新"小巨人"企业制定针对性、有效性的政策支持、设立补助奖励等扶持计划助力其发展。

3. 落实"一产一策"、"一企一策",制定生物医药的精准政策。区政府可以给予企业"一企一策"的保障,对企业的研发经费给予强有力的支持保障,尤其是企业遇到困难时期或者投资风口时。同时,已发展起来的大企业,也要对刚起步的小企业给予支持,大小企业联手获得双赢。针对生物医药产业的特点,区金融局围绕重点企业个性化的融资需求和难点,以"一企一策"为原则,积极协调各类金融机构,多渠道精准满足企业的融资需求。区金融局以座谈会、走访调研、行业论坛等多种形式,收集企业融资需求,搭建企业与金融机构对接平台。

(二)推动创新自立自强,打造具有核心竞争力的科技创新高地

创新是生物医药产业的永恒主题和不竭动力。2015年以来,海门区生物医药创新发展有了长足进步,但对标上海等地仍有着很大的差距。推动产业高质量发展,在立足产业基础上,海门区需积极先行先试,将创新摆在核心位置。

1. 优化创新生态。完善人才、土地、税收激励、金融、法律等要素配置,围绕生物医药全产业链集成式开展制度创新,加大政府对生物医药创新

方面的投入,打通产业链上"研发—生产—流通—使用—保障"等多种制度性障碍。

2.突破关键技术。提升创新研发能力,将生物合成技术、生物诊断技术、生物遗传技术作为突破的重点,重点挑选一批在各自细分领域走在技术前沿的企业加大科研投入力度,提升自主研发创新能力,加快科技成果转化,打好关键核心技术攻坚战,抢占产业发展制高点。

3.培育科创平台。组织引导龙头企业联合知名高校和科研机构,以产业链、创新链、人才链、资金链、政策链深度融合,打造"政产学研资"紧密合作的创新生态为目标,积极争取国家级重点实验室、工程研究中心等创新平台建设。

4.开展"互联网+"试点示范。加快推进数字技术与生物技术融合发展,鼓励龙头企业推进研发、生产、管理、运营、服务等全业务全环节数字化建设,组织实施一批数字化车间、智能化制造等"互联网+"应用示范工程。

5.加强校企合作"产学研用"一体化。充分落实高校承担的作用和责任。首先,利用高校的创新研发优势,为企业输送人才,赋能发展,大力发展长三角高等药物研究院的优势;其次,做好服务性平台的工作,帮助企业补好短板,依托平台优势,孵化新药物,加强与企业合作,提供订单式的服务;第三,针对国家战略目标去创造、创新,将相关的技术与大学医药方面融合起来,进行多学科结合,全自动药物合成;最后,发挥高校长处,加强合作共赢理念,构建国家级平台,研发国家级创新型药物。

(三)建立健全人才体系,激发人才创新创造活力

生物医药产业作为知识密集型产业,其健康发展离不开持续、高质量、全方位的人才供给。完善创新人才生态体系对于海门区生物医药产业持续创新发展具有重要意义,需积极构建全产业链人才体系。

1.加强高层次创新人才培养。实施创新人才推进计划,大力引进全区急需的"高精尖缺"海内外高层次人才和创新创业团队。聚拢一批具有国际影响力的科技领军人才和优秀研究群体。打造人才集聚平台,推动建设一批汇聚高端人才的聚集区域高地。

2.强化多层次人才引进。除行业领军人才之外,还应重视引进人才队伍的中坚力量和基层人员,促进人才队伍"金字塔"结构良性动态发展。由科学家、产业带头人等具有国际水准的高端人才等领军人物充分发挥规划、引领作用,由创业型人才、中高端项目管理人才、中高端研发人才、市场营销人才、资本运作人才、高技能人才等中坚力量以种类齐全保证人才金字塔结构的宽度及活力,由生产技术人才、技能型人才等基层人才以其数量规模,夯实队伍基础,增强人才队伍的牢固度、支撑力。

3.健全人才激励和保障机制。为高端人才实行有效的激励政策。针对生物医药企业具有产业研发周期长、研发投入高、科研要求高等特点,给予全过程创新企业、承接引领性创新研究企业一定政策倾斜,适当放宽各类人才申报名额限制,在收入分配方面加大向关键岗位和优秀人才倾斜力度,完善技术参股、入股等产权激励机制,允许破格晋升,让人才引得进,留得住,用得好。

4.优化人才公共服务体系。建立和完善住房、医疗、家属安置、子女入学等方面的政策体系,构建人才专项住房、人才公寓等住房保障体系,完善周边配套,打通人才服务"最后一公里"。

姜　昕

2022 年 4 月

海门区紧固件业发展报告

海门区工商业联合会　海门区紧固件业商会

紧固件的使用行业广泛,包括能源、电子、电器、机械、化工、冶金、模具、液压等,是应用极为广泛的一类机械零件,被誉为"工业之米"。符合国家标准的一类紧固件称为标准紧固件,简称标准件,各类产品自行设计的为非标准紧固件,我国的紧固件市场优势是相对较大的。

一、海门区紧固件产业发展现状

海门区的紧固件行业自八十年代初开始至2000年,形成了以生产电器、电子螺丝为主的螺丝产业链。之后十年,随着我国的经济迅速发展,紧固件行业也随波逐浪,高速发展。

据统计,2021年,海门区紧固件行业大小企业共260余家,有7家生产企业进入海门区百强企业行列。全行业年度销售额达到3亿以上企业的有3家,销售1亿以上的企业有8家,销售5千万以上企业有26家,整个行业就业人数超过约6 000人。全年实现销售65亿元,实现税收约8亿元。

从近年发展情况看。海门区紧固件行业生产的产品极大部分仍停留在为电子、家用电器产品配套,几十年来一直处于在国内销售。由于地域、环境、设备老化等不利因素,产品质量上不去,产品成本居高不下,生产技术力量跟不上,近几年与外地企业生产的产品相比没有优势。缺乏市场竞争力,缺乏对固定资产的技术改造和更新发展,发展生产的投入趋于稳定停止阶段。

从生产企业地域分布结构看。主要集中在海门区的西部,其他区域里主要以配套加工企业为主。原德胜镇设立螺丝生产工业区后,进工业区的只有几家大型企业,极大部分微小企业被挤出工业园区之外,有相当一部分企业还停留在作坊式生产模式上。

从生产用厂房使用结构看。一部分规模型生产企业有了自建自用厂房,相当一部分企业还是租用厂房在生产;一部家庭式的企业靠搭建临时厂房和居住房来维持生产。目前在新空港区控制范围内的企业有39家,都无法扩大生产规模,也不能进行技术设备改造。

从生产需配套加工结构看。生产企业生产前,必须向上游配套企业购买或委托自行进料加工拉丝产品,经过生产环节形成固定产品后,移送下游配套加工企业,根据产品性能需求进行加工。

二、海门区紧固件产业特点分析

我国紧固件生产和贸易企业有近万家,其中浙江省企业数量居多,产量占全国50%,是国内紧固件生产最为集中的省份。海门区紧固件行业起始较早,但从发展的痕迹看,仅局限于生产电子、电器设备所需的螺丝。由于整个行业是自发形成的,其独有的特点那就是企业规模小,数量多,进入成本低。

一是规模小。海门区紧固件企业是以其灵活的经营方式,根据市场需求,适时调整生产经营规模,不愿承担过多生产投入风险。

二是数量多。目前全区家庭作坊式加工企业有一百多家,都是附依在大企业经营生产条件下生存,形成了产业群。

三是配套工艺种类多。整个行业从紧固件生产前、中、后形成产品,需要生产配套企业类型多,从最原始的简单加工方式到先进的多功能加工设备,从原材料开始到形成生产用材等,工艺门类甚多。每个工艺环节都可以形成不同规模来经营,组合化经营能力极强。

四是成本低。所有生产企业都是私营企业,企业从管理到技术、销售各个环节一人兼顾,所以成本核算上比较灵活和廉价,许多行业是无法比拟的。

上述特点制约了紧固件行业的发展。随着紧固件产业经济发展方式的迅速转变,以及对生产环境的高要求,企业不得不考虑要把产品做精做细,提升产品的科技含量,转变原先粗放型的产品生产模式。

紧固件行业是原材料密集型、劳动密集型、资源消耗密集型的行业，因此节约成本对紧固件企业来讲是非常重要的。每个紧固件生产企业应积极采取各种增效措施，才能在整个紧固件行业中有生存的空间。

三、影响紧固件产业发展的主要因素

一是配套加工企业对生产企业的影响

由于整个紧固件行业配套加工企业多是微小型企业，生产加工经营场地小，技术改造迟缓，加上近年对生产环境保护标准要求高，许多不符合环境保护要求而又无力技术改造的企业关停了，这给生产企业的配套需求产生了很大影响。目前配套企业中钢材拉丝企业只有5家，年产出量全年为5万吨，区域内生产需求10万吨/年；电镀加工企业现只有3家。仅这些企业由于是原普通生产厂房，远离排污网管，在生产工艺等许多方面无法改造。生产企业的电镀产品相当一部分要到外地加工，电泳涂装工艺、耐铬工艺、达克罗工艺等所剩小规模、小作坊加工企业寥寥无几。目前这些企业都不能在原有厂房中进行设备更新和改造。

二是小型生产企业对大型生产企业的影响

行业中的小型生产企业是附依在大型生产企业之中的，其生产任务由大型生产企业发放给小型生产企业。目前小型生产企业设备陈旧，厂房简陋，机器设备不能进行技术改造，生产环境保护设备无法安装。

三是产品种类结构单一

数年来，整个行业一直在国内电子、家用电器产品这方面进行配套，2018年前给国内家用电子产品的配套销售指标基本上本区间企业的竞争，但现在销售市场的份额有相当一部分要与外埠企业博弈。

四是集群化生产程度不高，企业整体规模偏小

随着国内民营经济多年来的发展，全区紧固件生产企业此增彼减。据统计，2020年至2021年的企业数比2020年前减少25家。这些企业从地域上、结构上、规模上都不适应高质量产品的生产，更不能适应高科技产品的生产。

五是中低市场竞争激烈、高端市场竞争力不足

在低端市场，普通紧固件产品需求趋于饱和，生产能力过剩，形成低

层次重复投资,同行业同产品恶性竞争。而在高端市场中,由于企业保守经营生产,加上受限于生产环境的影响,导致企业研发能力差,生产工艺和设备更新滞缓,许多企业基本上对固定资产的技术改造和更新、发展生产的投入趋于稳定停止阶段。

四、确立适应产业经济发展的对策

（一）产业集群要有新思路

全产业和集群管理思路要明确,调整产业需要改变传统观念,要从宏观效益方面引导企业去改革,使全区紧固件行业资源达到优化组合。一是进一步提升产业集群能力,当地政府要从发展和调整行业经济这方面给予各项政策的帮助和支持,尤其是提高产业集中度。抓好行业龙头企业建设,注重龙头企业聚并重组,调整资本,做大做强整个行业。行业企业要尽可能的拓展国外市场,引导行业走向国际化合作之路。扩大全行业发展空间,培养和创造全行业生产集聚区,提升行业产业集中度。二是地方政府要因地制宜研究制定产业集群建设方案,突出紧固件行业特色和发展目标,明确主要任务和推进步骤,必要时集中有限财力,支持紧固件行业的发展和建设,推动产业集群发展;培养、储备有良好基础和发展潜力的产业集群,形成有国际国内竞争能力的战略性产业发展体系。紧固件行业集群生产体系形成后,必将有有利于行业的产业升级;有利于扩大行业的规模;有利于提高行业的产品市场竞争力;有利于提升行业企业的综合实力;有利于当地区域经济的发展。

（二）开发智能化经营管理模式要有新观念

在紧固件行业中,智能化、互联网+经营管理模式已开始几年了。这方面的发展对传统行业的影响是普遍性的,紧固件行业也不例外。但很多企业并未感受到明显变化,然而待到变化明显时为时已晚,一旦认识到落后,将会被市场淘汰。要从长远设定变化,从长远做好准备,培养一些企业,特别是行业龙头企业,加强对互联网的建设,尽早顺应市场变化,尽早应对市场,以便把握先机。

盘活行业配套加工企业资源。紧固件行业生产产品与加工配套企业是分不开的,目前由于诸多各方面原因,配套加工企业面临很多亟待解决的问题。如何挖掘配套加工企业技术资源,在利用现有生产环境开拓性的帮助企业从困境中走出来,光凭企业自身的能力是不够的,需得到政府和社会各方面的大力支持。

企业自身必须进行生产技术、生产设备的投入和改造。改变传统的发展模式,提升生产技术和管理水平,向高科技要效益,向新市场要份额。一是加快关键核心技术的突破;二是积极发挥创新型领导企业的潜力;三是加快推动科技成果的转化。

(三)产品结构调整要有新提高

在现有生产非标产品能力的基础上,重点发展汽车、铁路、建设项目高性能异型紧固件系列产品。在各行业进行自主创新、结构调整和转型升级的同时,全行业要进一步拓宽潜在市场空间,生产高强度、高性能、高精度、高附加值和非标异型件产品,是全区紧固件企业的发展方向。

季晨忠　陈晓和　黄培春

2022 年 4 月

南通经济技术开发区生物医药产业发展报告

南通经济技术开发区商会（工商联）

生物医药行业具有高技术性和高技术性的要求，迫切需要集群发展以减少成本压力，提高品牌影响力。生物医药产业正面临政府支持、行业发展的有利时机。南通经济技术开发区生物医药产业具有一定的基础，已形成开发区特色优势产业集群，具有一定的研发能力。近年来，为进一步推动南通经济技术开发区生物医药产业集群发展，南通经济技术开发区党工委、管委会明确规划，引导特色园区定位发展，加快生物医药产业集群，并深化服务，为生物医药园区提供创新创业平台。

一、南通经济技术开发区生物医药产业概况

近年来，南通经济技术开发区引进和培育了默克制药、斯福瑞制药、联亚药业、上药东英、臣邦制药、嘉逸药业等重点企业。默克集团是全球著名医药跨国巨头，2021年销售收入150多亿欧元。默克制药（江苏）有限公司2014年在南通经济技术开发区注册成立，注册资本5.6亿元，总投资10亿元，建设默克制药在亚洲最大的生产基地，主要生产用于治疗糖尿病、甲状腺功能失调和心血管疾病等慢性疾病的领先产品。公司已正式投产，2021年销售收入12.2亿元，增长69%。2017年，默克集团在南通市投资1.95亿元，建设生命科学基地，研发生产高纯度无机盐、细胞培养基以及快速微生物检测试剂等产品，目前已正式投产。默克制药在南通市投资设厂，大大提高了南通经济技术开发区的知名度，特别是在医药领域，一批医药健康企业相继入驻。斯福瑞（南通）制药有限公司总投资6856万美元，2012年9月在南通经济技术开发区成立，专注于原料药和中间体的研发及生产。投资方斯福瑞集团为瑞士上市企业，至今已有140年的历史,是诺华、辉瑞等国际知名公司的战略合作伙伴。2021年销售收入1.8亿元,增长83.7%。南通市联亚药业有限公司是一个以高新科技为基础的、专注于特殊药品的跨国制药公司。企业研发能力顶尖,工作环境国际化,与国际制药巨头建立战略合作关系,并为多家国外制药企业提供国际技术外包服务。企业在FDA仿制药领域处于国际领先水平,目前已获批40多个FDA仿制药,占全国半数以上。2020年销售收入4.3亿元,增长65%。

二、南通经济技术开发区生物医药产业发展历程

2010—2012年　　规划成立南通市医药健康产业园
2013—2015年　　默克、上药、斯福瑞等一批医药企业落户
2016—2019年　　企业规模化生产
2020年　　　　　成立能达资本,晟斯、普米斯等生物医药项目落户
2021年　　　　　联亚、鹿得、伊仕生物等公司拟上市
2022年　　　　　着力打造南通经济技术开发区生物医药科创园

三、产业集群对生物医药产业发展的重要意义

1.生物医药产业的高技术性需要形成产业集群

生物医药产业具有很强的专业性,实验、生产设备、制剂、方法及条件要求很高,需要的人力资源多为专业技术人才。技术是生物医药产业谋求竞争优势的重要因素。产业集群带来的地理上的相对集中,加剧了同产业企业之间的竞争与合作,使得企业之间能够快速地相互学习。同时,由于集中了专注于生产、经营、研发等不同领域的医药企业,技术成果可以在集群区域内顺畅地找到供给和需求方,有助于在产业群内形成一种完善的技术组织机制,为产业的持续发展提供支撑。

2.集群发展有利于缓解生物医药产业持续不断的高投入

与其他产业相比,生物医药产品从技术研发到产品走向市场,需要大量源源不断和资金投入。我国药品生产企业实行资格准入和基于《药品生产质量管理规范》(GMP)的生产控制,建立涵盖全部生产领域和环节的药品生产企业往往需要巨额的资本投入。由于难以承担巨额投入,我国生物医药生产企业的规模普遍偏小。对于高度强调规模经济的医药产业来说,这种情况使得我国生物医药生产企业在与一些国际大企业竞争时,处于

不利的地位,难以获取竞争优势。产业集群带来的行业规模经济可以在一定程度上弥补这一不足。产业集群使得交易成本大大降低,集群区内企业数量众多,小企业可以较为顺畅地在产业链上分工,公众消费的最终产品由多个企业分工完成。从单个企业来看,规模也许不大,不具备规模经济性,但是通过集群区内企业之间高度的分工协作,可以获得外部规模经济,进而扭转以小企业为主的不利竞争局面,提升医药产品的经济性和产业的竞争力。

3.集群发展有利于塑造区域内生物医药产业的市场影响力

区域品牌是重要的无形资产,是区域内所有企业的共有资源,具有很强的外部性。产业集群形成的区域品牌效应能够提升集群区内企业基于区域影响力的市场引力,尤其是对区域内没有能力进行品牌塑造的中小企业而言更为重要。相对于非集群区的企业,产业集群内的企业往往更容易找到目标客户和产品市场。

四、南通市生物医药产业集群发展背景

1.我国生物医药产业迅速发展

医药行业是我国增长速度最快的行业之一,2010—2020年我国药品生产销售收入年平均递增18.4%,远高于同期GDP增速。2020年1—11月,我国生物制药工业总产值1 179亿元,同比增长30.99%,实现利润153.95亿元,同比增长41.50%。在我国医药行业的七大子行业中,生物制药行业的销售利润率最高,达到14.49%,已经接近世界领先医药企业15%的平均利润水平。中国已经成为全球药物研发的重要中心,国内生物医药领域的投资也水涨船高。仅在2020年上半年,整个生物医药行业(包括医疗服务)就获得了各类投资机构总额超过1.3亿美元的投资,约占同期中国所有投资总额的20%。

2.政策导向支持生物医药产业发展

国家"十四五"规划明确提出,将生物医药作为国家战略性新兴产业培育,并发展成为先导性、支柱性产业,重点发展生物医药、生物医学工程产品,并明确提出,建设医药基因资源信息库,建设生物药物和生物医学工程产品研发与产业化基地,建设生物制造应用示范平台。科技部《国家"十四五"科学和技术发展规划》中围绕生物医药领域,提出了明确的发展思路,提出要大力发展创新药物、医疗器械等关键技术和装备,实施生物医药等科技产业化工程。在生物医药领域,建设抗体、疫苗、诊断试剂等新型生物医药开发及产业化基地,并培育龙头企业。随着人口老龄化比例扩大、居民收入增加,生物医药行业发展前景良好。

3. 江苏省生物医药产业呈现集群发展势头

在江苏省科技厅首批命名的41家省科技产业园名单中,有11家为生物医药产业园区,在这些专业园区内,集群了一批具有较强的研发创新能力、产业带动效应强的企业,发展势头迅猛。省内大部分地区根据自身优势,大力打造生物医药产业园区。在苏州市、无锡市、南通市等地,加强与国内外著名大学、科技院所联合,大力打造高层次的研发机构和公共服务平台。

五、南通市生物医药产业集群发展现状分析

1. 产业基础不断壮大,但产业规模较小

南通市的生物医药领域已经形成现代中药、生物医学材料、生物医药等产业。2020年全市规模生物医药企业190家,实现产值132.4亿元,同比增长42.8%。新医药产业发展迅猛,在全省的产值排名从2019年的第7位上升至2020年的第5位,首次超过了南京市、无锡市和常州市。但南通市生物技术和新医药产业总量还不大。2020年医药产值占全省的8%,上升0.68个百分点。与省内其他地区相比,在产业发展的规模上,落后于苏州市(产值占全省的15.7%),在增幅上远远远低于徐州市(同比增长73.79%)、宿迁市(同比增长55.35%)等城市,总体处于中等水平。

2. 拥有一批骨干企业和传统优势产品,但品牌优势不明显

南通市生物医药产业,已形成中成药系列、西药制剂系列、生物海洋药物系列和医用新材料四大产品系列,形成了规模的产业群体。精华制药、默克制药、联亚药业、东英药业等企业通过了GMP认证,具备一定的市场竞争力,精华制药、海门慧聚等企业已专业生产中成药,联众肠衣等企业已经形成提取肝素钠等生物材料的产业集群,精华制药有王氏保赤丸、正柴胡饮颗粒、第六要素、季德胜蛇药等传统优势品牌。然而,医药产业中产值超10亿元的企业只有3家,超5亿元的企业18家,产值规模远远比不上泰州扬子江药业的240亿元。只有精华制药一家公司在深圳证

券市场中小板块上市,其资产规模、产值等均无法与省内的恒瑞制药、联环药业等上市企业相比。大多数企业的研发力量薄弱,中小型科技企业由于开发周期长、投入量大,处在创业发展的关键期,存在产品上市难和发展资金、专业技术人才不足等问题,在生物医药领域,全国知名品牌严重缺乏。

3.初步具备研发能力,但自主创新能力不强

南通市已逐步形成了以南通大学为依托的江苏省神经再生高技术研究重点实验室、南通市生物医药技术重点实验室、良春风湿病研究所、江苏省核酸药物工程技术研究中心等省、市级生物技术和医药类工程技术(研究)中心。慧聚药业、联亚药业、联科药业等一批研发型企业,初步形成具有一定规模的医药及生物技术创新体系。形成一批创新型的中小企业,如江苏领航干细胞再生医学工程有限公司正在建设能够储存3万份人体成体干细胞库,由海归领军人物创办的百奥生物研发小核酸类新药。2020年领航干细胞获国家"十三五"科技重大专项"小核酸创新药物孵化基地项目"。但南通市没有生物医药领域的高技术研究机构和产业研究机构,公共服务平台和重点实验室数量少,研究能力弱,作用发挥有限。

4.初步形成三个生物医药较为集中的区域,但产业集群度不高

近几年来,南通市生物医药产业呈现出逐步向启东市生物医药产业基地、海门开发区及江苏生物医药科技产业园集中的趋势,2020年启东市在吕四规划建设了海洋生物科技园。然而,目前政府尚未出台全市生物技术和医药产业发展的专业发展战略规划,市内没有国家级高新技术产业园区,以上板块都没有形成产业特色和集群优势,缺乏整体规划和集群效应,园区内生物技术和新医药的总产值不高。

5.生物医药产业扶持力度加大,但服务创新创业的能力有待提升

根据江苏省生物技术和新医药产业发展规划,江苏省科技厅安排专项财政拨款,围绕生物医药领域的创新成果转化和产业化、支撑平台建设、技术攻关、人才培养与团队建设展开。2020年共立项支持222个项目,引导社会总投入达64亿元。南通市科技发展基金中设立了生物技术和新医药专项,扶持生物技术和新医药产业的创新活动,培育创新能力,同时加大了科技企业孵化器、公共服务平台、企业研发机构建设的扶持力

度。但在南通市,培育生物医药领域创业的条件并不成熟,南通市还没有生物技术和新医药的专业孵化器,在现有的孵化器中没有或很少有提供生物实验设施的条件,不能满足生物医药领域的特殊要求,风险投资企业少,可向生物医药产业投入的资金量很小,创始期、成长期的企业融资难。

六、南通市生物医药产业集群发展的对策

(一)强化政府领导,引导生物医药产业集群发展

医药产业是受政策影响较大的产业,政府主导的药品招标、政策性药品降价,以前普药"定点生产、直接配送、统一价格、强制使用"等措施,都对医药产业发展产生重大影响。南通市至今未正式出台生物技术和医药产业发展规划,政府要尽快制定产业发展规划,明确战略发展目标,研究重大发展问题,制定相关扶持引导政策,实施战略发展措施,强化组织协调和服务功能,推进生物医药产业快迅发展。建立由生物技术、医药、临床等研究领域、生产领域的技术专家和产业发展、生产经营管理专家组成的专家咨询委员会,开展战略咨询、技术论证、产业规划、市场研究等,提高产业发展的科学性、可靠性。

政府要加大财政支持生物医药产业发展的力度。南通市应借鉴江苏省和省内其他城市的经验,设立生物医药产业发展专项资金,用于扶持生物医药领域企业的技术创新、新产品研发、品牌推广、企业上市,鼓励产学研合作设立研发机构,建立院士工作站,设置专业企业孵化器、科技中介机构、风险投资机构、担保基金,加强人才的引进和培育。加强银企合作,解决企业融资困难。建立政府财政资金引导的风险投资机构和担保公司,鼓励社会资本投入产业,营造创业创新的良好环境。

(二)打造特色园区,加快形成产业集群载体

着力打造南通经济技术开发区生物医药科创园。园区现有联亚药业、联科药业、领航干细胞、安惠生物科技、东英药业、良春中医药研究所等30多家生物技术和医药企业,南通经济技术开发区应进一步明确生物医药产业的发展定位,规划引导,强化政策优势,发挥现有科技型生物技术企业的典型示范作用,强化措施开展产业链招商,形成产业集群发展的效应。以现有生物医药企业为基础,鼓励扶持联亚药业、联科药业、东英药业、安惠生物不断提高研发投入,多出研发成果,并重点发展生物疫苗及

诊断试剂、成体干细胞、创新药物,争取申报科技部门生物医药科技产业园和发改委系统的特色产业园区。

加大特色园区的建设力度。加大国家火炬计划产业基地,完善产业布局规划,加大基础设施的建设力度,发挥现有龙头企业的示范带动作用,完善产业链、优化产业结构、扩大产业规模,逐步形成产业特色和集群。在现有食品加工、精细化工、医药中间体企业为基础,引导企业转型升级,转变产品结构,加强研发队伍建设,提高工程技术中心的研发能力,从以低端制造为主向以创新驱动的高技术含量、高附加值的产业转变,争取申报生物技术科技产业园。

(三)加强服务,优化集群区内创新创业支撑环境

继续推动"江海英才"计划的实施,加大招才引智的力度,特别是要为海外留学人才扎根南通市、创业发展提供资金和物质支持,提高科研经费补助、创业启动资金、安家补贴、贷款贴息、贡献奖励的标准,为人才的落地、生根、成长提供基础条件,创造一个吸引创新人才集群、创业人才扎根的良好环境。

注重培育生物技术和新医药领域的创新型中小科技企业。建设生物技术科技企业孵化器和科技园,为科技人才创业提供孵化设施。设立创业扶持基金、中小企业创新基金,设立和引进种子基金、天使基金和风险投资机构,为初创期、成长期科技企业提供资金支持和融资条件。发展壮大科技中介服务机构,为企业经营、财会、税收、法律等管理提供咨询和增值服务。

建立生物医药产业科技企业孵化器,为初创期企业提供价格优惠的实验、生产、研发场所,提供财务、金融、税务、法律等咨询服务,帮助企业开拓市场、完善管理、人才服务,减轻创业者的负担。大力发展风险投资产业,设立政府资金以作引导基金,鼓励民间资本参与。风险资金主要用于初创型、成长型科技企业的投融资。政府成立科技融资担保中心,并积极与银行合作,为技术含量高、竞争能力强、市场前景好的企业或产品开发开展融资服务。

王　慧
2022 年 4 月

县(市)区篇

海安市民营经济发展报告

海安市发展和改革委员会　海安市工商业联合会

2021年,海安市坚持稳中求进工作总基调,立足新发展阶段,贯彻新发展理念,加快服务融入新发展格局,全市经济发展态势保持平稳。

一、民营经济运行情况

(一)民营工业高位企稳,创新动能贡献提升

1—12月,海安市工业产出增长势头良好,全市规模以上工业产值同比增长26.2%,在南通市排名第四。规模以上工业增加值同比增长14.1%,南通市第二名。规模以上工业32个行业大类中,有24个行业产值增速同比正增长,行业增长面为75%。新兴动能发展提速,规模以上工业产值中装备制造业实现产值799.41亿元,同比增长29.7%,比规模以上工业产值增速快3.5个百分点,占规模以上工业产值比重达43.38%,高新技术产业产值占规模以上工业产值比重达40.25%。

(二)基建投资增速承压,高技术含量不断增强

1—12月,全市实现固定资产投资572.08亿元,同比增长6.6%,增速南通市排名第二。其中,民间投资占比89.8%。在整体数据有所回落的背景下,高技术投资活动表现亮眼。1—12月,全市高技术制造业投资占比50.3%。2021年海安市4个省市重大项目已全部开工建设,1—12月份完成投资90.8亿元,完成年度计划的162.6%。

(三)产业品牌优势凸显,品牌美誉不断增强

获评中国家具特色产业集群、中国家具产业集群共建先进单位,获评省级新型建筑工业化创新基地、省级建筑产业现代化示范城市、省级纺织服装产业示范基地。获评省级"大众创业 万众创新"示范基地(省发改委评开发区、高新区),省级小微企业双创示范基地(省工信厅评李堡锻压基

地),国字号、省字号基地累计达到60余个。长丝行业技术创新研讨会、全国建材装备标准化技术委员会标准起草会等国家级、省级行业年会峰会在海安市召开,海安市产业形象不断提升。

(四)冠军培育成绩斐然,龙头民企实力不断提升

威尔曼获评国家级制造业单项冠军示范企业,鹰球集团、兴华胶带、东材新材料、昌荣机电获评新增国家级专精特新小巨人企业,"国家队"总数达到11家(单项冠军企业6家、专精特新企业5家)。新增省级专精特新"小巨人"企业7家,总数达到28家,南通市排名第一。天楹集团董事长严圣军荣膺2021年南通市"张謇杯"杰出企业家;联发集团董事长薛庆龙荣膺"杰出通商";华强纺织、海迅实业等13家企业入围2021年南通市"优秀民营企业"榜单。第六届"创客中国"暨2021年江苏省中小企业创新创业大赛,海安市5家企业获奖,占全省十分之一。

(五)服务民企有序用电,保证社会企业双利

一是加强用能预算管理。做到用能精准测算、精准落实,力争年内能耗强度由红转黄。二是加强增量优化和存量挖潜。严格把控在建、拟建项目能效关,确保国际领先、国内先进。加大可再生能源开发利用,加快推动全市分布式屋顶光伏开发试点。三是排查低效企业和无效企业。加快推进工业企业资源集约利用综合评价,结合"厂中厂"整治,对排出的1 568家企业进行逐一"过堂",推动低效、无效企业淘汰退出或节能改造达到要求。

(六)开放合作补齐短板,打造高质发展引擎

主动融入国家倡议。电工电气、现代纺织、现代建筑等产业以印尼、柬埔寨等东南亚地区为重点,利用东南亚、非洲劳动力建立生产加工基地。联发集团在柬埔寨继续追加投资,其成衣制造、面料生产占据柬埔寨市场较大份额。建材机械、锻压机械等产业以埃塞俄比亚、哈萨克斯坦等西亚、东非地区为重点,抢抓当地大规模基础设施建设的机遇,出口成套机械设备。鹏飞集团成功实施了哈萨克斯坦水泥生产线工程总承包项目。2021年长丝行业技术创新研讨会海安开幕。全国建材装备标准化技术委员会(SAC/TC465)《石灰煅烧成套装备技术要求》国家标准起草工作组第三次会议在江苏鹏飞召开。联合国环境规划署驻华代表处主办、天楹集团特别支持的"修复我们的地球"2021世界环境日主题活动在北京联合国机构

驻华代表处举行。

(七)创新创优集聚动力,不断深度挖潜

海安市综合检验检测中心获评首家国家级中小企业服务平台。和信科贷、交大研究院等4家平台获评南通市中小企业公共服务平台,机器人产业园、东部家具等4家单位获评南通市小企业创业创新示范平台,拥有国家级研发机构3家、省级三星级中小企业公共服务平台3家(中纺院、南大研究院、太原科技大)。兴华胶带新获省级转型升级专项引导资金项目400万补助。38个技术创新项目成功入选省重点技术创新项目导向计划。其中鹏飞集团申报的低阶煤洁净利用热解技术装备研发及产业化等17个项目入选新产品研发类项目,占全南通市总量四分之一;联发纺织申报的棉麻吸湿储热多功能立体印花面料产业关键技术研发等19个项目入选关键核心攻关类项目,占南通市总量三分之一;弘盛新材料申报的锦纶6切片企业标准、通润汽车申报的新型备胎升降器2个项目入选标准领航产品类项目。奎泽机械等研发生产的超高性能耐腐蚀耐低温膨胀节等12个企业产品申报新技术新产品通过省级初核。

(八)强化精准服务意识,打造亲企爱企环境

继续坚持联络员每月赴企,分管负责人每两月赴企,主要负责人每季赴企服务工作制。采取会议、座谈等多种形式宣传解读政策,提供点对点、个性化、订单式服务。组织专场招聘会8场次,为企业招引蓝领技术人才1 000余人、本科以上人才400余名。海安市民营经济纠纷调解中心结案解决纠纷标的2 000多万元,获评全国工商联法律服务优秀案例。发挥十大产业集群商会党员会员先锋模范作用,开展"送党课到商会"、车间讲党史活动16场次。狠抓商会党建,创建一批商会党建工作品牌,化纤业总商会"懂书记"工作室编写的《"懂书记"为什么行?》在全国《工商联改革情况期刊》发表。

二、民营企业发展的相关思考

(一)在产业结构上,新兴产业培育不够的格局亟待改变

新兴产业还处于培育阶段,航空航天、现代医药企业起步成长但还没形成规模优势,核工业、芯片类电子元器件企业尚在萌芽还需要大力培育。为更好落实党代会报告精神,推动建立现代型产业体系,要建立更完

善的扶持体系,倾注更多精力。

(二)在招商选资上,推进产业升级的一些传统思维亟待改变

过去更多的是靠资源禀赋、税收返还、土地优惠和劳动力成本低等优势来吸引投资,现在资源越来越稀缺,税收优惠政策正在全面清理,土地供应有更严格的审批程序,劳动力成本也在不断上升,能源消费总量和强度双控力度陡然加大。招商选资本质上已经是与发达地区在同一平台竞争。建议优化项目招引落户研判机制,结合专精特新重点引导方向,优选国内外500强、央企国企、上市民企产能外溢等项目纳入招商重点,把有限的资源用到刀刃上。

(三)在创新驱动上,产业层次不高,企业产品附加值、科技含量低的局面亟待改变

整体而言,海安市企业的研发投入占主营业务收入的比重还较低,规模以上企业科技人员占从业人员总数的比重也较低。创新能力不足,产学研联系不紧,企业核心竞争力不强,科技成果转化率不高,这些现象还很普遍。要发挥自身优势,从服务去引导,用成果去佐证,调动企业的积极性。

(四)在服务升级上,我们的工作节奏、能力水平与发展要求不适应的矛盾亟待改变

现在已经进入知识经济时代,传统产业正在重新洗牌、经受蜕变,各种新业态、新模式如雨后春笋,更新换代非常快。比如电子商务、互联网金融、区块链等产业,短短数年功夫,已经渗透到各个领域,作用越来越明显。用老路子、旧思维来推进产业升级,很可能走入低水平、重复建设的怪圈。建议建立常态化的学习机制,把专家请进来解读,把骨干送出去学习。

三、下步工作思路

海安市将深入贯彻落实南通市党代会精神,进一步强化举措、完善机制,抢抓机遇,综合发挥政府商会、龙头企业等多方作用,着力推动产业集聚、技术集优、资源集约,加快建设现代产业体系。

(一)强化项目招商,突出合理布局、分类推进、生态环保,促进产业集群绿色发展

加强产业精准研判,找准产业发达地区,开展小规模、针对性强的智慧招商。梳理航空航天、现代医药、核工业、芯片类电子元器件等产业建

链、增链项目,全力招引电子元器件、智能机器人、新能源汽车核心零部件等企业。

(二)强化产业对接,突出龙头引领、专业配套、区域联动,提升产业集群联动能力

加强龙头企业培育,推动每个集群重点打造2~3家有品牌效应的龙头冠军企业,推进龙头企业与配套企业建立稳定的产供销协作关系。突出产业链关键环节,在重点领域培育一批延链补链壮链的产业项目。

(三)强化科技创新,突出技术前端、产品终端、行业高端,增强产业集群竞争优势

强化创新驱动,坚持终端高端引领,在细分领域推进一批重点技术创新,集中力量建设若干产业化重大项目。推进智能制造,在集群企业实施"智能工厂""数字化车间"改造,着力培育一批智能制造示范企业,建设一批智能制造产业基地。选择3个集群开展智慧集群试点,推进"互联网+"和云计算运用。

(四)强化公共服务,突出平台建设、信息应用、规范管理,支撑产业集群转型升级

推进技术管理体系建设,支持重点企业参与国家和国际标准制定和修订,增强行业话语权。重点打造技术研发、信息共享、检验检测、物流配送、电子商务、原料和能源集中供应、排污处理等公共服务平台。

(五)强化政策扶持,突出协同推进、要素聚焦、机制保障,优化产业集群发展环境

加强资金扶持,争取国家、省级工业发展专项资金对海安市产业集群给予优先支持。强化要素保障,优先保障集群企业煤、电、油、气、水等生产资料供给,优先保障公铁水等多渠道物流运输。建立企业服务直通渠道,全面实现审批"零障碍"、办事"零阻力"。

刘华骥

2022年4月

如皋市民营经济发展报告

如皋市发展和改革委员会　如皋市工商业联合会

2021年，如皋市在南通市委、市政府的正确领导下，深入贯彻落实"六稳六保"工作任务，认真落实全市民营经济发展大会暨第四届通商大会精神，把握新发展阶段、贯彻新发展理念、构建新发展格局、推动高质量发展，进一步解放思想、攻坚克难，持续探索优化民营经济营商环境路径方法，充分激发民营企业发展的活力和创造力，圆满完成民营经济发展各项年度目标任务，全市民营经济呈现稳中有进发展态势。

一、2021年全市民营经济发展情况

(一)规模质量稳定提升

2021年全市新增个体工商户30 994个，同比增长18.41%；新增私营企业153 125家，同比增长185.88%；累计全市个体工商户达14.9万户，比年初增长9.95%，私营企业达3.90万家，比年初增长23.39%。规模以上民营工业增加值同比增长12.5%，完成产值同比增加15.7%。全市新增规模以上工业企业178家（南通市第一）、亿元企业56家，培育超100亿、超50亿元企业各1家，思源赫兹、梦百合、江苏汤臣三家企业成功列入省"百企引航"计划。

(二)有效投资持续增长

2021年，固定资产民间投资同比增长6.7%，比全市固定资产投资增幅高1.9个百分点，其中私营个体固定资产民间投资同比增长9.5%，比全市固定资产投资增幅高4.7个百分点。新开工重特大工业项目15个、重大服务业项目8个，其中日达智能终端精密模组、正海稀土永磁体、梦百合智能家居3个项目入选南通市高端制造业奖励项目；重特大工业项目竣工8个、转化4个。完成技改投入145亿元，占规模工业投入44.9%，纳

税500万元以上企业技改实现全覆盖、规模以上企业技改面60%以上。新建项目中高新技术企业投资项目占比54.5%、高技术制造业和战略性新兴产业项目占比72.7%。

(三)主体地位持续凸显

2021年,民营经济入库税金90.93亿元,同比增长0.80%,民营经济税收占全部税收的比重为79.55%,纳税超5 000万元企业18家、超亿元企业3家。全市六大优势产业链完成规模工业应税销售1 112.99亿元,同比增长45.72%,占全市规模工业比重82.43%。其中,电子信息发展迅猛、同比增长330%,高端成套设备及关键零部件、新型电力装备产业、新材料产业应税销售同比增幅均在35%以上。

二、推进民营经济发展主要举措

(一)全力以赴抓产业发展,着力优化民营经济结构

蓄势做强产业集群。大力实施"产业强链"行动计划,建立市领导挂钩联系机制,紧扣关键领域、关键环节、关键产品,研究制定产业链条图、市域分布图、重大项目图、重点企业图、产品品牌图,实施"挂图作战",优化产业配套半径,建立龙头企业配套备选清单,支持优势企业通过并购、引进、参股等方式补链强链扩链,提高产业垂直整合度。全市战略性新兴产业产值、高新技术产业产值占规模以上工业比重分别达39%、45.7%。聚力提升发展质态。出台《如皋市专精特新"小巨人"企业培育三年行动计划(2021—2023)》,建立市级培育库,强化运行监测和动态管理,助力中小企业专精特新发展,年度新增单项冠军1家,国家专精特新企业2家,省级8家。大力实施两化融合贯标工程,鼓励存量企业"智改数转",新增省五星级上云企业1家、省市示范智能车间17家。高质量打造资本市场"如皋板块",星球石墨、森松重工、超达装备成功上市。持续优化营商环境。高效落实各项惠企纾困政策,全年减税降费7.9亿元,发放惠企资金3.3亿元,企业获得感不断增强。"放管服"改革纵深推进,"证照分离"改革取得阶段性成效,重点企业执法检查"白名单"制度全面实施,市场主体信用分类分级监管实现规模以上工业企业和在建项目施工企业全覆盖,商事制度改革获省政府督查激励,政务诚信评价综合考评位居全省第一等次,"如意"营商环境品牌效应持续放大。

（二）全力以赴抓项目建设，着力增强民营经济发展后劲

大力推进招大引强。牢固树立"项目为王、招商为先"理念，聚焦六大优势产业链精准出击，组建市场化招商队伍5支，成功举办科技人才洽谈会和上海、深圳、苏州等地投资促进周活动，新签约十亿元以上项目32个，其中五十亿级3个、百亿级2个。扎实推进项目建设。开展"重大项目质态提升年"活动，健全月度观摩、项目单挑机制。新开工重特大制造业项目15个、服务业项目8个，竣工项目8个，转化达产项目4个，3个项目获南通市高端制造业奖励。省、南通市重大项目完成年度投资计划。完成技改投入145亿元、占规模工业投入44.9%。新建项目中高新技术企业投资项目占比54.5%、高技术制造业和战略性新兴产业项目占比72.7%。斯堪尼亚商用车项目通过省发改委备案。持续推进要素保障。金融支持实体力度不断加大，设立产业引导母基金和科创基金，新增制造业贷款30亿元、创历史新高。土地利用效率持续提升，完成生态空间管控区域调整，编制土地征收成片开发方案，盘活存量用地4 800亩，租赁集体经营性建设用地1 686亩，办理全省首例集体经营性建设用地抵押权登记。

（三）全力以赴抓创新转型，着力提升民营经济活力

积极培育主体创新。高度重视企业家在创新发展中的"领头羊"作用，分类实施磐石、雏鹰企业家培养工程，分产业分层次开展企业家培训活动，年度实现企业家专题培训近200人次，企业中高管培训近1 000人次，企业创新意识显著增强。深入实施高企培育"倍增"计划和"小升高"行动，净增高企47家，新增潜在独角兽企业2家、瞪羚企业5家、高新区集聚区科创项目15个、省级企业研发机构9家，创新主体规模不断扩大。加速集聚创新资源。省级农高区、龙游河科创走廊启动规划建设，建成上海交大如皋科技成果转化平台等飞地孵化器，开工建设青年人才公寓国际社区，主功能区孵化器全部开园，高新区省级排名位居苏中苏北第一。沿江科创带建设进展顺利，新招引科创项目15个。2家"飞地孵化器"成功揭牌，新增省众创空间2家。万人发明专利拥有量26.8件。做优创新发展环境。启动实施"创新如皋"三年行动计划，出台科技23条、人才22条激励政策，新增省外国专家工作室2家，入选国家重点人才计划1名，省"双创计划"6人，卓远半导体获批国家高端外国专家引进计划项目。建立科

技型企业"白名单"制度,成立科技支行2家,发放科创型企业贷款8.5亿元,成功获批省创新型示范县市。

三、2022年目标举措

2022年,如皋市将全面贯彻党的十九大和十九届历次全会精神,坚持稳字当头、稳中求进,更好统筹疫情防控和经济社会发展,继续做好"六稳""六保"工作,落实营商环境"66条",保障民营经济发展迈上新台阶。

(一)久久为功上项目、扩投入,持续狠抓落地转化,着力推动经济发展行稳致远

树立"大抓项目、抓好项目"的鲜明导向,不断扩增量、优存量,全力以赴推进项目建设持续发力。抓实精准招商。创新在资源紧约束条件下项目建设的体制机制,坚持重大制造业项目与科创项目并重,更加关注投资强度、亩均税收、单位能耗、科技含量等指标,在源头上提升项目质量。扎实开展"项目招引突破年"活动,更加聚焦资本招商、乡贤招商、以商引商,全力推进与苏南地区、上海市、深圳市等地的精准对接,办好"一会两节",目标新签约十亿元以上项目36个,力争五十亿级、百亿级重特大项目实现再突破。聚力项目攻坚。认真落实项目"全生命周期、全要素保障"服务机制,不断健全联合预审、协调会办、月度观摩单挑制度,力争全年新开工十亿元以上项目28个,其中五十亿级4个、百亿级2个。完善重大项目市领导挂钩制度,实现清单式管理、专班化推进,推动金鹰产业园、斯堪尼亚商用车、思源储能等一批重特大项目早开工快建设,正海磁材、赛杰艾迪、国石石墨烯等在建项目快竣工快投产,全力提升项目竣工率和转化率。鼓励现有企业加大技改投入扩项目,实施超亿元技改项目30个,确保纳税500万元企业技改全覆盖、规模以上企业技改面超60%。强化要素支撑。建立"三张清单"闭环机制,落细落实支持市场主体发展的政策举措。深入推进工业用地质效管理,加快低效资产盘活利用,探索新型科创产业用地政策。推动专业园区、乡镇工业集中区提质增效、空间再造,支持高新区创建国家级高新区、如皋工业园区做强东西部园区,扎实推进下原、磨头等共建园区建设,打造一批产业合作"区中园、园中园"。强化金融服务,深入开展"银政企"对接,新增制造业贷款30亿元以上。完善上市企业培育梯队,新培育上市企业2家,报会2家。

（二）坚定不移调结构、促转型，培育壮大民营经济，着力推动产业升级步伐加快

深入实施产业倍增三年行动，促进产业链与服务链、价值链精准衔接、深度融合。做大做强先进制造业。大力培育生态主导型企业，构建"龙头带动、配套跟进、全产业链发展"的集群式发展格局，重点推动汽车及零部件、高端成套设备及关键零部件、新型电力装备等产业加紧突破关键领域，支持新材料、电子信息产业向高附加值方向提升规模和能级，鼓励生命健康产业围绕健康食品加工开辟新动能，确保六大优势产业链应税销售占规模工业比重82%以上，战略性新兴产业产值占工业总产值比重达40%。加大"2523"大企业、制造业单项冠军、专精特新"小巨人"企业培育力度，新增应税销售超五十亿元企业1家、亿元企业40家、规模以上工业企业180家以上，国家级专精特新"小巨人"企业2家、省级4家。推动产业数字化转型。坚持把数字经济作为产业转型发展的关键增量，大力开展数字赋能行动。开展智能制造诊断服务，鼓励企业"触网"融合，促进数字技术与制造业融合发展，新增国家级两化融合贯标企业4家、省级工业互联网标杆工厂1家、五星级上云企业1家、智能车间3个。推动服务业数字化转型，积极培育数字贸易、数字物流、数字直播等新业态新模式，加快软件园二期项目招引落地，不断做强软件和信息服务业。推进建筑业企业混合所有制改革，组建如皋市建筑产业联盟，鼓励应用精益建造、数字建造等技术，全面增强"如皋建造"核心竞争力，确保建筑业总产值超1 700亿元。更大力度优化营商环境。开展"营商环境提升年"活动，打造"如意"服务创新品牌，确保营商环境评价保持全省前列。落细落实新的减税降费和助企惠企政策，及时研究制定更多"合身""解渴""有感"的政策措施，更大力度帮助企业纾困解难。深入实施中生代民营企业家"磐石"工程、新生代民营企业家"雏鹰"工程，培养更多创新意识强、家国情怀深的"张謇式"企业家。

（三）千方百计聚资源、谋创新，聚力构建科创生态，着力推动发展动能全面增强

坚持创新在全局中的核心地位，以省创新型示范县市建设为引领，加速集聚创新资源，深度推动产创融合。培育多元创新主体。深入实施高企

培育"倍增"计划和"小升高"行动,力争新认定高企166家、科技型中小企业620家。引导企业加大研发投入,确保实施产学研合作项目230个以上、技术合同成交额超60亿元。积极争取省级科技计划项目立项,推动重大成果转化、重点研发计划、国际合作、揭榜挂帅等项目取得新成效。支持力星钢球、海泰科特等企业建设细分领域重点实验室,鼓励日达精密建立国家级实验室,围绕精密滚动体、人工金刚石、高纯半导体、汽车轻量化材料、光电显示等领域,积极推动产业、技术、制造业创新中心建设实现突破,新增省级工程(企业)技术研究中心6家以上。深入推进标准化和质量提升行动,主导或参与制定各级标准21项,每十亿元GDP发明专利拥有量达26.6件。深度对接知名高校院所、孵化平台、创投机构,用好基金、平台、人脉等资源,新招引落户科创项目120个、人才项目30个。全力构筑科创矩阵。积极融入南通市沿江科创带,加快编制龙游河科创走廊概念性规划、特色空间风貌提升规划,同步推进产业、交通、生态等专项规划,重点推进雉水科学城和龙游湾科创智谷规划建设,加快启动省级农高区实质性建设。完善"众创空间—孵化器—加速器—产业园"全链条培育体系,鼓励吴窑等有条件的镇利用闲置资产改造建设科技企业孵化器,新增国家级孵化器1家、省级众创空间3家,双创载体新招引项目不少于100个。组建如皋市产业研究院、科创投集团、人才资本服务中心,深化"双飞地"合作模式,加快打造上海交大如皋科技成果转化创新平台,支持化合物半导体产业研究所与中科院深度合作,加快青年人才公寓国际社区建设,推动创新资源和高端人才加速集聚。构建立体创新生态。深入实施"创新如皋"三年行动计划,推动科创委高效运作,建立科技创新双月例会制度,开展季度创新创业大赛。强化政策激励,定期开展绩效评估和调整优化,提高奖励精准度。实质化运行科创产业引导基金,激发市场主体创新活力。持续推进"苏科贷""高企融资服务直通车"和科技担保服务,确保新增贷款9亿元。深入实施"148高层次人才梯队"培养工程、"雉水英才"引进计划,力争新引进顶尖专家和高端团队4个、高层次创新创业人才40名、名校优生200名以上,培养技能型人才6 000人。

肖莉莉

2022年4月

如东县民营经济发展报告

如东县发展和改革委员会 如东县工商业联合会

2021年,如东县在南通市委、市政府正确领导下,围绕坚持制造立县、制造强县,周密谋划、精心组织,民营经济发展实现"十四五"良好开局,民营经济在全县经济社会发展中的支撑作用进一步彰显。

一、民营经济的支撑作用进一步提升

2021年,民营经济仍然是推动全县经济发展主要力量,是创业就业的主要领域、技术创新的重要主体、全县税收的重要来源,为经济发展、政府职能转变、农村富余劳动力转移等发挥了重要作用。

(一)民营企业总体规模快速增长,民营企业成为全县经济的重要组成部分

如东县民营企业已经成为全县经济的重要组成部分,企业数量持续增多,总体规模持续增长。2021年民营企业总数已达17 247户,占全县企业19 946总户数的86.46%;民营企业应税销售总量3 464.亿元,占全县总量的88.44%;民营企业入库税金76.79亿元,占全县入库税金总量的76.31%。另外,截至2021年底,全县共有个体工商户49 647户,入库税金1.65亿元。

(二)民营企业以实体经济为本,成为制造业领域的主力军

如东县民营企业以制造业和实体经济为本。2021年制造业领域民营企业户数5 484户,占企业总量6 450户的85.02%;2021年制造业民营企业应税销售1 481亿元,占全县制造业总量的84.24%;2021年制造业民营企业入库税金38.48亿元,占企业全县制造业总量的70.52%。

制造业领域民营企业是实实在在的"主力军和突击队",不少民营企

业成长为在全市较有影响力的企业。在全县 50 强企业中,如东县民营企业 41 家,占 50 强企业的 82%;应税销售 652.25 万元,占 50 强企业的 93.69%;入库税金 20.59 万元,占 50 强企业的 60.51%。2021 年规模以上民营工业企业有 674 家,占全县规模以上工业企业 86.19%;资产总额 1 276.22 亿元,占全县规模以上工业企业的 63.68%;营业收入 1 202.05 亿元,占全县规模以上工业企业的 75.05%;税金及附加 5.58 亿元,占全县规模以上工业企业的 73.91%;利润总额 101.16 亿元,占全县规模以上工业企业的 64.01%。

(三)民营企业成为就业主渠道,"稳就业"作用十分明显

今天,民营企业提供八成的劳动就业岗位,民营企业发展对于促进就业和"稳就业"发挥着十分重要的作用。

从就业结构来看,民营工业企业成为全县就业主渠道。2021 年如东县规模以上民营工业企业平均用工人数达到 7.14 万人,占全县工业企业平均用工人数的 76.94%。

(四)民营企业是科技进步重要驱动力量,在战略性新兴产业中作用更加突出

截至 2021 全县民营经济贡献了 70% 以上的技术创新成果。一批民营企业如高新技术产业和新经济领域,快速崛起,推动了全县科技创新。

民营企业研发投入力度增强。2021 年规模以上民营工业企业研发费用 25.85 亿元,占全县规模以上工业企业的 75.43%;全县民营企业发明专利 1 211 件,占全县发明专利拥有量 2 427 件的 49.9%;涌现出了一批以中天科技为代表的在关键领域掌握核心技术的高新技术企业 185 家。

(五)民营企业社会贡献持续加大,有力促进全县发展战略和计划的实施

2021 年全县工业民营企业固定资产投资充当主力军,对于"稳增长""稳投资"发挥了积极作用。在快速发展的同时,民营企业家坚持"先富帮后富、最终实现共同富裕"伟大理想,在定点扶贫、公益慈善、"百企连百村"、新农村建设等扶贫事业方面,都烙下了全县民营企业家的印记。

二、民营经济转型步伐加快,民营经济动能持续增强

(一)科技创新深入推进

申报高新技术企业 130 家,认定 58 家,通过率为 44.62%,高于全省水平(40%)。科技型中小企业评价入库 333 家,入库企业数是去年的近 3 倍。高新技术产业产值占比达到 50% 以上,位列全市第一方阵。新增省级众创空间 2 家、省级企业加速器 1 家,全县省级以上创新平台达到 29 家。新增专利授权 2 715 件,全县有效发明拥有量累计 2 427 件,万人发明拥有量 27.73 件。全年技术成交金额超 30 亿元,技术成交金额比去年相比翻了一番。中天宽带引进的外国高端人才获评 2021 年江苏省"友谊奖",全省仅 20 人,全市唯一。

(二)产业转型加快发展

在全市率先制定《关于建立县领导挂钩联系优势产业链"链长制"的通知》,以常态化推进"9+N"条产业链为突破,大力推进制造业转型升级。恒辉安防等 5 家企业获批市级智能车间,恒尚新材料等 3 家获评省级智能车间。九九久科技超高分子量聚乙烯纤维获评国家制造业单项冠军产品,中天海洋获评国家级专精特新"小巨人"企业。中天宽带智能协同制造平台等多个两化融合项目已上线运行,中天科技"5G+工业互联网"融合应用项目通过省专家组验收。恒辉安防、海力风电成功上市。

(三)能耗双控稳步推进

出台《如东县严格落实能耗双控工作的实施方案》,坚决遏制"两高"项目盲目发展,严格落实能耗双控工作要求,精准有序推进用能预算管理。预计 2021 年能源消费总量 315.14 万吨标煤,较 2020 同期增加了 24.16 万吨标煤,同比增长了 8.30%;单位 GDP 能耗同比下降 1.3%,全市排名第二。

三、全县开放融合深入推进,民营经济活力加速释放

(一)外资外贸持续回升

全年实际使用外资达 3.79 亿美元,其中制造业实际使用外资占比达 43.89%,高于全市平均水平 1.55 个百分点。全县外贸进出口回升明显,全年完成进出口总值 506.84 亿元,总量全市排名第三,同比增长 28.3%,其

中出口总值174.87亿元,同比增长10.8%。

(二)营商环境不断优化

持续深化"放管服"改革,全力推动"一件事"落地,推进"拿地即开工"建设模式,试点"住所与经营场所分离登记"改革,全面推进"证照分离"改革。"一件事、一窗办、一次办"得到有序落实。市场活力得到进一步激发,全县新增市场主体1.6万户,同比增长10%,总数突破12万户,其中,新增企业数0.47万户、同比增长66%、总数突破2.2万户,全县新增申报纳税企业数13 327万家、同比增长30%。

(三)要素保障支撑有力

全县贷款余额1 261.79亿元,同比增长25.64%,较年初增加257.48亿元,增量、增速均居6县(市、区)第一,其中制造业贷款余额167.14亿元,同比增长23.22%,融资成本进一步降低。加强土地要素保障,2021年全县安排用地计划7 500余亩,征转土地9 700余亩,供应工业用地88宗1 404.6亩。

四、民间有效投入持续扩大,民营经济后劲不断增强

(一)投资结构持续优化

全年全社会固定资产投资同比增长6.4%,高于全市平均水平1.4个百分点,其中,民营经济工业投资增长13.8%,民营制造业投资增长25.1%,民营工业技改增长75.5%、占工业投资的39.49%,民营经济高技术产业投资增长33.5%、占固定资产投资的28.44%;民营经济服务业投资同比下降5.8%,民营经济房地产开发投资同比增长20.4%。

(二)民营项目有序推进

全年新开工重大产业项目24个,其中民营制造业项目7个,其它民营工业项目11个,民营服务业项目6个,累计完成投资113亿元。金光、桐昆两个百亿级项目顺利推进。

缪建院
2022年3月

启东市民营经济发展报告

启东市工业和信息化局　启东市工商业联合会

2021年,启东市民营经济在市委、市政府的正确领导下,主动适应经济发展新常态,积极应对复杂多变的外部形势和新冠肺炎疫情冲击,坚持稳中求进工作总基调,坚定不移推动民营经济高质量发展,加快推进民营企业新旧动能转换,推动民营企业不断发展壮大,全市民营经济社会保持良好发展态势。

一、2021年民营经济发展基本情况

(一)经济质态持续向好

民营经济完成入库税金86.02亿元,占全部税收比重达到75.29%;规模以上民营工业增加值同比增长18.3%,产值同比增长23.9%,销售产值同比增长24.4%,产销比达99.1%。2021年全市新增个体工商户12 118户,同比增长22.54%,达到86 189家,比年初增长5.23%;新增私营企业7 330家,同比增长129.64%,达到24 561家,比年初增长15.21%。2021年全市民营经济总体持续向好。

(二)主导产业全面起势

全市临港、特色、战略性新兴等重点产业全年累计实现工业应税销售1 077.7亿元,同比增长41.1%,占全市工业应税销售的83.9%,完成规模工业产值987.7亿元,同比增长37.4%,占全市规模工业产值的88.1%。临港产业规模不断壮大,全年累计实现工业应税销售638.4亿元,同比增长59.0%;特色产业质效不断提升。本土电动工具、高端机械装备等传统特色产业优势不断放大,全年累计实现工业应税销售304.6亿元,同比增长28.7%;战略性新兴产业创新不断优化。电子信息及半导体、生命健康等两

大战略性新兴产业迭代升级步伐明显加快,已逐渐打响具有全国影响力的名牌标签,全年累计实现工业应税销售134.7亿元,同比增长7.3%。

(三)龙头企业支撑有力

2021年初,启东市实施"1521"工业龙头企业三年双倍增计划,共计摸排了40家龙头企业进行重点培育,全年累计实现工业应税销售668.0亿元,同比增长40.9%,占全市工业应税销售的52.0%。全市应税销售超10亿元企业19家,超20亿元企业9家,超50亿元企业3家,超百亿元企业2家,分别是寰宇东方和东成电动工具,历史性实现启东市工业百亿级企业零的突破。寰宇东方集装箱业务持续火热,生产订单十分充足,全年实现应税销售109.0亿元,同比增长145%,东成电动工具保持稳中有进发展态势,全年累计实现应税销售101.9亿元,同比增长44.3%。

(四)创新驱动持续发力

鼓励企业加强关键核心技术公关、新产品推广、新技术研发平台建设等工作。中远海运海工的"浮式生产储卸平台上部气体处理模块关键技术研发"项目成功入选关键核心技术(装备)攻关方向。海四达电源、林洋能源、神通阀门等3家企业的4台(套)产品入选省第26批重点推广应用的新技术新产品目录,比去年增长2台(套);申报省首台(套)重大装备2个,通过南通市首台(套)重大装备及关键部件认定2个。寰宇东方、永银化纤、欣捷纺织3家企业的江苏省省级企业技术中心认定进入公示阶段;申报南通市市级企业技术中心13家;华滋能源、爱普车辆2家企业申报江苏省工程研究中心。战略性新兴产业产值占规模以上工业总产值的比重达41.2%。除此之外,联测科技成功入围第三批国家级专精特新"小巨人"企业;中集太平洋、泰胜蓝岛、久正人体工学、海四达成功申报省级专精特新"小巨人"企业;华峰超纤等16家企业成功申报南通市级专精特新"小巨人"企业。

二、2021年推进民营经济发展的主要做法

(一)扩大政策效应,聚力提质增效

2021年,启东市继续强化激励、扶持企业可持续发展,在研究制定政策时,重点围绕推动创新转型和高质量发展。为深入贯彻全方位高质量发展理念,研究出台了《加快推进工业经济高质量发展的若干政策意见》,在项目建设、经济培育、科技创新等方面提出十条重要措施,引导工业企业高质量发展,同时进一步强化规模发展理念,提高规模培育力度。进一步发挥工业龙头企业标杆示范作用,研究并出台了《启东市"1521"工业龙头企业三年双倍增计划(2021—2023 年)》。一方面,根据 2020 年度工业企业规模体量和重大项目,编制了工业龙头企业重点培育库,明确 30 家重点工业企业和 10 家总投资 10 亿元以上的重特大工业项目作为重点培育对象,并按优胜劣汰原则,实行年度动态管理。另一方面,采用共性化和个性化政策相结合的方式,有针对性、有梯度性地对全市本土企业培大扶强。2021 年寰宇东方、东成电动工具两家工业企业应税销售超百亿元,取得历史性突破。2021 年根据政策规定累计新增减税降费资金 7.9 亿元,市财政累计兑现产业奖励扶持资金 12 054 万元。

(二)支持科技创新,赋能企业发展

坚持"人才第一资源、创新第一动力",助推民营企业转型升级,帮助企业培育发展原动力和核心竞争力。产业创新水平进一步提高,中集太平洋在南通市首届"揭榜挂帅"项目中成功发榜;药源生物晋级创新创业国赛,创历史新高。高新技术产业产值占规模工业产业产值比重达 56.3%。载体支撑能力进一步提升。新增省工程技术研究中心 2 家、省级孵化器 1 家、南通市工程技术研究中心 10 家、高校技术转移中心 3 家,规模以上企业研发机构建有率达 95.3%。创新型企业集群进一步壮大。认定科创企业 20 家,共申报高新技术企业 150 家,第一批高企认定通过率达 62%,新增科技型中小企业入库 344 家。创新发展生态进一步优化。享受高新技术企业所得税减免 2.67 亿元,较上年增长 69.4%,享受企业研发费用加计扣除减免额 11.94 亿元,较上年增长 29.6%。实施"苏科贷"双拓工程,为 21 家企业放贷 8 490 万元。

(三)立足优化服务,助力发展提高

"放管服"改革纵深推进,紧扣企业需求侧改革,在南通市率先推行"一业一证"试点;累计减税降费 8.1 亿元,政务服务综合标准化建设全省领先,列全国营商环境百强县第 20 位。深入推进"拿地即开工"审批新模式,全面助力项目建设"加速度",审批时限缩减至15日以内。搭建限额以下公共资源电子交易平台,公共资源交易中心获评全国公共资源交易综合竞争力百强机构。建立行政审批通办协调机制,实现88个事项"跨省通办"。

(四)弘扬张謇精神,培育优秀企业家

年初研究出台了的《关于印发"垦牧杯"启东市杰出企业家评选活动实施意见(试行)的通知》,4月启动了首届"垦牧杯"启东市杰出企业家评选,2021年南通市"张謇杯"杰出企业家评选结果也在"南通企业家日"当天出炉,宣传部门持续在启东融媒推送企业家典型宣传,启东融媒四大平台先后在"跑好第一棒 奋进新征程"专栏进行了动态报道以及人物专访。

(五)抓好疫情防控,助力稳工稳产

为最大限度降低疫情对经济的影响,启东市多措并举将企业防疫落到实处,为经济健康发展奠定基础。研究了制定《启东市2021年春节期间鼓励企业留工稳产的若干措施意见》,共对全市459家企业,10 494名外地员工发放留启过节补贴资金1 051.5万元;组织开展全市企业防疫重点人群的信息梳理、人员摸排、申报接种等工作,截至年底全市14.12万应接种新冠疫苗的企业员工,已有13.56万人进行了接种,接种率96.0%;重启机关与企业挂钩帮服战"疫"活动,组织全市13个市级机关部门和17家区镇,成立192个专项小组,对全市近千家企业开展现场走访、分类指导、靠前服务等工作,督促企业强化主体责任,严格落实常态化疫情防控措施。

(六)落实帮服纾困,坚持精准施策

牵头开展"千人千企业"挂钩帮服活动,组织20个市级机关部门及各区镇,对全市规模以上工业企业、列入规模培育库的规下工业企业、促进高效产出的工业企业,按"五个一"机制结对帮服,及时协调解决企业在物流成本、市场拓展、人力成本、资金需求等生产经营中遇到的问题,助力企业快速发展。针对企业提出的部分诉求问题,相关职能单位与企业积极沟通对接,提出针对性解决方案并积极推进落实,均获得企业满意回复。

三、2022年工作打算

2022年，启东市将继续认真贯彻落实国家、省、南通市的各项决策部署，采取更加积极有效的措施，全力帮助民营企业克服困难，勇于转型升级，努力推动全市民营企业高质量发展。

(一)抓好政策措施落实，促进民营企业健康成长

深入贯彻落实好《关于营造更好发展环境支持民营企业改革发展的意见》等各项政策措施和市委、市政府关于转型升级、降低成本的一系列政策措施，确保相关政策措施真正落实到位，并结合措施出台本地支持政策，通过对政策的贯彻实施，加大财税支持、加快结构调整、缓解融资困难等，进一步营造宽松政策环境，坚定企业发展信心，助推全市民营经济持续健康发展。要大力宣传并贯彻落实好国家对民营企业发展扶助政策，将对小微企业、困难企业等各类政策落实到位，不仅自身要严格执行，更要让企业足够重视，认真研究，及时享受相关优惠政策。此外严格兑现本级政府对民营企业已有的扶持奖励政策，本着公平公正公开的原则，多部门联合审查，对企业能够得到的扶持奖励不但一分不少地发给企业，而且要快，要实实在在地增强企业的获得感、幸福感。

(二)优化产业结构布局，促进民营经济协调发展

根据国家和省相关产业政策，结合本地实际，确定有市场前景和发展潜力的"两主两新两优"产业作为民营经济发展的重点，集中人力、财力和物力，将其做大做强。建立完善产业转型升级的组织推进机制，促进企业创新发展，加强调查研究，制定完善政策，优化工作举措。全力推进实施"1521"工业大企业培育实施方案，集聚优势资源，梯度培育一批具有带动力竞争力的龙头企业，不断做大实体经济总量。坚持高质量发展要求，强化"亩产论英雄"导向，推进落实"百强工业企业"评选、工业企业资源综合利用绩效评价等活动。实施成长性企业培育工程，支持专精特新企业发展，引导企业深耕细分领域、积累技术优势，打造更多单项冠军和行业"小巨人"。

(三)引进培训多措并举，提高民营企业整体素质

高度重视企业家队伍建设，引导企业深耕主业，发扬工匠精神，打造

单项冠军,培育百年老店。继续实施好《启东市企业经营管理人才"培育工程"实施办法》,建立完善企业经营管理人才培育机制,创新企业经营管理人才培育方式,更积极、更开放、更有效地开展企业经营管理人才培育工作,努力培养造就一批具有全球战略眼光、市场开拓精神、管理创新能力、社会责任感的优秀企业家和一支高水平的企业经营管理人才队伍。加强人才引进,充分发挥中小企业系统网络优势,适时组织开展网上招聘活动,为民营企业引进更多的高素质人才。人才是企业发展的核心,是企业发展最重要的因素。要制定高层次产业人才引进计划,加快引进具有自主知识产权、拥有核心技术的领军人才和研发团队。对企业急需适用人才,确保各项奖励扶持政策落实到位,努力在住房、就医、子女就学、家属安置等方面提供优质服务,放大人才引进政策效应。同时要积极引导企业灵活开展技能培训,尤其鼓励企业开展订单式、新型学徒制培训,培养自身企业需要的操作型、实用型技工来填补空缺,并给予企业一定补贴。

孙 林 张 华

2022 年 4 月

崇川区民营经济发展报告

崇川区工业和信息化局　崇川区工商业联合会

2021年以来，崇川区认真贯彻党的十九大和十九届历次全会精神，深入贯彻习近平总书记视察江苏省重要讲话指示精神，在市委、市政府的坚强领导下，紧紧围绕区委、区政府工作中心，主动应对宏观经济形势发展变化和疫情影响，攻坚克难，踏实苦干，推动全区民营经济实现高质量发展。现将相关情况汇报如下。

一、基本现状

目前，崇川区注册运营的市场主体90%属于民营经济，呈现出四个特点：

（一）骨干企业茁壮成长

新培育百亿级企业1家、五十亿元以上企业3家、十亿元以上企业9家，化轻公司年销售额超400亿元，通富微电年产值超150亿元。大地电气、泽宇智能成功上市，至晟微电子、奥易克斯、暖阳医疗、科凯生命获评省潜在独角兽企业。省质量信用2A以上企业数、江苏精品认证企业数均居全市第一。

（二）创新活力竞相迸发

2021年，全区个体工商户数和私营企业数分别新增2万户和1.6万家。新增"四上"企业480家。新增省双创人才(团队)20个、市江海英才22名。通富微电先进封测项目获国家科学技术进步一等奖，中远海运川崎建成全国船舶行业首个国家级工业设计中心，新帝克单丝入围国家级专精特新"小巨人"名单。

（三）重点产业加快发展

2021年，电子信息、智能装备、新材料等先进制造业产业产值突破500亿元，占规模以上工业产值比重较上年提高4.4个百分点；信创、车联网等先导性产业产值增速超20%，产业链企业数超60家。高端商贸业持续壮大，全社会批零住餐营业额超3 000亿元。文旅产业发展迅速，文化产业增加值占比达5.3%。

（四）载体建设成效好

市北高新区在省高新区创新驱动发展综合排名中提升6个位次，市北科技城获评全市唯一长三角共建省际产业合作示范园。新增省现代服务业高质量发展集聚示范区4家。新一代楼宇经济信息系统成功上线，新增纳税超亿元楼宇4幢。华汇智谷、荣石车创等都市工业综合体加快建设。

二、主要工作

2021年，崇川区主要通过政策引导、要素保障等多种方式推进民营经济发展。一是优化创新机制。率先成立区级科创委，出台人才新政"18条"和科创"20条"，举办2021年长三角科创生态峰会、智汇崇川创新创业峰会，组建全市首家半导体联合体，推进区域创新氛围愈发浓厚。优化调整招商体制，组建4个直属分局，全力开展驻点精准招商。先后在北上深等地举办专题招商推介24场，东部智谷、高乐博智能装备等重点项目相继落户，海润科技、悦逸信息等外资产业项目成功入驻。二是加快项目推进。强化"市区联动"，重大项目平均审批用时压缩至20个工作日以内，京源环保交地24小时领齐"五证"，刷新项目审批"崇川速度"。累计新开工金韦尔智能、大鹏激光等10亿元以上重特大工业项目16个，完成投资额107.9亿元；新开工服务业重特大项目17个，数量全市第一。盘活闲置低效用地48宗、2 500亩。三是强化统筹领导。不断完善区级一站式政策集成兑现平台"兴企通"，全面优化推行CSO（首席服务员）制，将机关干部下沉挂钩的做法制度化，打通服务企业"最后一公里"。大力推进企业发展，支持重点企业、优势企业做大做强，提供宽松有序的营商环境、延伸服务的领域和层次。

三、存在问题

崇川区民营经济发展取得了一定成效,但仍存在一些薄弱环节、困难和问题。

(一)产业带动作用还不明显

尽管崇川区部分龙头企业在全国乃至全球同行业领域具备竞争优势,各产业板块也培育了一些大型企业,但基本每个板块仅有1~2家龙头型企业"一枝独秀",产业集聚程度不高,产业链延伸带动作用不强,与辖区内其他企业关联度不高,根植性不强,协作关系不深,对整条产业链的带动作用不明显,产业链式发展亟待加速。

(二)企业竞争能力普遍较弱

除部分规模骨干龙头企业和高新技术企业外,相当一部分民营企业科技创新基础依然薄弱,研发投入资金不足,自主创新能力不强,与高等院校和科研院所产学研合作的机制不全、程度不深,少数企业甚至是空白。新产品、新技术研究开发应用能力较弱。不少企业高层次创新人才、高技能工匠人才稀缺,导致后续创新研发能力不足,难以形成核心竞争力和可持续发展优势。

(三)创新发展动力仍显不足

部分企业家囿于自身理念,存在小富即安、小富即满思想,缺乏拼搏奋进精神,创新意识不强,研发投入不足,企业经营管理模式等方面的创新有待加强,创新发展主观动力不足;受限于政策因素,一些孵化成熟出园、步入产业化发展的科技项目无奈出走他方,一定程度上延缓了崇川区创新发展步伐。

四、工作举措

2022年是党的二十大召开之年,也是实施"十四五"规划的关键之年。崇川区将坚持"稳字当头、稳中求进",聚焦"提升首位度、全省争进位"的目标,以过硬成果开拓高质量发展新境界,全力走好现代化建设新征程。

(一)突出创新引领

充分发挥科创委统领作用,坚定不移实施创新驱动战略,推动产业链、创新链"双向融合",让科技创新这个"最大变量"成为崇川区跨越发展的"最大增量"。持续优化创新生态。深入实施科创委三年行动计划,支持市北高新区创建国家级高新区,全力构建"如鱼得水、如鸟归林"的创新生态。围绕企业需求,实行"政策+基金+平台"模式,打造科创企业全生命周期的政策体系。强化企业创新主体地位。大力培育创新企业,加快形成以科技型中小企业为基础、高新技术企业为主体、独角兽企业为标杆的培育梯队,力争年内高企保有量达420家,高新技术产业产值占比提高0.5个百分点。鼓励企业设立高水平研发机构,高效实施关键技术攻关"揭榜挂帅",到2022年底,万人发明拥有量超40件,全社会研发投入占比2.8%。支持企业组建产业创新战略联盟,进一步拓展校企合作渠道,开展产学研合作项目180项以上。加快集聚科创要素。用好用足人才新政"18条"和科创"20条",建立健全科技金融体系,持续增强优质科创要素吸附力。举办第二届"智汇崇川创新创业峰会",承办各类创新创业大赛。依托科技镇长团,与高校、科研院所深度合作,新增省双创人才(团队)12名以上、市江海英才25名以上。加快实施人才安居工程,全年提供人才公寓500套,做好教育、医疗等对接服务,让更多"千里马"在崇川区创新创业、竞相奔腾。

(二)建强现代产业体系

抓牢实体这一根本,以重大项目突破为抓手,以企业培育壮大为支撑,加快打造龙头强劲、产业链完整的现代产业集群,持续增强区域经济竞争力。更大力度突破大项目。深入开展"双招双引"突破年行动,加快建强招商队伍,聚焦重点区域、盯牢重点产业,全年举办主题招商活动12场以上,力争实现双招双引"1124"目标,其中十亿元以上重特大项目15个,二十亿元以上重特大项目不少于4个,力争五十亿和百亿级项目实现新突破。强化区领导挂钩联系机制,推进项目办实体化运作,确保项目建设提速增效,全年新开工十亿元以上重特大工业项目不少于11个、服务业项目不少于8个。更高标准培育地标产业。认真落实"产业强链"计划,围绕电子信息、智能装备、新材料等主导产业细分领域,实行"链长+链主"制,健全"六个一"引培模式,积极培育专精特新"小巨人"企业、隐形单项冠军。大力发展信创、车联网等战略先导产业,确保年产值增幅20%以上。以现代物流、科技、服务外包为重点,推动现代服务业和先进制造业融合发展。更优质量打造企业梯队。全面落实各项惠企政策,不断夯实首席服务员机制,全力推进"个转企""小升规",深入实施大企业培育计划,实施"数字赋能"工程,加快推进传统制造业"智能化、数字化"。启动"上市苗圃培育"工程,加大金融服务实体经济力度,全年组织"金企对接"活动40场以上,普惠金融贷款余额突破500亿元。

(三)增强内生发展动力

坚持把改革开放作为推动发展的关键一招,聚力重点突破、系统集成、聚焦市场所需、群众所盼,在服务和融入新发展格局上展现更大作为。全力激发市场活力。深化"放管服"改革,进一步降低市场准入门槛,实行"一址多照""一照多址",半天办结率超95%。持续抓好"证照分离"改革,涉企经营许可事项全覆盖清单管理。探索推进和谐劳动关系综合配套改革试点地区建设,努力争创国家级改革试点。全力推进跨江融合。深度融入长三角一体化,以更加积极的姿态参与江苏省"1+3"功能区建设,加快推动产业、科技、公共服务等领域协同发展,努力建设"北上海""新苏南"的"桥头堡"。以市北科技城为示范,鼓励支持产业园区接轨上海、跨江共建,在产业链构建上分工协作、优势互补,再打造3~4个合作样板。加快公共服务同城化,大力推进高频政务服务事项"省内通办""跨省通办"。全力提升开放水平。认真落实"双循环"战略,持续提升外贸中心服务功能,支持企业开拓海外市场、下沉国内市场,加快培育出口转型升级基地梯队。大力发展外向型经济,引导建筑、纺织等优势产业向"一带一路"沿线布局,精心举办南通名品海外行线上展会,争创国家级体育用品出口基地,确保外贸进出口额稳中提质。瞄准产业链关键环节,外资企业国民待遇,精准招引重大外资项目。

许陈萍

2022年4月

通州区民营经济发展报告

通州区发展和改革委员会　通州区工商业联合会

2021年是"十四五"开局、新征程起步之年,面对国内外形势的深刻复杂变化,通州区上下在区委、区政府的坚强领导下,紧紧围绕"更高质量建设长三角北翼具有影响力的产业腹地、创新智谷、城市绿洲、幸福家园,努力打造长三角一体化沪苏通核心三角强支点城市硬核区"的总要求,把推动民营企业发展作为强区之本,千方百计帮助企业排忧解难,不遗余力扶持企业转型升级,有效保持了通州区民营经济持续平稳健康发展的良好局面。

一、全区民营经济总体发展情况

2021年,全区个体工商户、私营企业户数、私营企业注册资本累计分别为109 804户、33 691户、1 811.2亿元,全年新增个体工商户26 468户,新增私营企业户数14 103户,全年新增私营企业注册资本465亿元。规模以上民营工业增加值增幅17.8%。引进投资额超千万元以上市外民营资本项目69个,注册资本68.89亿元,其中亿元以上项目13个。

二、主要做法及成效

(一)强服务,持续推动民营企业做大做强

自通州区民营企业服务中心成立以来,通过多样的政企互动方式,增强了政企联动、促进政企互信、增强企业信心、纾解企业困难。牵头开展了"企业吹哨,我来报到"主题活动,每月开展企业家沙龙、企业"对接超市"活动,面对面回应企业诉求。开展常态化企业走访服务,及时了解企业运行情况、收集汇总企业经营发展面临的问题和难点,强化跟踪服务指导。座谈会中对企业负责人提出的诉求,现场答疑解惑,对于不能解决的诉求

通过发函的方式反馈给相关部门，在规定时间内将答复反馈给相关企业负责人。

一是标准化服务项目推进。精准化收集项目信息。通过党政平台、南通信息快报等渠道收集通州区重大产业项目签约情况，强化部门与镇街的沟通交流，及时准确掌握重大项目信息，建立健全项目信息储备库，实行动态管理，定期了解项目前期工作进展情况，及时提供可行性评估等服务。聚焦重大项目报批报建、要素资源需求，实行"一项一策"精准服务、"马上就办"即时服务、"店小二"代办服务，切实提高服务效能。多次到镇街查看省市和集中开工项目建设情况、视频安装情况，在推进过程中积极宣传"碳达峰、碳中和"政策，对镇区园、项目方在重大项目推进中涉及的用地、能耗、环境容量等问题做好解释工作。

二是标杆化推动竞先发展。组织区内企业参加南通市委、市政府召开的全市民营经济发展大会暨第四届通商大会。会上对评选出的"张謇杯"杰出企业家、杰出通商、优秀民营企业进行了集中颁奖和表彰。通州区十家企业获评"优秀民营企业"的称号。此外，通州区广州丰纪源实业的董事长冯树君、南通四建集团名誉董事长、达海控股董事长耿裕华，获评杰出通商的光荣称号。

三是常规性开展培训活动。充分发挥张謇企业家学院教育培训民营企业家的独特作用，根据通州区16个重点优势产业链，摸排上报规模以上工业重点企业2021年张謇企业家学院各期参训名单，组织相关企业主要负责人参训10班次、150人。每月组织区民营企业参加南通市服务机构定期培训，组织重点企业参加南通市工信局"企业跨区域开展创新合作、产业协作、拓展市场"座谈会，组织25家企业财务负责人参加南通市"汇缴季企业的全税种涉税风险体检"公益知识讲座，真正让企业通过培训交流，提升市场研判、经营管理等各方面能力。

(二)强落实，持续推动民营经济稳中有进

一是加快推进政策落地落实。加强研究出台政策优化服务。先后研究出台了《关于鼓励外地员工留通过节的激励政策》《通州区盐业体制改革方案》《通州区优化完善经济高质量发展的若干政策意见》《2021年通州区企业减负工作要点》《通州区服务百企百日行动方案》。9月份,区委、区政府开展了"服务百企百日行动",活动呈现出领导重视、部门积极、组织有力、氛围浓厚、成效初显的特点,区领导率先垂范,实现了服务"百强"全覆盖,各牵头部门主动作为,十大专项行动有声有色,职能部门创新创优,形成了一批特色服务品牌,解决了一批企业发展中的痛点、堵点、难点问题。组织了推动经济高质量发展惠企政策集中宣讲,开展形式多样,层次丰富的送政策进基层、进企业的活动。百强企业为通州区工业经济稳增长发挥了压舱石作用,从而稳定了通州区经济基本盘。做好政策定向宣传及申报,完善政策推送工作,形成"惠企政策汇编",并印刷成册,及时分发到企业手中,为企业详细解读、答疑解惑,全面提高企业对省、市、区相关惠企政策的知晓率和使用率。

二是加快做好企业疫情防控。为引导企业加强2021年元旦和春节期间新冠肺炎疫情防控工作,制定了《关于鼓励企业稳员工促增长的若干措施》,给予企业专项补贴538万元、一次性奖励315万元、接运包车补贴35万元以及房租减免、优先接种新冠疫苗等专项扶持,推动减税降费、稳员工促增长等减负措施落到实处。同时,围绕通州区主导产业、重点支柱产业,全面梳理重点产业链,排出龙头企业、骨干企业、重点项目清单,加强各镇区园街道、区条线部门协同联动,积极创造条件,帮助协调企业发展过程中出现的问题,推动产业链配套企业协同发展。

三是加快清理拖欠中小企业账款。为推动《江苏省中小企业促进条例》贯彻落实,大力推动通州区民营企业平稳健康发展,通州区积极清理拖欠中小企业账款工作,通过加强组织领导和健全工作机制,全面开展排查。按要求建立账款台账和清偿计划,扎实推进清欠工作,共排查解决三项欠款,进一步强化投诉核办,有效维护了民营企业的合法权益。

(三)强创新,持续推动民营企业竞争力攀升

一是专精特新培育力度不断加强。推进中小企业创业创新示范基地和省级中小企业公共示范服务平台建设,强化企业基本情况摸排和在库企业动态管理。完善专精特新培育后备库,加大组织宣传力度,全面发动乡镇、企业,加快推进千企升级入库工作步伐,做到应入尽入,千企升级入

库企业达209家。高效指导服务，开展专精特新企业专项调研活动，了解专精特新企业发展现状和企业诉求。建立一员一企服务制度。积极开展申报辅导，一对一服务，点对点指导，了解实际情况，解答申报困惑。2021年，新增国家级专精特新2家，省级专精特新6家。

二是创新主体不断壮大。新认定高新技术企业120家、市级科创企业25家。科技型中小企业入库508家。入选省科技型企业上市培育计划4家、市产业创新"揭榜挂帅"攻坚计划项目1个。获评省农业科技型企业1家。新增省市级企业工程技术研究中心26家，其中省级8家。完成高新技术产业产值470.4亿元，占比41.9%。全社会研发投入占比2.69%。

三是创新载体能级提升。通州区获评省工信厅"省制造业创新转型成效明显地区"，南通市高新区获评省"实施创新驱动发展战略、推进自主创新和发展高新技术产业成效明显的地方"。江海智汇园、江海圆梦谷等孵化器、加速器功能提升，联港众创空间建成省级众创空间，为小微企业、民营企业培育提供更好的载体和孵化空间。国家集成电路零部件产业园落户重大项目4个。中国（南通）知识产权保护中心开通运行，月均业务量及处理能力居全国同类中心前列。

三、2022年民营经济工作重点

2022年，通州区将坚持以习近平新时代中国特色社会主义思想为指导，全面贯彻党的十九大和十九届历次全会精神，深入贯彻习近平总书记对江苏省工作重要指示精神，按照中央经济工作会议和省、市、区委部署要求，继续扎实推动通州区民营经济蓬勃发展。

（一）持续完善民营企业服务体系

继续发挥好区民营企业服务中心广泛联系民营企业的优势，加强部门间的合作联动，及时回应民营企业诉求，积极为民营企业提供优质高效便捷的服务，优化服务平台，增加服务频次，提升服务水平，坚持把服务活动开展作为服务民营企业的主要方式，定期联合服务机构组织开展服务企业活动，坚持"稳字当头、稳中求进"的工作总基调，深入实施产业倍增、小微工业企业列规增收等系列专项行动，倒排序时、抢抓节点，实施"挂图作战"，逐旬逐月跟踪指标进度，及时对标找差、传递压力，按序时保质保量完成各项目标任务，促进民营经济实现高质量发展。

(二)持续推动民营企业创新发展

一是实施创新驱动战略。推进大众创业、万众创新，有效放宽民营资本准入范围，积极培育江苏省小型微型企业创业创新示范基地和中小企业公共服务平台，重点培育一批融合创新示范企业，培育企业人才队伍建设。二是实施专精特新战略。强化专精特新"小巨人"企业、单项冠军企业培育，鼓励支持民营经济"个转企"、"微升小"、"小升规"、"规改股"、"股上市"。三是坚持"稳字当头、稳中求进"的工作总基调，深入实施产业倍增、小微工业企业列规增收等系列专项行动，倒排序时、抢抓节点，实施"挂图作战"，逐句逐月跟踪指标进度，及时对标找差、传递压力，按序时保质保量完成各项目标任务。三是实施智改数转，全面促转型提成效。做优做强实体经济，促进数字经济与实体经济深度融合，全面启动"智改数转"三年行动计划，聚焦打造骨干企业典型示范、加快中小企业数字化转型、推动产业链群协同升级、提升园区数字化水平、加大诊断服务力度、深化应用场景推广、加速智能硬件和装备突破、加快新型基础设施建设、严格工业信息安全要求九大重点任务。力争通过三年时间，确保实现通州区规模以上工业企业"智改数转"全覆盖，新上项目应用智能化和数字化生产管理体系全覆盖，实现通州区制造业数字化、网络化、智能化水平显著提升，制造业综合实力显著增强。四是鼓励民营企业积极与在苏高校、科研院所构建产业技术创新战略联盟，联合建立研发机构，共同承担重大科技项目，以产学研紧密结合的方式提升自身企业创新能力，促进科技成果不断向现实生产力转化，切实提高产品科技含量，增强通州区民营企业的国内外市场竞争力。

(二)持续加大培训力度提升企业管理水平

邀请专家面向通州区民营企业服务平台机构，开展民营企业服务体系建设能力提升培训，全面提升服务能力；加强民营企业管理水平多轮培训工作，坚定民营企业家发展信心，组织企业家和创业者学习新常态下组织推进工业经济的新理念、新思路，为企业家和创业者提供实用有效的培训与管理咨询解决方案；组织企业参与各类产业协作配套对接会，为企业供需双方提供对接平台。组织重点企业家到先进地区学习发展总部经济、服务制造化、智能制造、做大做强的好做法好经验,不断提升民营企业的管理水平。

(四)持续优化营商环境

一是落实《通州关于构建新型政商关系的意见》,围绕完善政商联系沟通机制、提升涉企服务保障水平、规范党政部门服务行为、强化监督执纪问责等方面提出明确要求,不断优化经济发展的政策环境、法治环境、市场环境和社会环境,释放经济社会创新活力。二是认真宣传和传承习总书记提出的"张謇精神",努力培育一批"张謇杯"杰出企业家和"知名产品、知名企业、知名企业家"的"三名"人物,加强对优质企业、优秀企业家、示范项目重点宣传、跟踪报道,有效发挥他们的示范引领作用,在全社会进一步营造尊重、支持民营企业健康发展的良好氛围,鼓励更多社会主体投身创新创业。三是构建亲清的新型政商关系,厘清廉洁守法底线,坚持规范企业服务,提升服务效能,形成良好的政企互动。

徐 珂 崔 巍

2022 年 4 月

海门区民营经济发展报告

海门区工商业联合会

2021年,海门区民营经济紧扣高质量发展主题,定位"高质量对接沪苏、高质量优江拓海、高质量融入南通主城",聚力"三个高质量"、实施"五大新工程",以"经济总量全省进前十"为己任,以高质量发展"南通保第一、全省争进位"为目标,狠抓各项措施落实,加快建设以创新发展为引领、转型升级为支撑的中小企业、民营经济发展体系,进一步在新起点上推动全区民营经济高质量发展,在新机遇上提升了中小企业专业化能力和水平,打开了民营经济发展新格局,实现中小企业发展新跨越。

一、基本情况

(一)民营经济总体平稳发展

小规模纳税人、个体工商户数量稳步上升。新增小规模纳税人5 872户;新增一般纳税人1 738户;新增个体工商户10 173户;新增私营企业4 188家。全年目标完成率达111.68%。四项指标完成率均超100%,超额完成南通市下达的任务要求。

(二)民营企业规模体量再上新台阶

2021年,应税销售超十亿元大企业(集团)18家,较去年增加3家,其中超二十亿元达到10家。全年新增规模企业138家,2021年全区新增规上服务业企业84家,位列南通十县(市、区)第一。

(三)民营企业培优做强见成效,专精特新培育取得新成绩

通光集团获评制造业单项冠军产品,森达装饰等5家企业获评省级专精特新"小巨人"企业,慧聚药业等26家企业获评市级专精特新"小巨人"企业。目前,区制造业单项冠军企业(产品)3家(个),国家、省、市级专

精特新"小巨人"企业分别有1家、20家和52家,获评数创历史新高。

(四)民营企业奖励政策全部落地兑现

2021年度工业百强企业、服务业十强、新进规模企业、次年增长奖、龙头企业扩大规模、智能车间建设等各类奖励资金全部兑付完成,惠及企业600余家。

二、民营经济工作成效

(一)民营企业人才培育方面

加大民企人才培育力度,促进人才高地建设。根据《海门区高质量服务企业"十个一"工作机制》要求,结合企业需求,围绕经营能力、管理水平、专业技能提升等方面为企业量身定制专场培训会等活动,常态化为企业提供各类培训活动。联合科技局、生态环境局等部门为企业个性化定制科技企业创新奖励政策宣讲、新固废法解读等系列专场培训活动,近200家企业,200余人次参训;联合华为(海门)数字经济创新中心共同主办"新智造、新发展——为制造业数字赋能"专场线上沙龙直播活动;推荐通光集团、澳斯康生物等4家企业主要负责人赴武汉市参加南通市民营企业高质量发展研修班;厚植成长土壤,大力培育"张謇式"企业家群体,牵头开展"张謇式"优秀企业家评选活动,选树各行业先进典型,弘扬优秀企业家精神,激发企业家社会责任感、使命感和荣誉感,形成"尊商、爱商、亲商"的良好社会风尚。组织推荐优秀民营企业家参加南通张謇企业家学院培训,南通张謇企业家学院已开办9期,全区130余家企业主要负责人参培;弘扬企业家精神,树立优秀民营企业家典型,充分发扬杰出民营企业家的引领示范作用,激励广大企业家传承先贤张謇的实业报国精神,做大做强南通商品。115家优秀企业赴南通市参加民营经济发展大会暨第四届通商大会,开展"争做'张謇式'企业家"大型南通市优秀民营企业家系列访谈活动。对艾郎风电、沪海金属、澳斯康生物、通光集团等7家优秀企业的企业家进行现场专访。为增强企业家荣誉感,褒扬优秀企业家精神,相关采访内容通过连载方式在"海企通"APP、微信公众号等平台进行宣传推广。

(二)民营企业产业转型方面

鼓励民营企业延伸产业链,加速构建"12+2"产业链格局,目前12条工业产业链和2条生产性服务业产业链已集聚,规模以上企业653家和166家。创新转型成效显著。联泓、招商局重工2个产品认定为省首台(套)重大装备及关键部件(累计11个)招商局邮轮绿色环保双体旅游客船等5个产品认定为市首台(套)重大装备及关键部件(累计达19个)。通光集团获评国家级企业技术中心(南通唯一,累计2家),上海建工获评省级企业技术中心(累计达25个),通光线缆获评省级企业工程研究中心(累计7个)。深入推进两化融合。新建5G基站781个,累计达1 250个。获评招商局重工船舶海工管子生产车间、金轮金属针布冲淬智能制造车间、博腾智能化纺纱车间等省市级智能车间18个(南通最多,累计29个)。新增上云企业50家,其中省星级上云企业13家,8家企业获评市级工业互联网融合创新试点示范企业。绿色发展增势赋能。8家沿江化工企业全部关停,其中7家企业已基本完成设备拆除,英力科技拆除完成约30%工程量。推进绿色制造体系建设,容汇锂业成功创建省级绿色工厂。精准开展能耗双控,合理编制节能降耗方案,预计全年单位GDP能耗同比下降1.39%。

(三)民营企业资本招引方面

民营企业招引工作坚持立足产业基础,以产业集群为发展重点,大力实施精准招商。聚焦主导产业,重研究,促招引。今年,全区以"顶天立地"的重大产业项目和"铺天盖地"的科创项目为抓手,精心组织到民营资本富集的地区开展招商活动,招商引资成效显著。全区共签约项目116个,总投资1 727.09亿元,其中超十亿元重特大项目60个,超五十亿元项目5个,超百亿元项目4个;签约超亿美元外资项目11个,签约专精特新科创项目44个;签约总部经济项目8个。成功举办经贸投资洽谈会和各类专题招商活动30余场。针对重点地区,先后在南京、上海、深圳等地举办投资环境说明会;针对重点产业,先后举办ICT(信息与通信技术)、生物医药、机器人等产业链招商活动;针对重点方向,先后举办上市企业发展论坛以及针对科创项目、外资项目、楼宇(总部)经济项目等主题招商活动。借助专业载体平台招商渠道,联合实施招商活动,精准对接优质项目。与平谦国际在上海联合举办了针对欧美企业的主题招商推介会,精心筹备了500人规模的"2021海门外商投资促进洽谈会"。平谦国际成功招引德国柯尔柏机械、香港海赢新材料、日本派盾机器人、恒洁利流体设备等项目,另有一批优质外资项目正稳步推进,产业契合度显著提升。

(四)民营企业营商环境方面

制定了《实体经济高质量发展》《企业培育"领航""引航""护航"计划》《鼓励企业留工稳产 护航"开门红"十项措施》等政策意见,组织开展涉企奖励申报、发放工作,已兑现工业百强企业、扩规、首次进规、成药、总部经济、开拓市场、工程研究中心等奖励合计6 702.67万元。4个保障性安居工程项目获中央预算内资金1.19亿元,申报政府专项债项目额度共计8.83亿元,东布洲学校和张謇纪念馆扩建项目成功获得上级信贷支持,额度共计4.9亿元。制定集聚人力资源政策,拟定《楼宇(总部)奖励办法》,设立华为(海门)数字经济创新中心专项资金,支持企业数字化改造。围绕巩固核心企业支撑能力、增强中小企业发展动力、提升民营企业创新能力、激发企业对外开放活力,提升加强调研,研究对策。依照《关于促进实体经济高质量发展的若干政策意见》《关于构建亲清新型政商关系的指导意见》《关于建立海门区民营企业诉求直通车服务工作机制的通知》等政策和文件,加大宣传推广力度,确保各类惠企助企政策落实落细,鼓励民营企业用好政策、增强信心。完善平台服务,"海企通"APP平台新增"就医、就学申请绿色通道"、"人才服务"等功能,协同推进"一网通办、一站服务"的线上平台和线下服务中心建设。突出精准服务,利用"海企通"APP线上服务平台,以在线化、数据化的方式为企业提供精准服务。38家高质量服务企业领导小组成员单位指派专人共同运维"海企通"APP平台,为企业提供信息发布、项目申报等各类线上服务。强化对企业运行、发展中遇到的瓶颈性问题的破解,区高质量服务企业发展工作领导小组,明确专人联系挂钩企业,同步按照"三端融合"助企服务机制,以企业家微信群、企业服务热线、"海企通"APP平台三端为载体,以"第一时间收集梳理、第一时间分类交办、第一时间协调解决、第一时间跟踪反馈、第一时间评估通报"5个"第一时间"及时引导、服务、支持民企,破解一批困扰民营企业发展的重大难题,为民营企业高质量发展扫清了障碍。深入开展"进企询访""深度服务企业直通车""面对面大走访"活动,定期走访、调研新增长点企业、应税销售负增长企业,帮助企业协调解决涉及土地、用工、融资、信息化建设等方面的困难和问题。根据国务院颁布的《保障中小企业款项支付条例》,贯彻落实中央、省清理拖欠民营企业、中小企业账款相关文件精神和南通市《关于进一步做好清理拖欠民营企业中小企业账款工作的实施方案》要求,全面落实,保障民营企业、中小企业的合法权益,自2018年以来,全区机关、事业单位和大型企业,因业务往来与民营企业、中小企业形成的逾期欠款累计66个,其中自查出62个,总计累计清付5 339.52万元,清付率为100.0%。通过举报投诉和上级转办途径收到的拖欠问题4起,逾期欠款总计174.32万元,累计清付174.32万元,清付率为100%。截至年底,区原有清欠问题全部清付解决,未有新欠款问题发生,促使全区民营企业和社会经济平稳发展。

三、2022年工作思路

2022年,是海门区扛起社会主义现代化示范区建设新使命,开启"强富美高"新海门建设新征程的践行之年,我们将聚焦实体经济总量与质量"双提升"的主要目标,重点围绕培育专精特新和"链主"企业、推动企业上市、加快数字化智能化改造等方面进行创新实践。

(一)坚持多措并举,力促实体经济倍增

实施工业倍增计划。坚持把实体经济作为海门区发展的重要支柱,以"企业、产业、企业家"三维共振为根本举措,以优化营商环境为重要保障,全力推动工业应税销售和规模工业企业三年实现双倍增,2022年,规模工业应税销售力争突破1 300亿元,增幅不低于30%,规模以上工业产值增幅超26%,在库规模企业达1 000家。深入开展企业争先晋级评比,构建企业梯次成长格局。2022年,应税销售超十亿元工业企业力争达25家。注重企业创新发展。突出创新在实体经济高质量发展中的核心地位,力争新培育制造业单项冠军企业及国家级专精特新"小巨人"企业2家;新创建省市级企业技术中心6个、省级工程研究中心3个,新认定省市级首台(套)产品5个。坚持把数字经济作为转型发展的关键增量,加快推进产业数字化、数字产业化,大力推动工业互联网创新发展,加快形成"新基建+新经济+新制造"样板,推进5G技术在龙头企业融合创新,全年力争新建市级以上智能车间10家,上云企业20家。

(二)着力优化平台,营造一流营商环境

完善服务平台建设。持续优化"海企通"线上服务,围绕企业关注的"用工难、融资难"问题,更新升级"人才服务""惠企金融"板块功能,实现企业招聘与求职需求精准匹配、银企贷融资需求精准对接。注重优秀企业家培育。深入开展"张謇式"企业家培育工程和评选活动。与苏商会、华为(中软国际)等第三方机构对接,联合开展各类涉企服务活动。依托南通张謇企业家学院,组织有"充电"需求的企业家进行短期集中培训,提升企业家管理能力和综合素质,锻造一支干事创业的优秀企业家队伍。

(三)完善挂钩机制,扫清企业发展障碍

建立涉企服务职能部门挂钩企业服务制度。建立企业服务专班,明确企业服务专员,多渠道多方式保持与挂钩联系企业沟通交流,全面了解和掌握挂钩联系企业经营或项目进展情况,进行一线指导,现场解决问题。定期召开挂钩联系企业(项目)问题专题会,研究协调解决企业经营或项目进展中的突出问题。建立下沉式走访服务企业机制。坚持沉到基层、深入一线、走进车间、服务企业,做到"无事不扰,有事上门"。同时,要力戒形式主义和官僚主义,轻车简从、减少陪同、简化接待,坚决杜绝"打官腔"、"搞套路"、"扎堆"式调研、"大呼隆"式走访、"大企业走访多、中小微企业走访少"等现象,不给企业和基层增加负担,不影响企业正常生产经营活动。建立多元化政企沟通座谈制度。建立党委、政府、部门与企业、商(协)会分场次、有计划、有重点的沟通协商制度。充分发挥工商联等部门以及行业协会商会的桥梁纽带作用,加强与企业的沟通、会商和交流。依托各部门企业服务微信公众号平台、政企微信群、"海门海企通"等现代化信息手段,增强沟通方式的多样化和时效性,实现政企"微"距离接触、"零"距离交流。

徐 婷
2022年4月

南通经济技术开发区民营经济发展报告

南通经济技术开发区经济发展局

南通经济技术开发区商会(工商联)

2021年,南通经济技术开发区在开发区党工委、管委会的正确领导下,聚焦高质量发展、聚力内资招商、平台夯实、项目提速、要素完善等重点工作,进一步强化组织保障,提升服务水产,全区经济暨民营经济发展良好。

一、2021年南通经济技术开发区民营经济概况

2021年,开发区在市委、市政府的正确领导下,坚持以"产业标杆、创新高地、开放示范、效率窗口"为新定位,以奋力建设"主导产业现代化、产城融合国际化、跨江发展一体化,最具竞争优势的长三角一流开发区"为新目标,全力推动新一轮高质量发展。全年完成地区生产总值842.4亿元,增长9%;一般公共预算收入67亿元,增长13.6%。

当前,民营经济已经成为全区经济发展重要支撑,形成了电子信息、纺织、装备制造等一批特色板块,涌现了中天科技、罗莱生活科技、安惠生物等一批知名企业。全区私营企业1.9万余家,比年初增长5.5%;个体工商户3.3万余户,比年初增长3.1%;规模以上民营企业563家,占规模以上企业总数69%;营收超亿元的民营企业150家,其中超十亿元10家。

二、2021年民营经济重点亮点工作

(一)优化民营企业发展环境

牢固树立一切围绕企业转的服务理念,精准施策、靶向施策,化解难题、消除障碍,让民营企业一心一意谋发展。

一是优化市场环境,确保公平竞争。强化行政执法监督力度,制定《2021年度行政执法监督检查工作计划》,围绕资源环境、安全生产、食药安全、城市管理等重点领域,对法律法规规章执行情况和行政执法规范化情况进行监督检查。制订行政执法案卷评查标准,进一步规范行政执法行为。全面执行行政执法公示规定、执法全过程记录规定、重大执法决定法制审核规定,聚焦行政执法源头、过程、结果等关键环节。"双随机、一公开"监管全面实施,实现抽查事项"全覆盖"。坚持"以公开为常态、不公开为例外"原则,信息公示不断加强。

二是完善政策环境,确保精准有效。

1. 聚焦审批提速。以公正透明高效为目标,大力推进不见面审批、企业信用承诺不再审批试点、"证照分离"改革试点等改革试点工作,加快推动审批事项线上"一网通办"、线下"只进一扇门"、现场办理"最多跑一次",形成推动民营经济发展"加速度"。目前全程电子化登记率70%,"照章联办集成服务"大力推行,区政务服务平台不断完善,营商环境整体水平不断夯实。

2. 拓展融资渠道。大力推进银政企深度对接,发挥政府基金扶持作用,支持银行普惠金融发展,推进企业接入金融综合服务平台,帮助企业与银行、小贷、担保、融资租赁等金融机构对接,帮助企业特别是民营中小微企业,拓宽融资渠道,解决融资问题。

3. 强化要素保障。加快大数据产业园东区基础建设,推进金属制品园区建设,完善能达商务区楼宇经济载体功能,积极推进工业综合体规划建设,为民营企业打造专业化平台。继续深入开展低效闲置用地专项清理,加快盘活存量用地,为民营经济发展腾出发展空间。大力推进民营企业用工跟踪服务机制,依托区内4所高职院校实行产业工人"订单式"培养,加强与陕西城固人社部门对接,加快富余劳动力引入,保障企业用工需求。

4. 优化培育政策。全面贯彻落实国家、省、市关于降低实体经济成本,促进民营经济高质量发展的政策意见及对应实施细则,最大限度为企业松绑减负。全面梳理区内促进科技创新创业等一系列扶持政策,在减费降税、要素配置、破除障碍等方面形成有支撑力、有竞争力的政策体系。

5. 建立清欠机制。全区提高政治站位,强化组织领导,健全工作机制,把清欠工作摆在全局工作突出位置。成立党工委、管委会主要领导为组长,各责任部门主要负责人为成员的区促进中小企业发展工作领导小组,清欠工作分工负责,整体联动。区属相关公司严格按照合同约定时间和付款条件,及时拨付相关款项。区财政局做好资金统筹和调度工作,国资办督促区属相关公司切实履行合同主体责任,确保不发生新增拖欠。

三是健全法治环境,确保平等保护。加强权益保护,依法妥善处理涉及民营企业的诉讼、破产、执行和历史遗留问题等,依法打击侵害民营企业及经营者自主经营权、人身权、财产权、知识产权的违法犯罪行为。成立非公有制经济产权保护协调工作小组,建立产权保护联席会议制度,对政府机构与企业、企业家之间产权纠纷问题、相关纠纷问题没有通过司法程序处理或是法院虽已判决但因各种因素长期未能执行的案件进行排查整改。公安分局建成全省领先、全市唯一的一站式执法办案管理中心;检察院强化涉及民营经济领域诉讼活动监督,依法保护企业合法权益和正常经济活动;法院开展涉民营企业长期未结诉讼案件和久押不决刑事案件专项清理工作,深入推进执行联动机制建设,高质高效办理民营企业执行案件。

(二)引导民营企业创新转型

大力支持民营企业加快转型,提升自主创新能力,不断释放民营经济发展活力。

一是支持民营企业加强技术创新。充分发挥经济发展局、人才科技局、科技镇长团组织、专业优势,在政府财政资金支持、国家高新企业申报、企业研发机构建设、产学研深度对接等方面给予扶持倾斜,引导民营企业开展技术创新、加大技改投入、加快产业补链,进一步加快新产品研发、新技术运用和新设备更新,不断提升核心竞争力。

二是支持民营企业加快品牌创新。紧盯现代纺织、生物医药、电子信息、船舶海工、智能装备等民营经济特色板块,引导民营企业牢固树立品牌意识,加快实施商标战略和标准战略,以名牌企业、名牌产品为依托,培育、扶持、打造一批区域品牌,提升产业、产品在国内外市场知名度和占有率。

三是支持民营企业加快优化重组。引导民营企业解放思想、更新观念,通过兼并重组、强强联手、股份合作等多种形式,加快上市步伐。推动一批虽业绩不达标但是具有进口替代、核心技术等概念的科技型、技术性企业,促成其登陆资本市场,实现跨越发展。继续深入实施企业"培大扶强"工程,全力推动中天科技、罗莱生活科技等龙头企业向百亿级迈进。遴选50家竞争能力强、发展增速快、创新潜力大的民营企业,加强分类指导,开展精准帮扶,鼓励抱团发展,推动其加快晋升大企业、大集团行列。

(三)营造民营企业发展氛围

大力宣传民营企业家在区投资创业、规模发展、服务社会鲜活事例、先进事迹和典型样本,认真总结梳理宣传一批典型案例,发挥示范带动作用。召开企业发展大会,围绕纳税贡献、科技创新、产业拉动、转型升级、吸纳就业等方面,集中表彰一批优秀民营企业、民营企业家,营造尊重和激励民营企业家干事创业的浓厚氛围。重视民营企业家素质提升及代际传承,实施民营企业家培训工程,引导民营企业家健康成长。

三、推动民营经济高质量发展举措及思路

(一)更大力度抓培育

优化政策抓培育,全面贯彻落实省政府实体经济降低成本"28条"、市委办公室、市政府办公室印发《"万事好通"南通营商环境优化提升举措66条》对应实施细则,最大限度为企业松绑减负,提升民营企业营商环境;全面梳理区内促进科技创新创业等一系列扶持政策,在减费降税、要素配置、破除障碍等方面形成有支撑力、有竞争力的政策体系。做大规模抓培育,继续深入实施企业"培大扶强"工程,全力推动中天科技、罗莱生活科技等龙头企业向百亿级迈进;遴选50家竞争能力强、发展增速快、创新潜力大的民营企业,加强分类指导,开展精准帮扶,鼓励抱团发展,推动其加快晋升大企业、大集团行列,力争2022年应税销售超十亿元、五十亿元、百亿元民营企业分别达20家、15家、3家。彰显特色抓培育,紧盯现代纺织、生物医药、电子信息、船舶海工、智能装备等民营经济特色板块,持续加大民资招商力度,引导民营企业加大技改投入、加快产业补链,实现专精特新发展,力争2022年形成百亿级民营特色产业板块达4个。

(二)更大力度促转型

大力支持民营企业加快转型,提升自主创新能力,不断释放民营经济发展活力。狠抓技术创新促转型,充分发挥经济发展局、人才科局、科技镇长团组织、专业优势,在政府财政资金支持、国家高新企业申报、企业研发机构建设、产学研深度对接等方面给予扶持倾斜,引导民营企业开展技术创新,进一步加快新产品研发、新技术运用和新设备更新,不断提升核心竞争力,力争2022年民营企业市级以上研发机构突破215家。狠抓模式创新促转型,引导民营企业解放思想、更新观念,通过兼并重组、强强联手、股份合作等多种形式,加快上市步伐,进军资本市场,实现跨越发展,力争2022年民营上市企业达8家。狠抓品牌创新促转型,引导民营企业牢固树立品牌意识,加快实施商标战略和标准战略,以名牌企业、名牌产品为依托,培育、扶持、打造一批区域品牌,提升产业、产品在国内外市场知名度和占有率,力争到2022年新增中国驰名商标3个、省长质量奖1个、省市级名牌产品30个。

四、民营企业生产经营过程中面临的主要困难和问题

(一)生产成本持续攀高

原材料价格波动较大,企业融资成本高,市场销售疲软,产成品库存数量上升较快;同时,用工成本上涨,职工工资待遇持续提高,社保、医保等费用相应增加,利润空间受"多重挤压",导致企业生存空间缩小。

(二)市场前景不容乐观

因对市场和投资预期不稳定,部分企业已出现订单减少、开工不足等状况。

(三)企业"融资难、融资贵"仍未得到缓解

企业普遍规模小,缺乏抵押资产,且有效担保不足;同时经营管理水平不高,市场行为不规范,财务管理不健全,依法经营、诚信观念不强,导致银行贷款意愿不高,企业"融资难、融资贵"问题仍未得到有效缓解。

(四)企业自主创新能力较弱

企业普遍存在资金、人才和高端技术匮乏的问题,导致企业技术创新整体实力弱,拥有自主知识产权的核心技术少,产业关键技术受制于人;企业尤其是规模以下小微型企业大多尚未建立起完善的产品质量与技术标准体系,自主创新能力较弱。

王 慧

2022年4月

专题篇

弘扬张謇企业家精神
唱响新时代通商品牌

南通市工商业联合会

2020年在企业家座谈会和视察南通市时,习近平总书记两次提到张謇,称赞他是"爱国企业家的典范""民族企业家的楷模""民营企业家的先贤"。作为张謇精神发祥地,并处于发展窗口期的南通市,大力弘扬张謇企业家精神,唱响新时代通商品牌,对凝聚"建设大门户、同奔共富路"的奋进力量,谱写"强富美高"新南通建设现代化篇章具有现实意义。围绕这一课题,市工商联赴县(市)区、商会和企业开展专题调研,形成一些思考。

一、弘扬张謇企业家精神,通商品牌效应日益显现

近年来,市委、市政府高瞻远瞩,一手着力构建"如鱼得水、如鸟归林"的一流创业创新生态,一手积极培育"强毅力行、通达天下"的通商群体,特别是总书记视察南通市之后,迅速掀起学习、弘扬张謇企业家精神的热潮,为民营经济"两个健康"和全市经济高质量发展,为提升南通市在全国的知名度和美誉度注入强大动力,通商品牌效应不断显现。

(一)弘扬张謇精神系列活动产生全国影响

率先设立企业家日。2016年,市十四届人大常委会第33次会议决定将每年5月23日确定为"南通企业家日",在全国率先形成尊重、支持企业家发展成长的制度性安排。每年开展"张謇杯"杰出企业家、杰出通商等系列评选活动,"十三五"期间,共评选出6位"张謇杯"杰出企业家、31位杰出通商,以及40位南通市改革开放四十年优秀民营企业家。高起点建设张謇企业家学院。第一时间贯彻落实总书记重要讲话精神,成立张謇企业家学院,按照"立足南通、面向全省、服务全国"的定位,着力培育具有

"爱国情怀、开放胸襟、创新精神、诚信品格、社会责任"的"张謇式"企业家群体,努力打造新时代企业家队伍建设和教育培训基地、民营经济人士理想信念和爱国主义教育基地。学院自今年1月成立以来已培训民营经济人士近万人。连续举办张謇精神的时代意义年度论坛。市委、市政府积极争取中央国家机关支持,邀请国内知名专家、学者、企业家连续四年举办高规格论坛,让张謇和张謇精神逐步进入公众视野,引起社会高度关注,由此提升张謇所代表的通商品牌的知名度和影响力。

(二)民营经济发展水平位居全省前列,规模总量稳定增长

"十三五"末,全市民营经济增加值占GDP的比重达到70%,入库税金占全部税收的比重超过80%,民营企业吸纳职工数占城镇就业人口比例超过90%。个体工商户累计达76.46万户,私营企业达24.59万家,私营企业注册资本达15 970.12亿元,较之"十二五"末分别增长63.34%、41.81%和104.33%;规模以上民营工业企业达4 380家,占全市规模以上工业企业的83%,全市民营经济主要经济指标连续多年位居全省前列。发展质态不断提升。中天科技、中南控股等14家企业跻身中国民营企业500强,32家企业入围江苏民营企业200强榜单,在省内位次均列第三。16家企业获评全国制造业单项冠军(产品),13家企业成为国家级专精特新"小巨人"企业,数量在省内均处于第一方阵。产业集群支撑有力,全市共有百亿级民营特色板块28个,省市级特色产业基地49个,16条优势产业链竞相发展,"十三五"期间重大项目数量、投资规模创历史新高,全市共引进投资超亿元民资项目1 600余个,为民营经济和产业板块可持续发展注入澎湃动力。

(三)在外通商的影响力不断扩大

在外通商队伍日益壮大。"哪里有市场,哪里就有通商",紧随市场经济大潮,一批批通商走出家乡,走向全国,走向海外,目前已涉足世界120多个国家和地区,通商队伍总人数已超过50万,其中在国外发展的通商超过6万。同时,通商"走出去"的领域不断拓宽,层次不断提升,从最初的家纺贸易、建筑劳务,逐步拓展到矿产开发、能源投资、房地产开发、产业园区建设等,已经成为当地经济社会发展的重要力量。省外南通商会组织

蓬勃发展。目前,已在国内上海、天津、深圳、成都、武汉、西安等30个城市建立南通商会,各县(市)区也推动建立在外商会50多家,海外商会更是在全省独树一帜,先后在美国、日本、南非等国家和地区建立南通商会43家,为更大力度宣传通商,更大范围唱响通商品牌提供了坚强组织保障。2017年,首届通商大会期间,通商总会正式成立,成为我市覆盖区域最广、联系通商最多、综合性最强、体量最大的商会组织,进一步扩大了通商的品牌影响力。

(四)通商精神的文化内涵更加丰富

通商精神起源于通商鼻祖张謇先生创办大生企业集团、建设中国近代第一城的伟大实践,形成于南通市先民拓荒垦殖的历史进程,是广大通商不惧艰险、不懈奋斗的智慧结晶。2017年5月,市委、市政府正式发布"强毅力行,通达天下"为新时代的通商精神,"以强毅之力行其志"是南通市近代企业家走向成功的法门,是当代通商最为鲜明的个性特征。近年来,面对复杂多变的国内外经济环境以及疫情持续的影响,广大通商坚定信心,攻坚克难,用新的业绩不断诠释新时代通商精神。2020年11月,习近平总书记亲临南通市视察并赞扬张謇是民营企业家的先贤和楷模,"爱国情怀、开放胸襟、创新精神、诚信品格、社会责任"五种精神阐述在南通市乃至全国引起热烈反响,进一步丰富了新时代通商精神的文化内涵。

二、制约通商品牌效应放大的主要因素

虽然通商品牌培育取得积极成效,认知度、影响力不断提升,但也存在一些值得关注的问题。

一是"有高原缺高峰"

经过长期发展和积累,通商企业已具有较强的发展基础和实力,但与省内外先进地区相比,在行业内具有广泛影响力、在产业链上具有较强带动力的领军型企业还不多,全市营业收入500亿元以上的制造业企业仅有1家,100亿元以上企业仅有6家。受历史条件制约,通商企业家的视野格局和综合素质还不够高,企业家专业化、现代化管理水平有待提升;对张謇企业家精神的理解仍停留在浅表层面,缺乏深刻领会和实际践行。

二是"有产业缺硬核"

通过推进产业集聚和转型升级,产业能级明显提升,但传统产业比重依然偏大,新兴产业做大做强尚需时日,产业创新能力不强,尤其是缺乏一批具有自主知识产权的硬核科技。去年,全市战略性新兴产业产值占规模以上工业总产值的比重为35.6%,低于全省平均2.2个百分点;全社会研发投入占GDP的比重为2.6%,比全省平均低0.25个百分点;万人发明专利拥有量、科技进步贡献率分别居全省第六、第五位,与南通市在全省的经济地位还不相匹配。

三是"有政策缺精准"

支持民营企业发展政策力度不断加大,对于通商企业发展起到了很好的保障和促进作用,但也存在着靶向不够精准、措施不够具体、企业家知晓度低等问题。在2020年全国296个营商环境城市中,南通市排名44位,位列江苏省第四,但与南京、苏州等仍有较大差距。据《2020年中国营商环境评价报告(南通市)》显示,南通市在审批服务便利化、劳动纠纷风险预警防控、招标投标领域信用体系建设、创新创业环境、供电可靠性等方面仍有一定改善空间。

四是"有氛围缺合力"

培育通商品牌和弘扬通商精神的意识不断增强,但部门联动仍显不够,合力尚未形成。通商品牌传播路径和交流平台单一,在南通城市形象的宣传和展示中,没有得到充分体现;县(市)区板块存在严重,县级层面对"通商"品牌认可度不高;通商总会的组织架构还不够优化,目前海外通商尚未纳入通商总会,影响通商总会作用发挥。

三、唱响新时代通商品牌的对策建议

受多重国家战略叠加,南通市正处在大有可为的黄金发展期、跨越赶超的重要窗口期,成为江苏省高质量发展增长极的态势日益明显,这为培育唱响新时代通商品牌提供了基础支撑和有利条件。应当顺势而为,统筹谋划,主动作为,务求实效。

(一)加快培育张謇式通商企业家群体

一是完善培育机制。将培育张謇式企业家纳入全市人才队伍建设总体规划，与党委、政府重大决策部署同步谋划、同步推进，建立企业家培养、选用、激励和评价体系，加快培育一批行业性、区域性领军型企业家。二是充分发挥张謇企业家学院作用。不仅重视对企业家的理想信念教育，还应围绕企业发展和创新驱动的堵点和痛点，加强企业转型与战略管理、公司治理与风险管控等专题培训，全面提升企业家综合素质，打造高素质企业家"摇篮"。三是加强"张謇式"企业家后备人才特别是年轻一代企业家的培养。发现和挖掘一批传承张謇精神、理想信念坚定、诚信守法经营、富有创新精神、社会责任感强的年轻通商典型，并在政治安排上向年轻一代企业家适当倾斜，形成企业家队伍的"梯队"结构。

（二）坚持做强实体经济

一是大力扶优扶强。优化资源配置，引导土地、能源、环境容量等相对稀缺要素，向优势企业流动。既抓好年销售已过百亿和即将达百亿的企业，也注重培育专精特新"小巨人"企业，特别是学习南京市、苏州市等市，注重"独角兽"企业的培育扶持，形成以行业领军企业为龙头，以产业链、供应链、价值链为纽带的优质企业集群。二是夯实产业基础。着力打造地标产业，培育先进制造业集群，做强高技术船舶和海洋工程、高端纺织、化工新材料等六大两千亿级产业集群和信息技术应用创新、生物医药及医疗器械、集成电路等六条优势产业链条，突出关键领域、关键环节、关键产品，推动优势产业实现卓越提升，厚植企业家培育成长的土壤。三是构建一流创新生态。优化科技创新体制机制，高标准规划建设沿江科创带，聚焦产业链部署创新链，推动科技成果转化，不断夯实创新发展人才基础，强化知识产权保护，激发创新主体的动力和活力。

（三）持续优化营商环境

一是注重顶层设计。全面开展营商环境科学评价，突出短板弱项，持续推进优化。针对营商环境调查中发现的问题要及时整改，从纠纷风险预警防控、信用体系建设、创新创业环境等方面持续优化服务，提升企业全生命周期服务水平，加快打造市场化法治化国际化营商环境。二是加强要素保障。充分利用政企沟通和服务平台，政企通APP、民营企业家座谈会等渠道，倾听市场呼声，聚焦企业关切，在融资、人才、用工、用地等方面，针对企业急难愁盼问题,实行精准服务。三是持续推进"放管服"改革。实行"互联网+监管"、"一件事一次办"、"同城通办"、"企业全生命周期管理"等创新办法,提升服务质量和水平,增强企业家扎根南通、持续发展的信心和动力。

(四)同心汇聚发展合力

一是加强通商品牌研究和传播。深度挖掘通商品牌的文化内涵,构建全方位的通商品牌传播体系,不断拓宽通商品牌的培育路径。选树一批在全国具有较大影响力的先进典型通商,进行集中宣传,充分发挥典型引领示范作用。二是加强整体联动。相关职能部门、市县两级形成合力、同心共下一盘棋,利用好民营经济统战工作协调机制等合作机制,加强联系合作,搭建交流平台,整合通商资源,促进合作共赢,提高通商品牌培育的成效。三是发挥通商总会功能。引导海内外通商群体加强团结协作,提升对通商总会的认同度和参与度。优化通商总会组织架构,推动世界通商总会海外各分会以团体会员的方式加入通商总会,切实将通商总会建设成为全球通商的"精神家园"。

胡天梦

2021 年 11 月

打造南通市"8+8"优势产业链群路径研究

南通市工业和信息化局

完善产业链、融通供应链、提升价值链、做强创新链,推进产业链群优化升级,是深入贯彻习近平总书记"强龙头、补链条、聚集群"指示要求的切实举措,也是抢抓全球产业调整新机遇、率先构建新发展格局的重要抓手。近年来,为贯彻党的十九届五中全会精神,落实省委、省政府部署要求,全市上下以更强创新力、更高附加值、更安全可靠为导向,加快产业集群培育,推动产业链升级,为南通市制造业高质量发展走在全省前列提供了有力支撑。为深入贯彻落实市委财经委员会第七次会议精神,着力打好产业基础高级化和产业链现代化攻坚战,我们对南通市"8+8"优势产业链群发展情况进行了专题调研,就推进过程中存在的问题进行了深入分析,并对下一阶段发展途径选择提出了初步思考。

一、南通市产业链群培育情况

产业链是建立在对价值链、供应链的研究基础上的相关企业集合的新型空间组织形式。从微观层次讲,是以较强优势的企业为链核,与上下游相关产业中的企业所组成的链条;从宏观层次讲,是产业依据前后向的关联关系组成的一种链状或网状结构。产业链式发展有利于形成规模经济,是提升产业抗风险能力、核心竞争力的有效途径。产业集聚是大量企业在空间上表现出的集聚状态,是产业集群的一种空间特征。产业集群则不仅指企业在一定地域上的集中,而是基于产业链的有机结合,以专业化分工和社会化协作为基础,大中小企业并存、不同类型企业共生的一个生态化群体。基于产业链的产业集群有纵向集群、横向集群、综合集群三种形式。纵向集群由一条产业链上多个环节或整条产业链组成;横向集群基于不同产业链的相同环节而发展;综合集群则是纵向与横向兼顾的大规模集群。

纵观南通市产业链群发展历程,正是遵循了首先推动产业在外部空间上的集聚,力促逐步形成"互相渗透、持续循环"的先进制造业集群,以此为基础,在产业集群内部进一步促进产业链整合和延伸,由此引领产业外部及内部的有机整合,深化区域产业分工和专业化,最终推动区域经济的高质量发展。

(一)大力培育六大先进制造业集群

"十三五"以来,江苏省在国内率先开展产业集群培育,聚力打造13个先进制造业集群,并提出计划用三年时间,重点培育50条重点产业链,做强其中30条优势产业链,促进其中10条产业链实现卓越提升。2018年,结合南通市产业发展实际,市政府制定《关于加快培育先进制造业集群的实施意见》,聚力打造六大先进制造业集群,船舶海工、高端纺织两大传统支柱产业集群在全省的优势地位进一步巩固,电子信息、智能装备、新能源和新能源汽车、新材料四个新兴产业集群的发展动能进一步激发。

1.发挥优势打造标杆集群。充分发挥船舶海工和高端纺织两大传统支柱产业优势,牵头或协同省级先进制造业集群培育工作。一是船舶海工产业集群。南通市作为国家新型工业化产业示范基地、国家高技术船舶产业基地和国家船舶出口基地,依托江海岸线资源,着力推动修造造船向海工装备和高技术船舶转型,先后交付30多个国际国内首制产品和"大国重器"。2020年,集群完成销售收入共1 048亿元,南通市将作为江苏首选代表参加全国第三批先进制造业集群竞赛。二是高端纺织产业集群。南通市纺织产业门类齐全,主要纺织品产值产量位居全省前列,产业规模约占全省15%,仅次于苏州市,与苏州、无锡共同建设全省高端纺织先进制造业集群。2020年,集群完成销售收入1 284.7亿元,其中家纺产业年营业收入约占全国1/2,是纺织行业国家新型工业化产业示范基地、世界三大家纺生产基地,拥有国内最大的家纺专业市场。

2.汇聚资源培育特色集群。积极探索培育一批新兴特色产业集群,电子信息、智能装备、新能源和新能源汽车、新材料四个新兴产业集群的发展动能进一步激发。一是电子信息产业集群。全市规划了"一核两区六基地"发展新一代信息技术产业,集成电路封装测试、零部件产业园相继落户南通市,新一代信息技术产业逐步成为南通市新的主导产业。连续举办四届新一代信息技术博览会,推动全国产业资源向南通市集聚,在集成电路封装测试、光纤光缆、铝电解电容器、高性能电极箔等多个领域全国领先,2020年集群完成销售收入1 682.2亿元。二是智能装备产业集群。主要涵盖数控机床、智能成套装备、智能仪器仪表与控制系统、智能装备关键零部件等4大产业领域,特别是在机器人关键核心零部件等细分领域具备较强优势。2020年,集群完成销售收入943.8亿元,海安经济开发区建成智能装备国家新型工业化产业示范基地。三是新能源和新能源汽车产业集群。新能源产业主要布局在如东、启东等地,以风电、光伏为主导,氢能、LNG能源为特色;新能源汽车产业主要布局在如皋市、通州区,上下游产业链全覆盖,混合动力、纯电动、燃料电池动力系统并行发展,南通市成为上海市创建全国第一批氢能应用示范城市的伙伴城市。2020年,集群完成销售收入1 475.8亿元。

3.高点定位规划新兴集群。充分发挥江海联动优势,将新材料产业作为主导产业,初步形成了先进高分子材料、高端金属合金材料、先进无机复合材料、光电子信息材料四大子群。2020年,集群完成销售收入1 245亿元。在规划通州湾江苏集装箱新出海口建设中,科学布局沿海新材料产业集群,百亿、千亿级重特大项目缤纷而至。海门港作业区重点建设金属新材料产业集群,随着总投资1 000亿元的中天精品钢项目建成,预计到2025年,将形成超500万吨精品钢生产能力,工业总产值实现500亿元以上。洋口港作业区重点建设化工新材料产业集群,围绕高性能纤维材料、可降解新材料、高性能树脂等产业,加快推进桐昆PTA聚酯一体化等重大项目建设,计划到2025年,可形成1000亿元产值规模。

(二)聚力打造"8+8"优势产业链

进入"十四五",市委、市政府在现有产业集群发展的基础上,注重与全省优势产链有机衔接,筛选一批基础良好、链条清晰、龙头支撑明显的产业链,谋划一批特色突出、潜力巨大、前景广阔的产业链。计划通过2~3年时间,将高技术船舶和海洋工程、高端家纺、金属制品、金属新材料、集成电路、输配电设备、化工新材料、新能源8个发展前景较大的优势产业链培育成超500亿级的产业集群;将化学纤维、汽车及零部件、纺织面料、信息技术应用创新、生物医药及医疗器械、高端成套设备、关键零部件、5G通信8个产业链培育成在行业内具有重要影响力的产业高地;16个产业链总产值规模力争达到8 000亿元。为此,市委、市政府建立了"8+8"市领导挂钩联系优势产业链工作机制,每条产业链由挂钩市领导任"链长",并组建工作专班。每条产业链均已确定一位产业链首席专家,明确一个产业链专业化智库单位,梳理一批产业链龙头骨干企业和重点项目,初步形成产业链条图、区域分布图、重大项目图、重点企业图、产品品牌图。市工信局汇编了各专班方案,汇总了产业链初步研究报告,报告完善后将作为南通市产业链群高质量发展的重要参考。

2020年,全市16条优势产业链总产值约4 250亿元。今年1—10月,链上284家重点企业实现应税销售2 738.1亿元,同比增长32.9%。主要呈现如下发展特点。

1.聚力补链,产业链条趋于完整。高技术船舶和海洋工程、高端家纺、集成电路等已形成了较为完整的产业链。高技术船舶和海洋工程产业链涵盖了船舶海工制造企业、各类配套设备及零部件生产企业,船舶配套产品涉及船舶动力、甲板机械、舱室辅助机械、电力电气设备等多领域。高端家纺产业链已形成涵盖"织布、设计、印染、缝制、销售、物流"的完整产业链,以海门叠石桥和通州川姜为核心,构建了"两大市场+两大集群"的核心架构。集成电路产业链已形成集芯片设计、半导体器件制造、封装测试、设备材料制造和技术服务于一体的全链条发展格局。

2.聚能强链,链主企业引领有力。新一代信息技术、新材料核心技术加快应用,赋能家纺、电子、化工等产业不断固链强链、提升发展。家纺企业高端产品引领。罗莱家纺在床上用品领域连续多年排名国内第一,公司研发的第一代柔软仿生技术国内领先。梦百合家居主打功能性记忆棉家居产品,是国内零压床垫开创者,产品辐射欧洲、北美和东南亚。集成电路企业跻身全球前列。通富微电收购 AMD 两座工厂,加快建设新生产基地,跻身集成电路封测行业全球前五、国内第二;江海电容器销量连续多年稳居全国第一、全球第三。化工新材料企业关键技术领先。星辰合成材料是全球仅有的三家完全掌握万吨级 PPE 聚合技术企业之一;德威涂料的集装箱用水性涂料技术打破了西方发达国家行业垄断;美能膜材料是全球少数高效中空纤维膜制造商之一,热熔法制膜技术处于国内领先水平。

3.聚势创链,重大项目支撑明显。随着多重国家战略在南通市交汇叠加,一批优势产业链强势崛起,龙头型、基地型、创链型项目加速落地。58 家世界 500 强企业在南通市投资设立了 114 家企业,总投资超千亿元的中天精品钢、400 亿元的恒科新材料、300 亿元的华峰超纤、100 亿元的招商局豪华邮轮等一批重特大项目相继开工建设,在建百亿级重大产业项目达 10 个,2021 年省级重大项目数 30 个,数量全省领先,为优势产业链发展增添了强劲动能。集成电路测试产业园加快建设,首期招引了约 10 家测试服务及配套设备企业;集成电路零部件产业园落户南通市高新区,上海御渡、钛昇科技、沈阳富创、沈阳科仪等重点企业成功签约;南通信创产业园正式开园,中国长城、启明星辰、深信服、天融信等一批头部企业首批入园。

三、存在的主要问题

对标全省 13 个先进制造业集群和 30 条优势产业链,南通市产业集群和产业链发展水平仍然不高,存在着一些薄弱短板,具体表现在四方面。

(一)链群能级有待提升

全市产业基础能力不足,产业层次较低,部分领域受"卡脖子"瓶颈制约,产业链控制力、整合力、竞争力不够强,纳米材料、新型显示、人工智能等高端领域尚未涉足。部分产业链覆盖面狭小,产业链丰富度有待提升,比如纺织产业链的印染产能承载力仅 10%左右,中高档面料大多依赖外地采购或进口;集成电路链主要处于封装测试节点;金属新材料链集中在不锈钢板和合金材料细分领域,本地根植性不够强。

(二)创新能力有待增强

企业创新主体地位不够突出,大部分企业关键技术自给率低,装备和关键零部件对外依赖度高。全市拥有自主核心技术的制造企业不足10%,关键技术和零部件90%以上仍依赖进口,亟需通过自主化补齐产业链断点,解决"卡脖子"问题。中小微企业基本没有专门的研发机构,企业创新人才缺乏,高级技能型人才明显不足。传统制造、加工企业较多,高新技术企业和有自主知识产权的领航企业偏少。科技型中小企业普遍呈现创新人才匮乏、科技研发投入不足、自主创新和引进消化吸收再创新能力弱等特点。

(三)集约水平有待提高

产业集群和产业链在一定程度上存在碎片化现象,整体竞争力还不够强,部分产业链本地配套率不高。各板块产业特色还不凸显,开发园区的开发强度亟需加大,集聚集约发展效应还需提升。龙头企业和知名品牌还不够多,缺乏带动力大、影响力大、竞争力强的群主、链主企业。

(四)结构体系有待优化

虽然全市制造业门类较为齐全,但中间产品、配套产品多,终端产品、成套产品少;中小企业、规模以下企业多,龙头骨干企业少;生产资料产品多,消费资料产品少,导致产品附加值不高、行业话语权不重。劳动密集型产业占比较大,战略性新兴产业占比较小,高新技术企业数量较少,产业结构仍然偏传统。

四、发展路径初步思考

为进一步推动南通市产业链群加快从"零"到"链"的突破和从"链"到"群"的提升,明晰我市产业发展定位,提升链群发展层次,市工信局在组织编制的《南通市"十四五"制造业高质量发展规划》中提出,"十四五"期间将立足南通市现有产业优势,集聚长三角供应链和创新链资源,做大做强"双地标双主导五新兴"(双地标:船舶海工、高端纺织;双主导:新材料、新一代信息技术;五新兴:高端装备制造、新能源、新能源汽车及零部件、生物医药、节能环保)9个先进制造业集群,聚力培育打造16条更具成长性、更强创新力、更高附加值的产业链,着力构建长三角高端制造新中心。

打造南通市"8+8"优势产业链群,关键在于推进产业基础高级化和产业链现代化,二者关系可表述为,产业基础高级化是产业链现代化内在含义,产业链现代化包括产业基础高级化。所谓产业基础,是指各产业的基础材料、基础零部件、基础工艺、基础技术、基础软件等"五基"。其中,基础材料决定了制造业的"体质",基础零部件决定了制造业的"骨骼",制造工艺决定了制造业的核心能力,基础技术决定了制造业的发展水平,基础软件决定了制造业的中枢网络。推动实现产业链现代化,其实质是推动"五基"的技术水平和产品质量的高级化,具体包括材料技术的可控性、工艺技术的精湛性、零部件质量的可靠性、知识产权的自主性和网络软件的安全性等持续改进和技术的自主可控过程。主要包含以下三个维度。

(一)创新力更强

推动创新协同是激发产业链发展动能的内在要求,企业创新能力增强是提升产业链供应链现代化水平的核心。各地发展经验表明,要持续实现创新驱动的内涵型经济增长,可以通过引进技术的方式实现,但不可能通过技术引进的方式来支撑持续增长,必须要通过自主创新的方式,建立以企业为主导的政产学研用合作的良性运行机制,聚焦重点方向,形成融合创新、协同攻关的合力。

(二)附加值更高

随着中国人口红利的逐渐消失,劳动力优势不再明显,低附加值的经济活动受到其他发展中国家的竞争压力,参与全球产业分工的方式面临巨大挑战。对此,要进入更高价值的产业链供应链环节,嵌入更高层次的全球价值链,引领产业链全面迈向高端化,实现价值升级的核心目标,形成以国内大循环为主的双循环新发展格局。

(三)数字化更优

新一轮技术革命的最重要特征是推进了数字产业化和产业数字化,数据成为了一种新型生产要素。要以数字化转型为契机,引导企业应用大数据、云计算、区块链、人工智能等新一代信息技术,缩短上下游企业间的信息距离,促进生产要素投入与市场需求的精准对接。

五、下一阶段工作建议

产业链群发展是一个动态过程,以形成产业链自我发展能力,提升产业竞争力为终极目标,关键要处理好市场和政府的关系,通过综合施策,坚持有效市场和有为政府同频共振,强化规划引领,持续优化服务,前瞻性地谋划好引领产业链发展的重大项目,协调解决发展中的重大困难问题,在市场充分竞争中优胜劣汰、发展壮大,加快推动全产业链优化升级,形成完善的产业链群共生发展生态。空间布局方面,打造一批先进制造业集群,缩短供应链距离,促进产业链上中下游高度协同,优化产业链共生发展生态环境;企业联动方面,培育一批具有生态主导力的产业链"链主"企业,完善供应商长期合作机制,建立产业链大中小企业长期稳定的协作关系,持续壮大产业链实施主体;创新协同方面,构建政产学研用一体化,健全协同创新机制,围绕锻造产业链"长板"和突破产业链"短板",不断激发产业链发展的动力源泉;数据赋能方面,以数字化转型为契机,提高产业链运行效率,引领产业链全面迈向高端化,实现价值升级的核心目标。具体建议如下。

(一)聚力链群研究,优化产业布局

一是明确发展载体。以特色产业基地和高新园区为依托,打造9大先进制造业集群,吸引产业链各个环节集聚,缩短供应链距离,促进16条优势产业链各环节紧密衔接,提高产业的本土根植性,形成良好的生态黏性。二是明确发展重点。准确把握产业发展方向,重点加强对新兴产业、种子产业、未来产业研究,锁定具有潜在优势的产业细化环节,加快产业发展实现从"零"到"群"的突破,从"群"到"链"的提升。三是明确发展路径。进一步明确产业建群强群、创链延链具体方向,加快形成目标明确、路径清晰的产业集群和产业链发展子规划。既要针对产业链中的薄弱环节进行补链,解决"卡脖子"问题,也要进一步锻造长板,让长板变得更长,增强发展的主动权,形成错位发展、特色发展的新格局。

(二)聚力企业联动,增强产业韧性

一方面,要大力培育一批具有生态主导力和核心竞争力的产业链"链主"企业。充分发挥企业主体地位,以龙头企业为依托,充分整合外部优势资源，集中精力发展产业链核心环节，支持企业做优做强。充分发挥"链主"企业强大的带动能力和对产业链的整合能力，引领和带动上下游中小企业发展，形成链主企业与配套企业联动发展格局。支持优势企业通过并购、参股、重组、组建产业联盟等方式垂直整合产业链，引领产业强链、补链、延链，提升产业整体发展水平。另一方面，要大力支持单项冠军、隐形冠军和专精特新企业走专业化、精细化、特色化发展之路。培育一批掌握"杀手锏"技术的"隐形冠军"企业，为推进产业链群优化升级提供有力支撑，使产业集群真正成为"拆不散、搬不走、压不垮"的"航空母舰"。

(三) 聚力创新驱动，突破发展瓶颈

一是搭建创新平台。组建产业技术创新联盟、产学研用联合体等创新平台，争取更多国家级创新平台落户，探索建设创新研究院、联合实验室、研发中试孵化中心，引导创新要素加速集聚。二是培育创新主体。发挥"链主"企业创新主体地位，鼓励行业龙头企业通过"揭榜挂帅"、协同攻关等新模式，加快关键核心技术攻关，合力突破一批高端装备、核心零部件的瓶颈制约。三是实施基础再造。发挥南通市产业门类比较齐全的优势，加快实施产业基础再造工程，实施强基工程，通过应用牵引、整体带动、揭榜挂帅等新机制组织攻关，加快补齐基础零部件及元器件、基础软件、基础材料、基础工艺和产业技术基础等"五基"瓶颈短板，加快建设制造业创新中心，为提升产业链水平提供有力支撑。四是推动数据赋能。积极推动数字产业化、产业数字化，扎实推进"5G+工业互联网"融合发展，推动互联网、大数据、人工智能同产业深度融合，支持重点工业互联网平台、电商平台与产业链龙头企业深度合作，不断提升制造业数字化、网络化、智能化发展水平。

(四) 聚力政策集成，构建发展生态

一是完善精准化政策。针对不同产业的发展特征，加强国家和省市产业政策衔接，统筹推进锻造长板和补齐短板，"一链一策"推动产业补链强链，提升产业扶持政策的精准度和聚焦度。二是完善系统化政策。整合使用科技、人才、产业、品牌、税收等各类专项资金，配套使用信贷、基金等各类金融政策，在土地、产能、排放指标等各类资源要素上，优先保障先进制造业集群和优势产业链企业。三是完善个性化政策。针对16条优势产业链发展现状，进一步加强政策创新，制定实施针对性强有利于激发创新活力的新招实招，打好政策"组合拳"，集中资源和力量突破一批发展瓶颈，着力提升产业链的稳定性和竞争力。

（五）聚力组织推进，完善服务举措

一是健全组织体系。在市制造强市领导小组的统一领导下，建立健全部门横向协同、市县联动的组织体系，推动产业研究成果服务基层一线，助力产业链供应链企业加强协作联动，帮助园区板块理清发展思路，找准产业定位，开展精准化招商，指导优势产业集群有针对性地强链延链，促进有一定基础的产业创链补链，从而培育完整健康的产业链群"生态雨林"。二是创新融资体系。加紧研究出台产业链专项基金，着手解决关键产业链节点企业的融资难题，加大产业链群发展金融支持力度，通过新基建和投资带动关键产业发展。顺应产业组织形态变化，规范发展供应链金融，支持核心企业提高融资能力和流动性管理水平，畅通和稳定上下游产业链条，有效支持供应链上下游企业发展。鼓励核心企业过应收账款融合服务平台进行确权，为中小企业应收账款融资提供便利，降低中小微企业生产经营成本。三是完善推进体系。加强集群促进机构、产业链工作专班的推进力度，搭建政府、产业专家、智库、产业链龙头骨干企业交流对接平台。加强重点集群和优势产业链跟踪分析，对产业推进工作中发现的困难和问题及时交办督办，构建高效推进的良好格局。

葛 蕾 周楚杰 徐明铭

2021年8月

南通市上规模民营企业调研报告

南通市工商业联合会

上规模民营企业调研是工商联工作的主要抓手和重要依托,已连续开展了24年,成为我国民营经济发展的晴雨表和风向标,对分析经济发展规律有着重要参考价值。南通市工商联广泛发动,认真组织,参与调研企业数不断增加,企业质量明显提升,通过调研统计和数据分析,能客观反映南通市民营企业的发展质态和基本情况。

一、基本概况

从2022年4月初,南通市工商联开始部署上规模民营企业调研工作。调研内容主要包括:企业年度财务数据情况、投资和发展战略情况、治理和守法经营情况、创新发展情况、"走出去"和参与"一带一路"建设的情况、转型升级情况、营商环境情况等,同时对影响民营企业发展的主要问题进行了调查。调研按照企业自愿填报、县(市)区工商联推荐的程序,截至5月29日,南通各县(市)区参与调研企业数152家,其中营业收入超五亿元的企业调研表121份。分别为:如东县29份,海安市28份,海门区17份,通州区14份,崇川区12份,如皋市10份,启东市8份,开发区3份。

南通市2021年度参与调研的上规模民营企业覆盖8个县(市)区,根据系统导出的113家营收五亿以上的企业情况分析,调研数量前三位分别是如东县、海安市、海门区,营业收入总额前三位分别是海门区、如东县、启东市;净利润总额前三位分别是通州区、启东市、如东县;资产总额前三位分别是海门区、海安市、如东县。总体来看,几家建筑企业受恒大集团商业汇票的影响,对企业业绩造成很大冲击,部分企业经营困难。

2021年9月,江苏省工商联、全国工商联先后发布了2021年调研榜单,在入围门槛大幅提升的情况下,南通市32家企业入围江苏省民营企业200强榜单,4家企业入围江苏省民营企业制造业100强榜单,5家企业入围江苏省民营企业创新100强榜单。南通市14家企业入围中国民营企业500强榜单,中南腔股位列第10位,同时入围中国民营企业服务业100强榜单第6位,中天科技、文凤化纤、通富微电、鑫缘丝绸4家企业入围中国民营企业制造业500强榜单,比上一年度递增2家。从上榜企业数量来看,南通市位列全省第三,虽然企业规模和质态得到较大提升,但与苏南地区其他市存在较大差距。

二、企业利润有所下滑

从调研情况看,2021年上规模民营企业营业收入与上一年度相比,呈现冰火两重天的现象,一部分建筑业企业营收大幅下降,财务状况紧张,个别企业进入了重组或破产流程,部分企业如高端制造、新材料、风电能源企业营收及利润大幅增长,基本面持续向好。选取填报完整的营收5亿以上的113家企业进行分析对照,2021营业收入总额为9 249.15亿元,同比增长9.7%;利润总额为426.19亿元,同比增长2.5%。相比往年,由于多家龙头建筑企业普遍受房地产下行和恒大商业汇票事件的影响,以及制造业龙头企业中天集团因高端通信事件造成重大损失,这些龙头企业营收总额和利润数据偏离了正常轨道。初步显示,营收1000亿元以上的1家(中南集团);500~1000亿元之间的6家(中天科技、南通二建、南通四建、苏中集团、龙信集团、通州建总),新增1家;100~500亿元之间的17家。统计表明,南通市上规模民营企业中超大型企业数量偏少,第一梯队过百亿的24家企业中,仅中天科技、通富微电、文凤化纤、鑫缘丝绸4家制造业企业,通富微电营收获得46.8%巨幅增长。另外,化工轻工1家能源贸易企业、中国天楹1家能源环保企业、文峰集团1家零售服务企业,其余17家均为建筑企业。综合来看,与恒大集团有关联业务的几家龙头建筑企业营收、利润呈现下降,但其它建筑企业仍然有一定幅度的增长。

三、经营效益有所放缓

2021年,面对国际国内新冠疫情的较大不确定性,江苏省南京市、扬州市、苏州市等地相继爆发疫情,对企业管理、物流交通、产品供应链,特别是人民币升值、国际贸易，以及国内能源提价、拉闸限电等都给企业生产经营带来了较大的影响，不少企业发展信心、市场预期、发展节奏都不同程度受到挫伤，在国家、省市一系列"抗疫情、助发展"政策支持下，南通市民营企业经营效益基本平稳。从113家上规模民营企业经营情况来看，2021年度税后净利润342.75亿元，户均3.03亿元，与上一年度基本持平；调研显示，中天科技因高端通信业务风险，对利润产生了重大影响，但企业海缆、新能源等板块大幅增长，计提减值之后，趋势性转好。另外，区域龙头企业通富微电、海力风电、恒科新材料、九九久科技、百川新材料、海四达、捷捷微电营收和利润均获得50%以上增长。南通二建、南通四建、苏中集团、龙信建设、通州建总、华新建工、海力风电、九九久科技8家企业税后净利润超10亿元，其中海力风电、九九久科技为新晋净利润超十亿元的企业。

四、社会贡献持续加大

近年来，民营企业对南通市经济社会发展起着越来越重要的作用，民营经济的健康发展是扩大就业、提高税收、改善民生和维护稳定的重要力量。从调研数据来看，上规模民营企业2021年缴税总额较上一年度基本持平，国家减税降费对支持企业抗击疫情、稳定增长、保障就业起到了一定的推动作用，成为解决民生和就业的重要力量。

（一）缴税总额继续增加

调研的113家企业2021年缴税总额为306.74亿元，同比增长率仅为0.05%。从纳税规模来看，中天科技、南通二建、南通四建、苏中集团、龙信集团、通州建总、华新建工、中国天楹8家民营企业缴税总额超10亿元，与2020年持平；江中集团、建工集团、南通五建、启东建筑、新华建筑、信拓建设、达欣工程、南通三建装饰8家民营企业缴税总额在5~10亿元，其中南通五建为新晋企业；25家民营企业缴税总额在1~5亿元，其中同比新增5家；另外72家民营企业缴税总额在1亿元以内。

（二）就业人数进一步增加

所调研的企业中，2021年共吸纳了91.43万人就业，劳动用工比上一年度略减。其中房屋建筑业、机械设备制造业、纺织服装业吸纳就业人数居前三位；调研企业中，南通四建、南通二建、苏中集团3家民营企业的员工人数超10万人,有17家民营企业用工人数在1~10万人。

(三)研发费用持续加大

调研的113家企业中,2021年研发费用投入总额总计为98.68亿元,同比增加18.94亿元,递增24%。其中有94家有研发费用投入。超十亿元的有中天科技、通富微电,在1~10亿元的有19家,发展势头好的企业普遍增加了研发投入,企业利润与研发投入正相关性十分明显。

五、制约企业发展的影响因素

2021年,民营企业遭遇国际国内新冠疫情和贸易保护主义的双重考验与挑战,上规模民营企业的发展受用工成本上升、企业复工复产受限、原材料价格上涨、物流成本上升、人民币升值等诸多因素的影响,部分企业出现经营困难、效益下滑等现象。面对经营压力,上规模民营企业积极应对,采取各种措施转变发展方式。

(一)资金成本、物流交通成为制约企业发展的主要困难

从外部环境来看,2021年上规模民营企业面临的最大困难是资金成本、物流交通的不确定性和成本上升,另外还有人才缺乏、资金成本上升、融资难、人民币升值等因素,下半年国家发改委根据能源指标、双碳减排的要求,对部分行业企业拉闸限电,也突然使上规模民营企业面临较大的生存压力。除此之外,上规模民营企业还面临着政策环境、法制环境、社会环境等压力,原材料成本上升、关键技术缺乏等因素也影响企业的长远发展。

(二)积极应对要素成本上升压力

2021年,针对经营成本上升的不利影响,上规模民营企业在大力节能降耗、采用新技术引进新设备的基础上,更加重视研发投入、增强产业上下游的延链补链、加快资产周转率等措施。调研数据显示,上规模民营企业主要采取节能降耗56家,采用新技术引进新设备45家,拓展新兴市场的33家,延伸产业链加大投入建设的16家等。此外,还有提高产品和服务价格、淘汰落后产品、减少中间环节等措施。采取发展电子商务的企业数量增加了29家,积极参与智转数改、加快转型升级步伐的企业增加了45家,显示民营企业正积极把握"互联网+"机遇,利用信息技术加快转型升级步伐。

(三)转型升级进度明显加快

在我国经济转入新常态、劳动力资源增长减缓的情况下,上规模民营企业向高度重视以人为本转变,通过优化发展战略、加强科技创新、信息化与工业化融合等多种方式推动转型升级。从113家企业转型升级的进度来看,42家上规模民营企业表示转型升级明显加快,约占37%;28家表示转型升级刚刚启动,约占24%;24家表示转型升级有所放缓,19家表示尚未启动。

从促使上规模民营企业实施转型升级的动因来看,主要为做大做强企业的愿望、劳动力成本上升、疫情导致用工风险加大、产品技术升级换代等方面。不少企业开始实行机器换人战略,主动引进自动化、信息化产线,数字赋能制造业,加大工业互联网投入,智能工厂、智能车间将是未来几年新的增长点和驱动力。

调研数据显示,上规模民营企业转型升级的最主要推动方式向以人为本转变,越来越重视人才引进、越来越重视产业工人改革,加强员工培训、强化激励机制、打造企业文化成为企业转型升级的主要方式。上规模民营企业主要采取调整企业发展战略和发展规划56家,加强企业员工内部培训62家,加大人才引进68家,实现工艺、产品、品牌升级59家,扩展销售渠道52家,通过以上具体措施来实现转型升级。

朱兴建

2022年5月

坚持统战性、经济性、民间性有机统一 打造商会组织高质量发展的南通样板
——关于培育发展中国特色商会组织的实践与思考

南通市工商业联合会

商会组织是市场经济条件下,实现党委、政府与民营经济人士、民营企业相互联系的重要纽带,也是统一战线工作的重要平台。在新发展阶段,坚持统战性、经济性、民间性的有机统一,对推动商会组织高质量发展,具有重要现实意义。本文结合南通市商会组织建设和发展的实践,谈一些认识与思考。

一、时代背景

（一）政策依据

2010年,中共中央、国务院颁发《关于加强和改进新形势下工商联工作的意见》,首次提出积极培育和发展中国特色商会组织。2018年,中办、国办下发的《关于促进工商联所属商会改革和发展的实施意见》中明确,牢牢把握统战性,充分发挥经济性,切实体现民间性,培育和彰显商会的独特优势。2020年12月,中共中央印发《中国共产党统一战线工作条例》,对非公有制经济领域统战工作作出新的理论阐释和政策规定,《条例》首次明确要求"工商联党组对所属商会党建工作履行全面从严治党主体责任""工商联对其他以民营企业和民营经济人士为主体的行业协会商会加强联系、指导和服务",这是推动工商联全面从严治党向基层拓展、向商会组织延伸的重大举措。随着社会主义市场经济体制的不断完善和行政管理体制改革的不断深入,商会组织在促进政府职能转变、提高市场配置效率、维护企业合法权益、促进行业健康发展等方面的作用日益显现。

新时代新常态下,加强基层商会组织建设,促进基层商会职能和作用发挥,助推非公有制经济和非公经济人士健康发展,壮大统一战线力量,具有重大而深远的历史意义。

(二)内在要求

南通市是中国近代民族工业发祥地,一百多年前,清末状元张謇以大生纱厂为起点,在南通市创办纺织、机械、农垦、物流、金融等各类企业,影响全国乃至海外。2020年,习近平总书记在南通博物苑视察时,称赞张謇是爱国企业家的典范、民族企业家的楷模、民营企业家的先贤。在参观张謇生平展陈时,习总书记说,"张謇在实业救国、造福桑梓的实践中展现出的爱国情怀、开放胸襟、创新精神、诚信品格、民本意识,是我们今天的企业家应该去学习的"。认真学习贯彻习总书记重要讲话精神,大力弘扬张謇企业家精神,商会组织是重要的平台载体,大有可为,南通市应当走在前列,树立样板。

(三)基础条件

近年来,南通市委、市政府坚定扛起支持民营经济发展的重大责任,持续厚植企业家发展成长土壤,激发市场主体活力,在促进"两个健康"方面取得明显成效。2020年全市实现地区生产总值10 036.3亿元、增长4.7%,顺利跨入"万亿俱乐部"行列。南通市民营经济从张謇时代发展至今,已经成为南通市经济发展的主力军、创新转型的强引擎、吸纳就业的主渠道。目前,全市民营企业数达24.2万家,民营经济增加值占GDP比重达70%,入库税金占全部税收比重超过80%,民营企业吸纳职工数占城镇就业人口比例超过90%。民营经济发展源远流长、底蕴深厚,为商会组织高质量发展提供了天然土壤和坚实基础。

二、发展现状

近年来,南通市工商联在各级党委、政府和统战部门的领导下,积极探索、不断创新,努力构建与经济发展相适应的商会组织体系,取得显著成效。

(一)商会建设迈上新台阶

制定《南通市工商联所属商会管理办法(试行)》和《考核办法》,从商会发展、班子建设、团结教育、服务发展、自律规范等多个维度,形成涵盖

20个工作项目、60项评价指标的评价体系。截至2020年底,全市各级工商联建立基层商会组织362家,其中行业商会210家,异地商会60家,镇街商会81家,其他综合类商会11家,共有会员企业35 655个(见图1)。近年来,市工商联持续加大在新兴产业、新兴业态、新经济领域中组建和培育商会力度,并通过以业务主管身份组建一批、团体会员吸纳一批、党建领导联系一批、依法登记换届优化一批、协调促进镇街商会登记一批,不断扩大工商联所属商会在经济社会发展重点行业和领域的覆盖面。

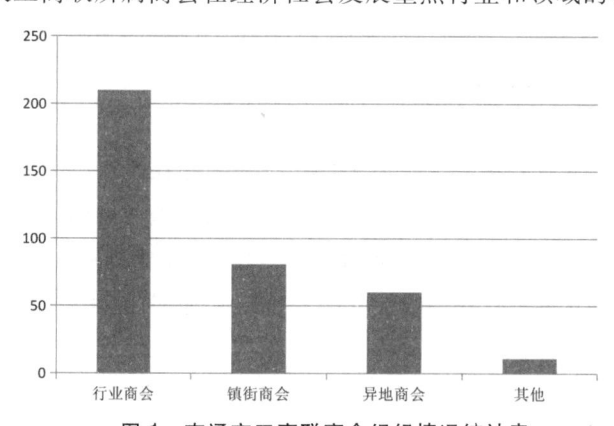

图1 南通市工商联商会组织情况统计表

(二)服务会员取得新成效

发挥商会桥梁纽带作用。先后举办"泉商看南通""百强民企南通行""知名浙商滨海园区行""故乡情·故乡行"等大型系列招商活动;建立苏锡常通跨江融合产业协作联盟,积极推动两地行业商会、协会在产业融合、资源共享、交流培训等方面开展合作。保驾护航会员企业。纺织、建筑等商会经常性组织会员企业赴国内外进行项目、市场考察,拓展业务;盐城、南安、泉州等商会积极与金融部门进行协调联系,开展了一系列银企对接活动并建立了长期合作关系。积极开展培训工作。饭店与餐饮、温州商会等积极为会员企业开展业务、法律、安全监管、商务交流等形式多样的培训活动,提升会员企业的市场竞争力,有效防范各类风险。

(三)商会运行激发新活力

着力提升商会"四好"建设水平。以全国、省、市"四好"商会认定为抓手,引导商会组织争做班子建设好、团结教育好、服务发展好、自律规范好的典范。推荐认定11家全国"四好"商会、45家省"四好"商会。商会工作品牌建设不断深入。指导帮助商会搭建"政商企""银商企""校商企""企商企"等服务平台,开展全市商会"十大工作品牌"评比工作。市餐饮商会连续12年开展的"爱心年夜饭"、市药品商会的"诚信药业"等商会工作品牌,树立了良好形象,扩大了行业的社会影响力。引导商会积极承接政府职能参与社会治理。药品商会开展职业技能鉴定和中药调剂员技师鉴定,参与医保定点药店检查验收;瞄准镜、电极箔商会积极参加国家级的行业标准制定;纺织、家居、包装等商会以安全生产监督站为抓手,配合市安监部门开展安全生产工作,得到市安委会充分肯定。

(四)党建引领发挥新作用

各级商会充分发挥基层党组织在民营经济和社会组织中的政治引领作用,促进会建与党建融合发展,扎实推进党的组织覆盖和工作覆盖。目前,全市现有商会党组织222家,其中市直已建党组织44家,覆盖率达83%。分别召开全市行业商会党建工作推进会和现场会,制定《关于加强和改进商会党的建设工作实施意见》和《商会党组织标准化建设项目清单》。不断推进商会党组织规范化、制度化、标准化建设。

三、实践体会

我们在工作实践中,始终坚持统战性、经济性、民间性有机统一,为商会组织健康有序发展提供根本保证。

(一)坚持统战性、经济性、民间性有机统一,要始终将党的领导放在首位

商会党建工作,作为新时代党的建设新的伟大工程的重要组成部分,既是党的工作的新领域和重要阵地,也是推动统战工作向商会组织覆盖的有力抓手。市工商联始终把加强商会党建与商会发展有机融合在一起,做到党建与会建同步发展。围绕商会中心工作抓党建促发展,充分发挥政治核心和政治引领作用,把会员及其企业凝聚在党组织周围,有力地促进了商会发展。创新党建模式,找准机关、企业党建和商会党建工作的结合点、着力点和落脚点,开展商会党组织与相关机关、企业党组织结对共建活动。建立了商会党建联络员和指导员制度,指导商会党组织开展党的工作,协调和解决相关问题。通过主动作为、创新实践,商会党建工作迸发出

新的活力,党组织的战斗堡垒作用进一步显现,商会的凝聚力进一步加强,在促进"两个健康"方面发挥了政治引领作用。

(二)坚持统战性、经济性、民间性有机统一,要牢固树立服务立会宗旨

从根本上来说,商会是民间组织,不同于计划经济体制下的协会组织,不具有官办色彩和管理特征。只有紧紧按照党委、政府要求,紧紧围绕会员需求,紧紧结合自身实际开展的服务,才能真正受到会员欢迎,才能切实增强商会的凝聚力和影响力。多年来,全市商会有效引导会员企业认真贯彻新发展理念,大力开展各类经贸活动,组织有实力、有能力的会员参与国家和地方重大工程项目建设。有条件的商会还主动参与有关行业的标准制定,承接政府职能转移或参与政府购买服务,引导和帮助会员企业走出去发展,帮助会员企业加快科技创新和转型发展步伐,商会的凝聚力、向心力不断提升。

(三)坚持统战性、经济性、民间性有机统一,要充分激发商会自身活力

商会虽然形式上松和散,但实质上是严格按照法规和章程开展工作和活动的,是松中有严、严中有松的组织,是社会经济发展过程中不可或缺的一支重要力量。为激发商会自身发展活力,市工商联采取政治引领、建章立制、奖惩并举的工作举措。通过建立培训机制、加强走访座谈、进行政治安排等,进一步提升会长班子成员特别是会长、秘书长等"关键少数"的政治站位,进一步加深对商会性质和功能的认识;通过建立商会组织管理制度规范商会自身建设,指导商会践行"五自"原则充分激发商会内生动力;通过评优评先、会同民政部门建立商会组织进出机制等"倒逼"商会组织最大程度地调动广大会员的积极性,自我管理,自我发展,不断增强自身活力。

四、存在问题

对照新时代新要求,从外部环境和自身建设角度分析,南通市商会组织建设和发展中仍存在一些制约因素和薄弱环节。

(一)组织发展不够平衡

各地各级商会组织的发展不平衡,有的将商会看作一般性的民间组织,认为可有可无,对商会反映的问题、提出的建议缺乏足够重视和支持。在商会组织的发展培育上,无论是商会组织还是会员企业数,与全市民营

企业数量和民营经济总量相比,份额很小,代表性不强。从行业商会看,覆盖面较窄,商会所处的行业层次偏低。

(二)作用发挥不够充分

有的商会活动形式较为单一,创新意识、能力不强,缺乏服务会员的新途径、新方法;有的商会争取各种政策支持办法不多,缺乏必要的资源和手段为广大会员提供实实在在的服务,在协调及维护会员企业合法权益方面也常常心有余而力不足,为会员企业办实事、办成事难度较大。

(三)内部管理不够规范

有的商会组织人员构成不合理,商会治理以兼职化、离退休人员为主,秘书长层面年龄结构老化,待遇水平偏低;秘书处工作班子缺乏职业化的工作人员,留不住真正懂经济、懂法律、懂管理的人才;有的商会在工作制度方面,日常运作缺乏基本的制度规范,工作随意性较大,活动流于形式,缺乏主题和活力,服务领域、服务内涵有待进一步拓宽和深化。

(四)法制环境不够完善

就目前而言,商会立法工作和商会理论研究程度还远远落后于商会的实践层面,国家层面关于商会的法律依据仍适用1998年修订后通过的《社会团体登记管理条例》,仅仅对社会团体的登记管理和行政程序做了规定,立法层次较低,并且缺乏相应的实体法。在立法内容上,偏重于登记前的监管,而登记后的权利与地位、如何规范运行等内容相对缺乏,一定程度上制约了商会组织的发展。

五、对策思考

新发展阶段,南通市应以贯彻落实习近平总书记视察江苏、南通等重要讲话精神为引领,以创建新时代"两个健康"先行区首批试点推广城市为契机,努力打造商会组织高质量发展的南通样板。

(一)弘扬张謇精神,为商会发展打造南通样板

习总书记称赞张謇是"我国民族企业家的楷模",作为张謇先生家乡的商会组织,更要倍加珍惜张謇先生留下的珍贵精神遗产,在学习张謇企业家精神方面走在前列,传承先贤伟业。商会要引导会员企业增强爱国情怀,企业营销无国界,企业家有祖国,优秀企业家必须对国家、对民族怀有崇高使命感和强烈责任感,把企业发展同国家繁荣、民族兴盛、人民幸福

紧密结合在一起,将企业目标、个人梦想与实现中华民族伟大复兴的中国梦融合在一起,在构建新发展格局上展现新担当新作为。商会要引导会员企业认真贯彻新发展理念,正确认识把握引领经济发展新常态和产业发展新趋势,主动适应和推进供给侧结构性改革,加快转型升级,持续推进生产组织创新、技术创新、市场创新,不断突破新技术、开发新产品、拓展新市场,努力把企业打造成为强大的创新主体。商会要积极参与社会协同治理,引导会员积极构建和谐劳动关系,注重安全生产、提升质量、保护环境,开展民商事和劳动争议调解,促进社会和谐稳定。商会要学习张謇先生"兼济天下苍生"为己任,组织会员积极参与光彩事业、公益慈善事业,自觉履行先富带后富、促进共同富裕的社会责任。

(二)注重政治引领,为商会发展注入强大动力

各级工商联要充分发挥党建工作在商会发展中的引领作用,推动党的组织和工作在商会全覆盖。对未建立党组织的商会,加快推进建立党组织;对新成立的商会要求同步建立党组织,暂不具备组建条件的,通过选派党建指导员、联络员的方式,有效扩大商会党的工作覆盖面。将党建工作写入商会章程,完善党建工作体制,落实"三会一课",做好商会从业人员思想政治工作,探索"商会+会员企业"的党建工作新路径,全面增强党对商会的领导。加强思想引领,强化实践引导,进一步加强商会政治建设。继续深化理想信念教育,探索组织参观考察、现场观摩、教育培训、座谈交流、典型宣讲等活动,发挥张謇企业家学院等理想信念教育基地作用,引导企业夯实共同奋斗的思想政治基础。不断健全公共服务机制,完善商会的政治参与机制,实现地方政府与商会组织在政治上的双向互动,积极推荐优秀商会会长入选各级党代表、人大代表、政协委员。坚持把组织建设作为抓好商会工作的重要基础,把统战工作贯穿于商会组建和管理的各个环节。建立民政部门与统战部、工商联协同工作机制,推动"四好"商会示范点建设,逐步构建正常有序的组建和退出机制,真正实现商会的健康可持续发展。

(三)加强自身建设,为商会发展奠定坚实基础

完善并规范商会自身的治理是商会改革发展的重要内容,也是形成"领导重视、组织健全、队伍过硬、机制完善、服务到位"工作大格局的制度基础。商会要建立健全由会员大会(会员代表大会)、理事会(常务理事会)、

监事会(独立监事)组成的法人治理结构,完善以章程为核心的内部管理制度,结合商会特点建立完善专业委员会等内部运行机制。会长应由思想政治强、行业代表性强、参政议政能力强、社会信誉好并热爱商会工作的非公有制经济人士担任,秘书长应熟悉统战工作和经济工作,监事要切实履行对重大决策、财务工作、会员守法诚信等方面的监督职责,有条件的商会应建立监事会,监事长可探索从会员企业党组织负责人中产生。要按照党中央关于行业协会商会改革的要求,激发商会内在活力和发展动力,推进规范化建设,形成稳定的专业化职员队伍。商会要科学制定会员发展规划和会员管理办法,坚持广泛涵盖、应入尽入,要广泛吸纳中小微企业加入商会,提高服务中小微企业的覆盖面。要努力增加会员粘性,拓展团结凝聚渠道,搭建与各方面联系渠道,广泛联谊交友,加强对非商会会员的联系服务,吸纳他们参加商会活动,最大限度团结凝聚本领域的民营经济人士。

(四)完善法制环境,为商会发展提供有力支撑

没有一个良好的、完善的法制环境,商会发展就没有可靠的法律支撑和保障。2019年7月26日,《安徽省商会条例》经安徽省十三届人大常委会第十一次会议二次审议通过,于2019年10月1日起施行,成为全国省级人大制定的首部商会条例,填补了全国商会登记、运行、管理和服务等方面立法的空白。各地应借鉴安徽省成熟的经验做法,积极推进商会立法工作,制定出台适应现行经济体制和商会发展需要的法律及配套政策法规,明确商会的权利、义务、职能和作用,提升商会组织在经济发展中的地位,使之规范化、法制化,构建促进商会发展的政策环境和社会环境。民政部门要依照相关登记管理法规,加强对商会的登记审查、监督管理和执法检查,支持符合条件的商会依法登记,支持在新兴产业、新兴业态领域依法组建商会。财政、税务、人力资源社会保障、价格、金融管理等部门,要加强对商会执行财务管理制度、会计制度情况以及工作人员权益保障、收费等情况的监督、监测、指导。行业管理部门要加强对商会的行业指导,履行好相关监管责任。

曹媛媛

2021年8月

民营企业"走出去"引发劳务纠纷分析报告

通州区发展和改革委员会　通州区商务局

随着我国"走出去"战略的大力实施,越来越多的民营企业主动加快尝试"走出去"。与此同时,"走出去"的民营企业在境外引发的劳务纠纷也出现复杂多变的现象,加强民营企业劳务管理、减少境外劳务纠纷,不仅是促进开放型经济高质量发展的需要,也是民营企业自身提升竞争能力、拓展生存发展空间的必然需求。

一、民营企业境外劳务纠纷引发的主要原因

受国际政治、经济等重要因素的影响,对于民营企业和劳务人员而言,出国务工面临自然灾害、交通事故、工伤事故、战争、战乱、恐怖事件、传染疾病和国外雇主企业破产倒闭等诸多不可预见的风险,可能导致产生许许多多安全隐患和境外劳务纠纷,境外劳务纠纷不同于国内一般的劳动纠纷,其涉及主体多元化以及纠纷的复杂性和跨国性。

(一)中介违法提供服务

一些未取得对外劳务合作经营资格的非法中介和个人无视国家相关法律法规,未经批准擅自为民营企业提供虚假广告,或假借对外劳务合作经营权企业名义,骗取民营企业高额服务费,严重侵害了民营企业合法权益,导致矛盾突出引起诸多类型的纠纷。

(二)民营企业违规经营

少数民营企业不遵守国家对外劳务合作规定,不经我驻外使领馆经商机构对项目进行确认,又不到商务主管部门进行项目审查和劳务人员招收备案,且劳务人员派出前不进行适应性培训,疏于劳务外派后期服务和跟踪管理,没有及时缓解劳务人员长期在外工作面临的各种各样的困难和考验,期望的工资收入和工作环境的差异,外派劳务合作项目因前期考察不够成熟延期外派,超标准收取费用或变相收取履约保证金等等,给经营权企业带来一定的不利影响,导致境外劳务纠纷时有发生。个别有资质的出国劳务公司听说相关国家对中国开放劳务市场后,不去证实消息是否准确,就开始招收出国劳务的工作人员,收取报名费,在不能安排出国工作的情况不及时退还报名费,甚至私自挪用,出国以后引发境外劳务纠纷。

(三)人员防范意识淡薄

一些城镇失业和下岗工人,既不懂出国劳务的法律法规,也不了解国外劳务市场具体情况,更没有防范风险意识,常常轻信虚伪出国劳务广告,有的通过不合法出国劳务中介,常常导致合法权益得不到保障。尤其是一些通过不合法出国劳务中介,以旅游签证、商务签证为名,非法实施出国劳务的,最后不仅不能很好地在外打工挣钱,甚至生命安全也受到威胁。

二、民营企业减少境外纠纷发生的保障途径

当前,对外劳务合作的民营企业要调整发展思路,加快企业转型升级,要积极开拓中高端劳务市场、中高端劳务项目,努力从传统市场向欧美发达国家延伸,力求在外派规模、市场领域、合作层次、质量效益等方面实现新的突破。

(一)加大政策宣传、扩大平台影响

通过电视台、报纸、网络、镇村广播和电子屏等媒体发布外派劳务、市场整治等综合信息,开设政策问答、典型推介专题,重点做好春节前后时段政策宣传的频率和广度,在外派劳务服务中心制作展览板、宣传栏,用以劳务合作政策宣传,发布工程承包和劳务合作信息,企业招聘劳务人员信息,全方位立体式地宣传造势,使服务平台作为本地区唯一、正规和权威的出国务工政府服务机构,受到社会的广泛认可和支持,防止和减少劳务人员上当受骗问题的发生。

(二)强化部门联动、完善协调机制

对外劳务合作牵涉到多个政府部门,涉及企业面宽、外派类型多、地域广、人数多等诸多因素导致境外劳务纠纷频发,需要依据职能各负其职,强化成员单位的协调合作,形成部门整体联动工作机制,做到信息资源共享,及时准确掌握出国劳务人员的动向,发现问题,及时解决,细化制度,密切配合,建立和完善相关政策措施,加大行政执法力度,创新检查方式,全面规范企业经营行为,使超范围违规经营的中介公司或个人没有市场,营造一个健康稳定和谐的法制环境和社会环境。

(三)规范服务管理,提升企业形象

民营企业走出去是一项艰苦、漫长的过程,也可能存在政治和经济因素风险,劳务人员面临各种各样的困难,走出去的民营企业要严格按照外派劳务政策和法律法规,按照《条例》的要求与劳务人员签订合同,组织参加出国适应性培训,加强安全生产防范教育,时刻提醒注意规范操作,办理外派劳务项目审查和人员招收备案及其他相关合法手续等,随时关注他们置身境外的生活、工作及思想动态状况,帮助解决实际困难和合理诉求。

(四)增强法规意识,提高自我防范

出国劳务人员一定要通过正规合法渠道咨询报名,并通过具有对外承包工程或劳务合作经营资格的企业办理出国务工手续,谨防上当受骗。务必到出国劳务政府公共服务机构咨询报名,询问相关法律法规,查验意向单位的营业执照、经营资格证书等相关信息;务必了解出国务工的国家和地区、经营公司项目和外方雇主的真实情况,不要轻易相信黑中介、包工头或熟人老乡的口头承诺;务必办理好护照、签证、培训证、体检证明、工作准证、保险购买等相关合法的手续,绝对不能以商务或旅游签证出境务工;务必签订劳务服务合同或者劳动合同,需要认真了解工作内容、地点、时间和工资待遇及支付方式等相关重要条款,以及职业防护相关方面的保障措施等相关内容,切实履行好、保护好自己的义务和权利。

三、民营企业处置境外劳务纠纷的对策建议

由于受到国际政治、经济等大环境因素的影响,出国务工过程当中劳务人员难免会与境外雇主、外派企业发生一些矛盾和争议,通过正当途径反映合理诉求是法律允许的,但是一部分劳务人员不愿意通过合法渠道解决矛盾,习惯于上访、制造社会舆论等手段来达到自己的目的和诉求。需要提醒的是,矛盾双方要冷静、克制、理性,绝不能有过激行为,否则不利于矛盾和争议问题的有效解决。

（一）了解法律法规，熟知各自权利义务

国家陆续出台了《对外承包工程管理条例》《对外劳务合作管理条例》《江苏省境外劳务纠纷处置办法》和《涉外劳务纠纷投诉举报处置办法》等外派劳务政策、法律法规，明确了外派企业和劳务人员的责任、权利和义务，同时也为解决劳务人员与派出企业间的矛盾争议提供了法律依据。出国前，"走出去"的民营企业都会与劳务人员签订外派合同，明确各自的权利和义务，双方当事人应当按照约定全面履行自己的义务。如一方不履行合同义务应当承担违约责任。

（二）正确对待纠纷，主动作为妥善处置

国家外派劳务法规政策已经明确规定，按照"谁派出、谁负责"的原则予以处置，在纠纷争议发生后，"走出去"的民营企业应当正确对待、及时受理，并根据事情的性质采取合适的处置办法，主动与劳务人员沟通协商，不能把矛盾推向社会，不能把风险转嫁给劳务人员，不能推卸企业承担的社会责任，真心实意善待每一位劳务人员，劳务人员的诉求要合法、合规、合理，尽量减少不必要的麻烦和矛盾。

（三）寻求合法途径，化解矛盾解决争议

按照我国境外劳务纠纷处置办法有关规定，"走出去"的民营企业是处理境外劳务纠纷的责任主体，有责任处理好与劳务人员之间的纠纷争议。如果协商不能达成一致意见，可以请求政府相关职能部门或社会矛盾纠纷调解中心主持调解。调解也是协商，矛盾双方一定要积极配合，应当保持可以协商的态度。同时调解是建立在双方当事人自愿的基础上，只要有一方不愿意，调解工作就无法开展，可以向法院提起民事诉讼。调解协议的履行依赖于当事人的自觉，民事诉讼具有强制性，强制性既表现在案件的受理上，又反映在裁决的执行上。如果确实经济困难，无力承担诉讼费用，还可以向户籍所在地法律援助中心申请法律援助。

凌 华 钱 军
2022 年 4 月

南通市企业实施国家援外工程情况浅析

南通市国际经济技术合作协会

中国共产党成立100年来,在党和政府的领导下,我国援外工作在维护国家利益、增进人类社会福祉等方面取得了令人瞩目的成绩,走出了一条具有自身特色的发展道路。回顾中国援外发展历程,使我们深刻感受到加强党的全面领导、推动全面深化改革的重要性,对于促进南通市援外工作高质量发展,推动形成全面开放新格局意义重大。

一、实施国家援外工程是外经合作重要内容

南通市对外援助工作起步较早。1965年国家承担援建坦桑尼亚达累斯萨拉姆乌木戈农具厂,其中垦锄、圆眼斧等三条生产线由南通市负责建设,年生产能力100万把。1968年南通市以铁工厂为主,选派相关人员参加施工,1971年投产。从此开启南通市对外援助工作的历程。1990年中国江苏国际经济技术合作公司援建巴巴多斯体育馆,南通建工派遣技术工人参加援建工作。1990年以来,南通市农药剂型开发中心已相继承担了联合国第一、第二、第三期援助项目,被联合国工业发展组织和中国国际技术交流中心评价为执行联合国援助项目最成功的案例之一。自2004年我国援外工作实施改革以来,南通市利用国家援外政策调整契机,积极鼓励企业抓住机遇,加大投标力度,重攻援外项目。2010年,南通建工中标承接了援塞内加尔坦巴昆达、卢加和科尔达三座地区体育场维修工程总承包项目,中标总价1 168万美元,实现了南通市企业自行承接援外项目零的突破。目前,全市具有对外援助成套项目总承包资格企业11家,在全省占比47.8%,在全国占比5.2%。它们均为南通市国际经济技术合作协会

会员企业,分别是:南通建工集团、通州建总集团、南通三建集团、中南建筑集团、南通五建集团、南通二建集团、龙信建设集团、南通四建集团、华新建工集团、苏中建设集团、江苏江中集团。据统计,南通市企业承建的国家援外项目已累计超过35个。2020年4月,南通三建成功中标援埃塞俄比亚河岸绿色发展项目二期工程(中央广场标段),中标金额3.78亿元人民币,该项目是南通三建总承包的第11个援外项目,刷新了单个援外中标额记录;8月份,南通四建成功中标援加纳霍城医科大学二期项目,中标金额3.55亿元人民币,这是南通四建总承包的第3个援外项目;12月份,中南建筑成功中标援毛里塔尼亚国家公共卫生研究院扩建和升级改造项目,中标金额1.23亿元人民币。2021年2月份,南通建工集团又成功中标援几内亚比绍议会大厦维修项目。

二、实施国家援外工程要始终保持战略定力

为帮助企业用好援外资格,积极承揽援外工程,2005年南通市在北京组织召开援外恳谈会。2010年7月,为指导企业参加援外项目招投标,促进援外工程取得突破,南通市组织召开援外成套项目管理培训与交流会,邀请商务部人员,专程进行援外政策和业务培训。9月,市政府与中国对外承包商会联合举办南通市与中央企业对外承包工程对接会,南通三建成功中标援也门也中友谊医院和援也门国家大图书馆两个项目。2011年,为全面推进南通市与央企联合"走出去",促进全市对外投资合作事业转型升级,市政府与商务部合作局、省商务厅联合举办南通市对外援助合作交流会,商务部援外司、合作局领导和全国各地80多家大型外经企业负责人来通参会。"十八大"以来,南通市把援外合作作为促进企业"走出去"、推动对外承包工程增效提质的重要手段,鼓励更多企业参与援外项目建设。

三、实施国家援外工程之思路举措

南通市对外援助工作将以"一带一路"建设合作为主线,突出"增长、转型、合作、责任、品牌"五个关键词,继续扩大规模、加快转型升级、践行互利合作、履行社会责任、提升品牌竞争力,为促进我国对外援助事业的不断发展做出应有贡献。

(一)强化援外企业政治担当

援外是大国外交的重要组成,必须从维护国家形象、国家利益出发,加强党对援外工作的领导,切实提高企业的政治站位和和责任意识,全力保障援外项目实施。援外企业要提高站位、统一认识、凝聚共识,形成坚决落实党中央决策部署、严格执行援外规章的思想自觉和行动自觉;以党建为引领,成立项目党支部,让党旗在援外项目高高飘扬,推动援外项目又好又快实施。正确处理好国家利益、企业利益关系,在实施援外工程、"一带一路"倡议中践行援外使命担当。

(二)加强援外项目合规指导

援外工程也是政治工程,既要符合国家援外各项政策,同时又要在受援国工作中符合当地法律法规,项目从投标报价到受援国开展项目实施都要符合国际惯例。作为行业主管部门,通过开展援外合作培训、研讨等方式,帮助企业了解并掌握我国对外援助政策、工程保险、突发事件应急处理等,遵守当地法律风俗,履行社会责任,提高企业实施援外项目管理水平,监督企业合规开展援外业务。

(三)加强援外工程项目质量

援外工程是民心工程,项目质量事关民众安危,事关国家形象和声誉,所以质量是援外工程生命。援外项目实施企业要始终强化质量管理,把质量意识贯穿到援外项目的方方面面,切实提高项目管理水平和工程质量,力求不含糊不马虎,精益求精,力求把援外项目做成精品工程,扬南通建筑铁军,争创境外工程鲁班奖。2019年,南通三建承建的援刚果(金)政府综合办公楼项目荣获国家境外工程鲁班奖。

(四)强化内功提高项目执行力

援外项目不同于国内项目的管理特点,施工中往往因为某个或部分工作操作不当影响援外工程的成功实施。南通市企业均为民营企业,缺乏央企丰富的资源和雄厚的实力,整合资源的能力也较弱。所以,南通市企业要充分发挥施工管理能力强优势,建立严格的援外工程项目管理制度和运行机制,通过规范的合同管理、技术管理、质量管理、施工安全、设备管理、物资采购、员工培训以及奖惩措施等管理制度,规范整个项目的运作,提高项目执行力。

(五)防范化解重大风险挑战

国际形势的复杂性决定海外项目比国内项目有更大的风险。一是安全风险。在新冠疫情形势下,有些外媒不实报道甚至是摸黑攻击,导致非洲一些地方的反华排华势力越演越烈,针对华人的抢劫、绑架时有发生,企业要密切关注所在国的舆情,做好现场人员和财产的安全防护工作。二是物资供应风险。援外项目的材料、构配件、设备等(除水泥、砂子、石子外)必须在国内采购。按照援外工作程序,工程物资经过商检合格才能出关。在国内装箱、运输、报关这一环节要做到"单货相符",否则到了受援国清关时就会受影响,甚至有些工程物资会被受援国海关没收。三是受援国雇工风险。在援外工程施工过程中,主要技术力量来自国内,力工基本在受援国招聘。有些国家当地人法律意识比较强,当地司法存在严重地方保护主义,劳务纠纷官司频发,中方企业多被强制执行。企业要根据当地的法律法规,完善当地用工合同,积极履行社会责任,尽力做好风险的管理、转移、降低工作。

王加兵

2021年12月

支持异地南通商会
在招商引资中更好发挥作用

南通市工商业联合会

异地南通商会是经济建设和社会发展的重要力量，是开展经贸交流和招商引资活动的重要平台，在服务南通市的经济社会发展、招商引资、招才引智、宣传推介南通、构建和谐社会等方面发挥着积极的作用。虽然本市在异地南通商会组织建设和联络联谊等方面做了大量工作，但异地南通商会发展仍处于初级阶段，存在着招引潜力尚未完全释放、重视程度有待提高，政策优惠不够明显、营商环境有待改善，招引整体合力不足、长效机制有待完善等短板。因此，如何更好地发挥异地南通商会在招商引资、助推经济发展中的作用，值得深入的分析和研究。

一、异地南通商会的基本情况

改革开放以来，一批批南通人秉承先贤的儒家精神和开放胸襟，从南通走向北京市、上海市、深圳市等全国各大中小城市创业，在不同领域打拼出各自的事业，创办了许多知名企业和上市公司。同时，还有许多通商率先走出国门，不断拓展国外市场，足迹遍布世界120多个国家和地区。近几年来，异地南通商会的组建呈现出快速高效的发展态势，截至目前已经组建市外、境外商会106家，其中在外南通商会73家(市本级30家，县区43家)，境外南通商会(同乡会、联谊会)43家。在外通商已经有50家上市公司，制造业年产值五亿以上的企业46家。在外通商情系家乡，积极推介外地企业到南通市发展，有力推动了家乡发展。据不完全统计，近几年全市已吸引在外通商回乡投资项目超百个，投资总额超500亿元。异地南通商会在服务的经济社会发展、招商引资、扩大对外开放、宣传推介南通、社会管理、扶贫济困、构建和谐社会等方面发挥着越来越重要的作用，参与的经济社会事务越来越多，社会影响力也越来越大，已经成为推动南通市经济社会发展的重要力量。

二、在服务招商引资方面存在的主要问题

(一)思想认识还不够到位

现行的招商主要依靠相关园区、部门、乡镇牵头组成招商团组到重点地区开展招商，还没有把异地南通商会列入招商范畴。部分异地商会对招商引资工作认识不到位，主动性、积极性不高，动力不足，没形成招商引资的动力和合力。

(二)激励机制还不够健全

目前招商激励机制只局限于市内的相关招商部门或单位，还没有延伸到异地南通商会。南通市商务局、工商联虽然制定了《在外南通商会服务全市招商引资工作考核办法》，但考核奖励资金尚未落实到位。

(三)营商环境还不够优越

近几年来，在市委、市政府的高度重视下，南通市的营商环境在不断提升，但与浙江省、深圳市等经济发展地区相比还有一定的完善空间，营商环境在省内的排名还在中游，还有待于进一步提升。

(四)方法手段还不够灵活

目前到重点城市或地区开展招商时，紧紧依托商会资源，组织当地企业开展推介活动，但形式比较单一，还没有与商会高度融合，商会作用发挥还不够，会员返乡创业、兴业引导少，以商招商、以情招商、精准招商效果不明显。

(五)招引渠道还不够顺畅

异地南通商会了解掌握南通市项目和政策渠道有限，信息不对称，对南通市的项目和政策了解不充分，洽谈、对接成效欠佳。由于他们长年在外发展，对家乡招什么、怎么招、有什么优惠条件不是很熟悉。人文环境欠缺，在异地发展的企业与家乡的人联系较少，即使想投资没有十分可靠把握不会轻易出手。

三、支持异地南通商会在招商引资中更好发挥作用的建议

(一)明确招商责任健全招商机制

参照市领导挂钩联系企业工作机制,建立市领导挂钩联系异地商会的工作机制,及时了解掌握企业家所在地行业的发展思路、投资意向、产业转移动态,听取企业家对经济发展规划、产业政策、招商引资优惠政策制定的意见和建议。充分利用异地商会人脉广、资源多、信息灵、理念新等独特优势,建立多层次、各领域、全方位的交流合作机制。为商会搭建经贸洽谈、投资推介、外地企业南通行等有效招商平台;外出举办招商活动时邀请异地商会班子成员参加;定期就南通市重大产业规划、产业发展、项目建设等内容向异地商会进行通报。同时,通过商会之间的沟通联系,及时了解掌握发达地区在产业规划项目管理等方面制定的相关政策,做到在引进产业的同时引进先进合理的产业发展政策和产业配套规划,尽快促进南通市产业集聚和集群的形成。

(二)有效整合资源拓展招商信息

异地商会一头连着属地、一头连着家乡。应注重发挥异地商会的桥梁作用,着力形成返乡创业新潮流。一是互通项目信息。广泛宣传南通市经济社会发展的新变化,为异地商会收集商界和项目信息提供便利。加快建立信息双向共享渠道,坚定异地商会和外地企业来通发展的信心,共同为南通市经济发展打拼出力。二是组织回乡考察。形成沟通机制,利用在外通商新春联谊会、长三角商会联盟活动、张謇企业家学院培训、通商大会等时机,组织外地企业家回乡考察,亲身感受家乡变化,鼓励其招引更多的优质项目落户家乡。三是促进返乡创业。引导异地商会讲好南通故事,传播南通声音,积极贡献正能量,将商会宝贵资源转化为推动家乡发展的重要力量。引导在外创业优秀企业家返乡创业,积极参与公益事业、美丽乡村建设和万企联万村等工作,把更好的技术带回家乡,把更多的项目建在家乡。

(三)发挥载体作用挖掘招商潜能

异地商会与当地行业商会、知名企业有着广泛的合作联系,依托商会开展行业招商、产业链招商,可以有效增强招商引资的针对性,更好地宣传南通、推介南通。一是加大宣传力度,提升商会影响力。把发展异地商会

经济作为南通市社会科学重点研究课题之一,组织相关专家学者进行全方位的深入研究,从理论上加强对南通市商会经济发展的指导。同时,在媒体开辟专栏,定期宣传报道异地商会活动情况、创业典型,介绍先进地区商会经济发展动态,曝光各种妨碍商会经济发展的行为,营造良好的舆论氛围,不断扩大异地商会的社会影响力。二是加强专业培训,提升招商能力。对有招商意愿和能力的异地商会及会员企业开展培训,使其进一步熟悉了解南通市资源禀赋、产业特点、园区状况、优惠政策、招商技巧等,帮助异地商会培养一批有经验、懂政策、会谈判的专业化招商人员。三是加大扶持力度,加快组建步伐。加强协调联系,整合各方力量,开展业务指导,依托江苏商会,重点抓好省级、副省级城市异地商会的组建。对新组建的异地南通商会给予一定的开办经费补助。

(四)发挥激励功能增强招商动力

一是将商会招商引资工作纳入全市招商引资工作体系。积极落实《市商务局市工商联关于引导在外南通商会服务全市招商引资工作方案》,引导在外南通商会积极参与家乡招商引资工作。建立商会招商引资信息共享机制,加强对商会招商引资工作的组织领导,着重做好商会招商引资重大项目的服务工作。二是制定商会招商引资工作激励办法。按照政府购买服务的方式,委托有条件的异地商会开展"招商引资招才引智"工作。认真落实《在外南通商会服务全市招商引资工作考核办法》,加大对在外商会服务招商引资工作的考核力度,充分调动在外南通商会积极性。对成功招引主导产业项目、人才团队的商会和会员企业,根据招引项目的实际投资、社会贡献等情况,给予一定资金奖励,严格兑现招商引资奖励、优惠政策。三是依托商会探索建立政府购买社会组织招商服务新路径,鼓励支持商会承接政府购买招商服务;聘请商会负责人担任招商引资顾问,协助开展各类招商活动。四是加大对异地商会负责人和代表人士政治安排力度,尤其在招商引资工作中做出重大贡献的企业家,汇聚扩大南通市对外开放、推动招商引资取得更大突破的强大合力。

张志宏
2021 年 11 月

加强党建引领　激发党组织活力
促进商会高质量发展

南通市工商业联合会

近年来,随着民营经济的高速发展,民营经济商会如雨后春笋,不断组建、壮大,在工商联的指导下,充分发挥桥梁纽带作用,成为民营经济的润滑剂和助推器。面对新形势、新领域、新问题,如何发挥商会党建引领作用、激发商会党组织活力、促进商会高质量发展,是我们必须直面的全新挑战。

一、调研背景

2021中共中央修订的《中国共产党统一战线工作条例》,首次明确要求"工商联党组对所属商会党建工作履行全面从严治党主体责任";2019年中办下发的《关于加强新时代民营经济统战工作的意见》要求,要"加强工商联所属商会党建工作,探索完善工商联党组织领导和管理所属商会党建工作的有效机制";2018年中办下发的《关于促进工商联所属商会改革和发展的实施意见》要求,要推动工商联所属商会"党的组织和工作全覆盖"。2015年中办下发的《关于加强社会组织党的建设工作的意见(试行)》规定,有业务主管单位的社会组织党建工作,由业务主管单位党组织领导和管理。为认真贯彻落实党中央规定和有关文件要求,进一步加强党建引领,激发商会组织活力,以高质量党建工作促进商会高质量发展,开展本次调研工作。

二、基本情况

中共南通市总商会委员会于2008年5月批准成立,原名为中共南通市行业商会联合委员会,2019年3月,更名为中共南通市总商会委员会。截至2021年底,市总商会党委直属党组织46家(功能型20家),其中3

个党总支、52个党支部。现有组织关系转入的党员270名,其中1人当选省党代表、1人当选市人大代表。首次评定商会党务工作者专业资格,获评中、高级党务工作者各1人,初级党务工作者8人。

近年来,我们坚持从商会的特点出发,大胆实践,积极创新,不断完善商会党建工作运行机制。一是出台《关于加强行业商会党建工作的意见》《关于加强和改进商会党的建设工作的实施意见》。修订商会党组织组建、发展党员、党员组织生活、党员教育管理培训培养、党费收缴使用以及有关会议制度等,使商会党建有据可依,有章可循。二是实行党组织双重管理。商会会员企业党组织及其党员实行属地管理,同时总商会党委对商会党组织实施领导。三是完善党建经费保障机制。加大商会党建工作经费保障力度,积极争取财政专项经费支持。从活动经费、活动阵地、人员经费等方面入手,采取商会支一点、党组织筹一点、企业出一点的办法,确保党的活动有序开展。同时,工商联及各有关部门通过整合资源,为商会党组织阵地建设、党员和党务工作者教育培训、党组织开展活动等创造必要条件、提供有力保障。

在市委"两新"工委、市委统战部领导和指导下,商会建设得到健康快速发展,商会党建工作水平得到相应提升。党委先后被评为全市先进基层党组织,全市党建工作示范点。2021年,南通市药品业商会获评全国工商联商会党建工作示范单位,南通市纺织工业协会获评南通市先进基层党组织,3人获评江苏省优秀商会党组织书记。

三、当前商会党建工作中存在的主要问题

(一)商会党组织建设水平不平衡

总商会党委现有直属商会党组织有46家,2021年新增党组织12家。虽然商会党组织在数量上逐年快速增长,但是发展水平仍参差不齐。一是商会之间发展不平衡。如南通市纺织工业协会党总支、南通市药品商会党支部、南通市温州商会党支部,不但成立时间较早,而且党建基础扎实,多次获得省、市"两优一先"表彰和全国性的行业荣誉,塑造了一批有影响力的党建工作品牌。但同时,也有一些党组织党建工作比较薄弱,班子间联系不紧密,组织生活不稳定、不规范,政治引领作用不明显。二是县(市、区)商会党建工作不平衡。市总商会直属的党组织覆盖率比较高,做到了应建尽建,但各县(市、区)商会党建情况不平衡,有的商会党组织覆盖率达100%,有的仅有70%左右,商会党组织覆盖和党的工作覆盖工作还有待重视和加强。

(二)党员比例少、流动性大、稳定性较弱

商会党组织的特殊性决定了其党员关系交叉,同时身处多个不同的法人单位,民营企业人员流动性较大。在开展党的活动时,往往遇到不能参加的种种情况,组织难度比传统法人单位内的党组织更大,对商会党组织班子提出了更高的要求。对于一些党员较少的商会,随时会出现党员离职甚至离开南通市的情况,党组织的稳定性较弱。

(三)商会党组织对商会的引领作用还有待提升

商会党组织在商会中的引领作用发挥还存在不平衡、不充分的现象。有些党组织的书记不是商会会长班子成员,在商会的话语权不足,政治引领作用发挥不够。商会的会长,特别是年轻一代企业家会长中,非党员的比较多,虽然也有一定政治意识,但对党的工作不够了解,对如何支持党建工作开展还需要多学习领悟。

(四)对商会党组织的各项支持力度还需进一步加强

总商会党委自2020年以来获得财政支持的党建工作经费,在党组织队伍建设、活动开展等方面得到了加强。市委组织部对商会的党费予以全额返还,体现了市委对商会党建工作的支持。但是,商会作为非营利性的社会团体,经费全部来自于会费收取,本身的工作经费比较紧张,维持商会运营之外,对党组织工作经费支持有限,要想在商会党建工作上有所突破,还需要党委、政府更多的政策倾斜,需要社会各界更多的关心支持。

四、加强商会党建工作的意见建议

(一)夯实基层基础,推进"两个覆盖"

1.上下联动,形成工作合力。应加强对各县(市、区)的指导,主动争取当地党委、政府的重视,加强与市"两新"工委的工作协调,采用互学互鉴、定期通报、实地督导等方式,进一步推动商会党组织覆盖工作。进一步落实派驻党建工作指导员、联络员制度,特别是发挥市工商联机关党员的政治优势和业务优势,指导商会开展党建工作,不断提升商会党建工作整体水平。

2.灵活组建,创新组织设置。严格落实商会成立和党组织成立同步共建,加强与民政部门的合作,明确商会成立时必须签订党建工作承诺书,将党建工作情况纳入社会组织年检的审查指标,推动商会党组织应建尽建。实现党政班子同步配备,商会领导班子和党组织实行交叉兼职。配备商会班子时,充分考虑党员所占比例,党组织负责人必须进商会班子。商会党组织书记由党员会长、副会长、党员秘书长或聘请离职的党务工作者担任。发挥党建工作指导站作用,指导会员企业党建工作,积极扩大党组织在商会的覆盖面。

3.严格考核,提高工作质量。着力加强商会党建工作基础保障体系建设,从组织设置、班子建设、党员队伍、作用发挥、阵地建设、基础保障等6大方面定标准。紧扣标准化的一套目标、制度、流程、载体、方法,抓实商会党建,扎实推动党的建设和商会工作同规划、同部署、同落实、同考核,将商会党建工作作为验收"五好"工商联、"四好"商会的重要内容,实现党的建设和商会建设高质量发展。

(二)创新融合党建,增强工作实效

1.加强商会和机关党建融合发展。通过机关党总支推动与市级机关相关部门的党建融合,提供有针对性的服务,有效增强商会党组织的工作实效。向市直商会选派党建工作指导员和联络员,深入开展红色党建引领行动。通过深入企业走访调研,实地参观督导党建,对抓好党员学习、发挥党员作用、规范支部建设、打造特色党建品牌等方面提出细致工作指导。并针对企业反映的涉及多地多部门的重点难点问题,通过直通车机制,提请相关职能部门予以协调处理。

2.探索商会党组织与地方党组织共建互联。充分发挥商会党组织的引领作用,引导民营企业家参加基层党建活动,参与社会公益,对接招商引资、招才引智工作。通过搭建多层次、多媒介、多平台的共建机制,实现商会与镇(街)、村(居)的党建、经济、社会发展工作交叉互联、资源共享、广泛覆盖。通过党组织共建互联,促进商会与地方政府的深度联系,进一步了解政府的各项优惠政策,解决民营企业发展难题,服务商会会员企业发展;充分发挥商会行业广、资源多的优势,服务地方招商引资、招才引智和重大项目建设,服务地方经济社会高质量发展。

3.发挥党建指导站作用,实现商会与企业党建互动。在成立商会党组织的同时,建立商会非公有制党建工作指导站,加强与民营企业家和企业党组织负责人的沟通交流,了解企业发展情况,指导会员企业开展党组织活动,将商会党建工作与民营企业党建工作有机结合起来,实现双向互动,共同发展,把党建工作触角延伸到了民营企业最基层,形成上下联动、横向贯通的商会党建工作指导体系。

(三)强化政治引领,把准发展方向

1.强化思想政治引领,推动党史学习教育。坚持把商会思想政治建设作为首要任务,将民营经济人士的理想信念教育与商会经常性工作紧密结合起来。举办商会党组织书记培训班,带好商会党组织书记队伍,发挥商会党组织的战斗堡垒优势,在广大民营经济人士中开展党史、国史、改革开放史、社会主义发展史教育,通过不断增进民营经济人士的政治认同、思想认同、理论认同、情感认同,进而坚定不移听党话、跟党走,在全面建设社会主义现代化国家伟大实践中建功立业。

2.提升创新意识,做优服务品牌。在商会服务品牌创建活动中,指导各商会党组织密切配合,以服务品牌为载体,寓党建工作于经济服务之中,开展"一支部一品牌"建设,推动商会党建工作出新、出彩。如开展南通市盐城商会试行大党委共建模式,南通市美容美发商会党支部的"便民服务队",南通市饭店与餐饮业商会党支部"爱心年夜饭"等品牌活动,扩大商会的影响力,增强党组织的凝聚力和战斗力。

3.注重诚信品格,积极履行社会责任。把引导商会会员增强依法经营意识,建设诚信企业作为商会党组织的一项重要工作来抓。配合政府相关部门,通过开展"党员示范岗"、"党员经营户"等活动,引导广大会员特别是党员企业家争当诚信标兵、争做守法模范。推动商会党组织引导会员企业履行社会责任,投身慈善捐助等公益和光彩事业。指导商会党员开展"攻坚有我"行动,积极服务社区、服务社会、服务发展。

陆　毅
2022 年 1 月

附录

2021年南通市民营经济发展大事记

一月

1月6日,张謇企业家学院在市委党校正式揭牌。省委常委、统战部部长杨岳,市委书记、市人大常委会主任徐惠民为学院揭牌,全省民营企业家学习弘扬张謇精神高级研修班同日开班,省委统战部副部长、省工商联党组书记顾万峰主持活动,省工商联党组成员、副主席陈京,市领导黄巍东、庄中秋、沈雷、单晓鸣、封春晴、王晓斌参加活动。

1月7日,南通江天化学股份有限公司在深交所创业板上市,市委副书记、市长王晖,市政府秘书长陈俊参加活动。

1月8日,南通市工商联(总商会)十三届五次执委会议召开,副市长赵闻斌出席会议。

1月8日,常州市南通商会成立,月星集团总裁丁佐勇当选会长,市政府副市长赵闻斌出席会议。

1月24日,全国工商联办公厅印发《关于认定2019—2020年度全国"四好"商会的通报》,南通市家居行业商会等12家商会被认定为全国"四好"商会。

二月

2月5日,省委常委、统战部部长、张謇企业家学院建设发展协调小组组长杨岳主持召开张謇企业家学院建设专题会议,省委统战部常务副部长李国华,省委统战部副部长、省社会主义学院党组书记瞿超,市委副书记、市长王晖,市委常委、常务副市长单晓鸣参加会议。

2月8日,全国工商联、人力资源社会保障部、全国总工会在京召开全国就业与社会保障先进民营企业暨关爱员工实现双赢表彰大会。中天科技集团总裁薛驰成为江苏省唯一获得"全国关爱员工优秀民营企业家"称号的企业家。

2月25日,张謇企业家学院建设发展协调小组第一次会议在南京召开,省委常委、统战部部长杨岳,全国工商联党组成员、副主席李兆前,中央社会主义学院党组成员、教务长徐绍刚出席会议,副省长惠建林主持会议,市委副书记、市长王晖,市委常委、常务副市长单晓鸣作了汇报。

2月25日,中国建筑业协会公布《2020—2021年度第一批中国建设工程鲁班奖入选名单》,南通市建筑企业总承包工程再获5个鲁班奖,分别是南通四建承建的江苏省政务服务中心、苏中建设集团承建的伊泰华府世家住宅项目、江中建设集团承建的邳州市人民医院新区医院、中南建设集团承建的海门区人民医院新院、南通二建集团承建的新疆艺术中心,累计斩获115个鲁班奖。

三月

3月1日,市工商联、市地方金融监管局、人民银行南通中心支行、南通市银保监分局组织召开南通市"政商企"金融服务座谈会,联合制定《关于加强沟通联系共同服务保障民营经济发展的工作意见》,市政府副市长赵闻斌出席会议。

3月10日,副市长潘建华赴深圳市,考察调研深圳市投控集团怡亚通供应链,通商总会执行会长、深圳市南通商会会长袁亚康陪同考察。

3月11日,江苏恒辉安防股份有限公司在深圳证券交易所创业板上市,副市长潘建华参加仪式。

3月16日,南通市规模以上工业企业张謇企业家学院培训班首个班次——高技术船舶和海洋工程产业链班开班,市政协主席黄巍东参加开班式。

3月16日,省政协副主席阎立调研视察中天科技海缆股份有限公司、中天海洋系统有限公司。市委副书记、市长王晖、市政协主席黄巍东,副市长王晓斌,市政协党组成员羌强,市政协秘书长邵怀德参加调研。

3月24日,全国工商联在南通博物苑和张謇故居举行全国民营经济人士理想信念教育基地(南通)揭牌仪式。中央统战部副部长、全国工商联党组书记、常务副主席徐乐江,省委常委、统战部部长杨岳为基地揭牌,全国工商联党组成员、副主席李兆前主持仪式,省人大常委会副主任、省工商联主席许仲梓出席仪式,市委副书记、市长王晖致辞。中国民间商会副会长、红豆集团党委书记、董事局主席周海江,省委统战部副部长、省工商联党组书记顾万峰,中央统战部四局二级巡视员王云波,全国工商联宣教部部长王尚康,省工商联党组成员、副主席熊杰,市政协主席黄巍东,市人大常委会常务副主任、党组副书记庄中秋,市委常委、常务副市长、张謇企业家学院院长单晓鸣,市政府秘书长凌屹参加活动。

3月24日,南通星球石墨股份有限公司在上交所科创板挂牌上市。

3月24-26日,全国工商联年轻一代民营经济人士理想信念教育培训班在通举行,全国工商联宣教部部长王尚康、二级巡视员王凌燕,省工商联党组成员、副主席熊杰,市委常委、常务副市长、张謇企业家学院院长单晓鸣出席活动。

3月25-26日,第三届全国丝绸标准化技术委员会成立大会暨标准审定会上,鑫缘集团被评为"全国丝绸标准化工作先进集体"。

四月

4月7-9日,南通市规模以上工业企业培训班——高端家纺产业链班在张謇企业家学院举办,市人大常委会常务副主任、党组副书记、高端家纺产业链链长庄中秋出席开班仪式。

4月9日,三家"张謇杯"企业中天科技、通富微电、罗莱生活与创新区集中签约入驻紫琅湖科创中心投资建设研发中心,市委书记徐惠民,市委副书记、市长王晖,市委副书记、创新区党工委书记沈雷参加活动。

4月12日,2021粤港澳大湾区与南通区域合作论坛暨深圳市南通商会成立十周年活动在深圳市举行,市政协主席黄巍东,市委副书记、统战部部长沈雷参加活动。

4月17日,杭州南通商会成立大会暨2021长三角南通商会联盟论坛举行。浙江灵峰控股集团有限公司董事长花春祝当选首届会长,市委副书记、统战部部长沈雷出席会议。

4月19日,全市商会高质量发展推进会暨镇街商会工作现场会在海安召开,省工商联党组成员、副主席李晓林,市政府副市长赵闻斌出席会议。

4月26日,南通市外贸高质量发展培训班在张謇企业家学院开班,副市长潘建华出席开班仪式。

五月

5月6日,江苏联测机电科技股份有限公司在科创板上市,市委常委、常务副市长单晓鸣参加仪式。

5月10日,工业和信息化部中小企业局发布《关于建议支持的国家级专精特新"小巨人"企业和国家(或省级)中小企业公共服务示范平台名单(第一批第一年)的公示》。南通振康焊接机电有限公司、江苏汤臣汽车零部件有限公司、江苏思源赫兹互感器有限公司等三家企业入选。

5月11日,上海市工商联中心组(扩大)学习会走进南通市,上海市委统战部副部长、市工商联党组书记黄国平,南通市委副书记、市长王晖,市政协主席、党组书记黄巍东,省工商联党组成员、副主席陈京,市委常委、常务副市长单晓鸣、市政协副主席金元、市政府秘书长凌屹参加活动。

5月11日,贵州"强省会"行动推介暨"苏商入黔"集中签约活动在贵阳市举行,中南集团董事局主席陈锦石参加签约仪式,与贵阳贵安签署百亿工业基地项目。

5月13日,最高人民检察院检察长张军率调研组来通调研,召开在苏企业界全国人大代表座谈会,省检察院检察长刘华,省委统战部副部长、省工商联党组书记顾万峰,市委书记、市人大常委会主任徐惠民,市委副书记、市长王晖,市领导姜永华、姜东、葛玉琴,市检察院检察长恽爱民、市政府秘书长凌屹参加活动。

5月15日,由中天科技参与主办的2021年超级电容产业年会暨关键材料国产化推进研讨会在南通市召开。中国工程院院士杨裕生,广西壮族自治区政协副主席、工商联主席磨长英参会,副市长王晓斌出席大会。

5月18日,首期全省民营企业家产业工人队伍建设改革专题示范研究班在张謇企业家学院开班。省委统战部副部长、省工商联党组书记顾万峰,省产改办主任,省总工会党组书记、副主席朱劲松,省政协副秘书长、省工商联副主席周洁主持开班式,市政府常务副市长、张謇企业家学院院长单晓鸣致辞,市委常委、组织部部长封春晴,市人大常委会副主任、市总工会主席葛玉琴参加活动。

5月18日,2021中国南通国际高端纺织产业博览会开幕,中国纺织工业联合会党委书记兼秘书长高勇,东华大学党委书记刘承功,市委书记、市人大常委会主任徐惠民,市委副书记、市长王晖,市政协主席黄巍东,市人大常委会常务副主任、党组副书记庄中秋共同启动产业博览会。中国工程院院士蒋士成,中国工程院院士蹇锡高,中国工程院院士王琪,中国科学院院士朱美芳,中国纺织工业联合会副会长端小平,中国纺织工业联合会副会长、中国家用纺织品行业协会会长杨兆华,埃塞俄比亚驻沪总领馆总领事魏澜,汉中市委常委、副市长邱仕伟,江苏省纺织工业协会会长韩平,市领导沈雷、单晓鸣、姜东,市政府秘书长凌屹出席开幕式,副市长王晓斌主持大会。

5月18-19日,省政协副主席阎立带领省政协工商联界别委员参政议政小组来通调研,省委统战部副部长、省工商联党组书记顾万峰,市委副书记、市长王晖,市政协主席黄巍东,市委常委、常务副市长单晓鸣,市政协副主席顾国标,市政协秘书长邵怀德参加活动。

5月19日,广东省南通商会广州分会成立大会暨揭牌仪式举行,江苏省政府驻深圳(广州)办事处二级巡视员周建军,通商总会执行会长、广东省南通商会会长袁亚康出席仪式。

5月20日,市委书记徐惠民主持召开市委常委会会议,研究弘扬张謇企业家精神、推进张謇企业家学院建设发展等工作。

5月20日,海安市民营经济纠纷调解中心"多元化解纠纷护航民企发展"入选全国工商联法律服务创新案例。

5月21日,市人大常委会开展"南通企业家日"系列活动。市人大常委会常务副主任、党组副书记庄中秋,副市长王晓斌出席并讲话,市人大常委会副主任董正超、黄卫成、葛玉琴、陈俊,秘书长杨扬出席活动。

5月23日,市委、市政府召开全市民营经济发展大会暨第四届通商大会,省委常委、统战部部长杨岳,市委书记、市人大常委会主任徐惠民,省委统战部副部长、省工商联党组书记顾万峰,市委副书记、市长王晖,市委副书记、统战部部长沈雷参加会议。大会表彰了严圣军、顾志平2位"张謇杯"杰出企业家,石磊等11位"杰出通商"以及100家南通市优秀民营企业。会上,严圣军宣读《传承张謇企业家精神 争当新时代企业家楷模》倡议书,顾志平和首届杰出通商代表、深圳兆驰股份有限公司董事长顾伟发言,清华大学经济管理学院与张謇企业家学院签订合作框架协议。

5月23日,省委常委、统战部部长杨岳,省委统战部副部长、省工商联党组书记顾万峰来通,考察调研民营企业防范化解金融风险工作,市委副书记、市长王晖,市委副书记、统战部部长沈雷,市政府秘书长凌屹参加活动。

5月26日,2021年度长三角地区合作与发展联席会议举行长三角一体化发展合作事项签约活动,上海市、江苏省、浙江省、安徽省三省一市工商联和南通市政府签署协议,合作共建张謇企业家学院。上海市委常委、常务副市长陈寅,江苏省委常委、常务副省长樊金龙,浙江省委常委、常务副省长陈金彪,安徽省委常委、常务副省长邓向阳见签。上海市委统战部副部长、市工商联党组书记黄国平,江苏省委统战部副部长、省工商联党组书记顾万峰,浙江省委统战部副部长、省工商联党组书记陈浩,安徽省委统战部副部长、省工商联党组书记缪学刚,南通市委常委、常务副市长、张謇企业家学院院长单晓鸣签署协议。

5月24日,市委副书记、统战部部长沈雷调研青海省南通(江苏)商会,市政协副主席金元,市政协副主席、致公党市委会主委施学雷参加活动。

5月28日,市委书记徐惠民会见深圳市星源材质科技股份有限公司董事长陈秀峰,市领导姜东参加会见。

5月29—31日,第四届全国青年企业家峰会在江苏省举办。31日,青年企业家代表来通学习和弘扬张謇企业家精神。中国民间商会副会长、全国工商联青年企业家委员会主任、江苏沙钢集团董事长沈彬,全国工商联会员部部长张新武,全国工商联办公厅副主任沈丽霞,全国工商联宣教部副部长聂志军,全国工商联二级巡视员徐洁,省工商联党组成员、副主席陈京,市政府副市长赵闻斌,市政府副秘书长陈林出席相关活动。

5月31日,全国工商联商会党建工作调研座谈会在南通市温州商会召开,全国工商联办公厅副主任沈丽霞,省工商联党组成员、副主席陈京出席座谈会。全国工商联办公厅督查处处长刘海卓、副处长温莹参加座谈会,并赴海安市走访调研。

六月

6月3日,市人大副主任葛玉琴一行走访宁波市南通商会,看望在甬南通籍企业家。

6月8日,全市规模以上工业企业金属制品和金属新材料产业链培训班在张謇企业家学院开班,市委常委、政法委书记姜永华出席开班仪式。

6月10日,全市规模以上工业企业金属制品和金属新材料产业链培训班在张謇企业家学院结业,市委常委、宣传部部长陆卫东出席结业仪式。

6月17日,南通市徐州商会选举成立大会暨首届徐通经贸交流会举行,江苏鸿鹄电子科技有限公司董事长吴先锋当选为首届会长,市委副书记、统战部部长沈雷,徐州市委常委、统战部部长毕于瑞出席活动。

6月18日,全市集成电路、信息技术应用创新产业链培训班在张謇企业家学院结业,市委常委、崇川区委书记刘浩出席结业典礼。

6月21日,南通市药品业商会党支部入选全国工商联100家商会党建工作示范单位,江苏仅入选4家。

6月26日,泗阳县南通商会第一届会员大会暨成立大会举行,南通中杰建设工程有限公司董事长王燕琦当选首任会长。

6月29日,南通市工商联十三届十次常委会议召开,副市长赵闻斌出席会议,会议选举陆建新为南通市工商联主席、总商会会长。

附 录

6月30日,省民营经济人士共庆党的百年华诞理想信念报告会在南通市召开。省委统战部副部长、省工商联党组书记顾万峰,省工商联党组成员、副主席陈京,省工商联一级巡视员桂德祥出席会议,省工商联党组成员、副主席熊杰主持会议,市委副书记、市长王晖,市委副书记、统战部长沈雷,市委常委、常务副市长单晓鸣参加活动。

6月28日,全国"两优一先"表彰大会在京举行,授予南通四建集团有限公司党委"全国先进基层党组织"称号。

七月

7月13日,宿迁市、南通市工商联工作交流会举行,宿迁市政协副主席、工商联主席李瑞华,市领导王小红、姜东参加活动。

7月23日,南通新帝克单丝科技股份有限公司等14家企业成功入选工信部第三批专精特新"小巨人"企业名单。

7月30日,市委书记王晖调研市各民主党派、工商联,就新起点上推进多党合作和工商联事业新发展听取意见和建议。

八月

8月25日,南通市举办供应链金融线上专题培训会,市委常委、常务副市长单晓鸣参加活动。

8月26日,市政协工商联界"有事好商量"协商议事活动在江苏帝豪装饰集团股份有限公司召开,市政协副主席顾国标、市政协副秘书长刘才盛参加活动。

九月

9月8-9日,全国工商联民营企业社会责任课题组主任、中国民营企业社会责任报告执行副主编林彬来通调研。

9月9日,市政协组织工商联界别委员对"关于促进民营医疗机构健康发展的建议"提案办理情况开展"回头看"视察活动。市政协副主席陈宋义参加活动。

9月10日，长三角三省一市共建张謇企业家学院推进会在南通召开，会议由省工商联党组成员、副主席熊杰主持，市委常委、常务副市长、张謇企业家学院院长单晓鸣介绍学院发展情况。安徽省工商联党组成员、副主席施广勇、上海市工商联二级巡视员、宣传教育部部长陈琦，浙江省工商联宣传教育部部长朱迁进，市委常委、统战部部长王小红，副市长赵闻斌参加相关活动。

9月13日，省商会会长传承张謇企业家精神主题研学培训班在张謇企业家学院开班，省人大常委会副主任、省工商联主席许仲梓，工商联党组成员、副主席陈京，市委常委、常务副市长、张謇企业家学院院长单晓鸣出席活动。

9月16日，省民营企业家宣讲团启动仪式在宿迁市启幕，省委统战部副部长、省工商联党组书记顾万峰，省工商联党组成员、副主席熊杰出席仪式，中南控股集团有限公司董事局主席陈锦石，南通国盛智能科技股份有限公司董事长、总经理潘卫国，江苏安惠生物科技有限公司党委书记、董事长陈惠，成为首批宣讲团成员。

9月17日，南通市工商联中小微企业委员会成立大会召开，南通先知投资有限公司董事长陈翔当选首届主任，省政协副秘书长、省工商联副主席周洁出席活动。

9月17日，中欧国际工商学院与张謇企业家学院达成合作，中欧国际工商学院院长汪泓与市委常委、常务副市长、张謇企业家学院院长单晓鸣签署了合作框架协议，市政协主席黄巍东出席活动。

9月23日，全国南通商会合作交流第九次会议在安徽省池州市召开，池州市人大常委会副主任、工商联主席王家莹，池州市人民政府副市长孙革新，市委常委、市委统战部部长王小红，市政协副主席顾国标出席会议。

9月23日，省工商联在南京市举办2021江苏民营企业百强发布会，分别发布"2021江苏民营企业200强""2021江苏民营企业制造业100强""2021江苏民营企业创新100强"。中南控股位列2021江苏民营企业200强榜单第二名。南通市共有32家企业入围江苏省民营企业200强榜单,4家企业入围江苏民营企业制造业100强榜单,5家企业入围江苏省民营企业创新100强榜单。

9月25日,全国工商联在长沙市发布2021中国民营企业500强榜单。会上,发布了2021中国民营企业500强、制造业500强、服务业100强榜单,南通市入围中国民营企业500强企业14家。

9月29日,南通市美容美发业商会召开第五届会员大会,南通紫函美容会所总经理王万民当选新一届会长。

十月

10月11日,2021粤港澳大湾区民营企业科技创新峰会暨民营企业科技成果对接会在广州市举行。全国工商联发布"2021民营企业研发投入500家""2021民营企业发明专利500家"榜单。南通中天科技集团有限公司、中南控股集团有限公司等7家企业入围研发投入500家榜单,中天科技集团、通富微电子股份有限公司等11家企业入围发明专利500家榜单。

10月13日,市政协工商联界"有事好商量"协商议事活动在南通诺德瑞海洋工程研究院召开,市政协副主席顾国标参加活动。

10月14日,市公安局、市工商联举行驻商会警务服务站集中授牌仪式,省工商联副主席李晓林,市政府副市长、公安局长高山参加仪式。

10月14日,"跨江融合,共筑未来"沪上企业家共探沿海高质量发展之路合作恳谈会在通举办。省政府驻上海办事处党组书记、主任黄运海,市委副书记、代市长吴新明,副市长潘建华参加相关活动。

10月20日,全市化工新材料产业链培训班正式开班,市委常委、政法委书记,市政府副市长王晓斌出席开班仪式。

10月21日,长三角南通商会联盟企业家培训班(第一期)在张謇企业家学院开班,市委书记王晖出席开班仪式并讲话,市政协党组副书记、张謇企业家学院院长单晓鸣主持,市委常委、市委秘书长王洪涛参加活动。

10月20日,西藏自治区党委统战部副部长、工商联党组书记王念东来海安市开展全国"五好"县级工商联建设检查调研,省工商联党组成员、副主席陈京参加调研。

10月23日,南通市工商联(总商会)十三届十四次主席(会长)会议在启东市召开。市委常委、统战部部长王小红参加会议。

10月27日,南通市青年民营企业家商会三届一次会员代表大会召开,江苏综艺股份有限公司总经理杨朦当选会长。

10月28日,2021年江苏省省长质量奖获奖名单公布,江苏联发纺织股份有限公司、南通江海电容器股份有限公司获省长质量奖,中国天楹股份有限公司、南通中远海运川崎船舶工程有限公司获省长质量奖提名奖。省长质量奖、省长质量奖提名获奖数均位居全省第一,获奖总数全省第一。

十一月

11月3日,2020年度国家科学技术奖励大会在北京人民大会堂举行,通富微电作为主要完成单位、总裁石磊作为主要完成人的"高密度高可靠电子封装关键技术及成套工艺"项目,获得国家科技进步一等奖。

11月4日,市委书记王晖赴如东县,实地察看桐昆聚酯一体化项目建设现场,了解项目推进情况,市领导王洪涛参加活动。

11月4日,市委副书记、代市长吴新明赴南通国际家纺产业园区,调研家纺产业发展情况,市政府副市长潘建华、秘书长凌屹参加活动。

11月15日,南通大地电气股份有限公司在北交所上市,市委副书记、代市长吴新明,市委常委、常务副市长陆卫东,市政府秘书长凌屹参加活动。

11月18日,长三角三省一市企业联合会共同发布2021长三角百强企业排行榜,中南控股集团有限公司、南通三建控股有限公司、江苏南通二建集团有限公司、南通四建集团有限公司、中天科技集团有限公司、江苏省苏中建设集团股份有限公司等南通6家企业入围"百强榜"。

11月20日,海口市江苏南通商会成立,张建星当选海口市江苏南通商会会长。

11月24日，江苏海力风电设备科技股份有限公司在深交所创业板上市，市政府副市长潘建华参加活动。

11月24日，工信部公示2021年工业互联网平台创新领航应用案例入围名单，江苏中天互联科技有限公司、罗莱生活科技股份有限公司入围。

11月28日，厦门市南通商会召开会员大会，厦门市巨龙信息科技有限公司执行总裁陈墨当选为商会会长，市委常委、统战部部长王小红出席会议。

十二月

12月6日，由中央社会主义学院、中华职业教育社、国际儒学联合会、江苏省委统战部主办，中共南通市委、南通市人民政府承办的2021年"张謇论坛"在北京中央社会主义学院（中华文化学院）和江苏南通两地以线上线下连线形式举行。论坛的主题为"新时代企业家精神建设"。全国人大常委会副委员长、民建中央主席、中华职业教育社理事长、中央社会主义学院院长郝明金出席论坛开幕式并致辞。国务院原副总理、国际儒学联合会会长刘延东作书面致辞。中央社会主义学院党组书记、第一副院长吉林作论坛主旨演讲。全国工商联党组成员、副主席李兆前，省委副书记张义珍，市委副书记、代市长吴新明出席开幕式并致辞。中央社会主义学院党组副书记、副院长赵凡主持论坛开幕式。全国人大常委会原副委员长、中国关心下一代工作委员会主任顾秀莲，全国政协原副主席李金华，省政协副主席洪慧民，市委副书记、宣传部部长沈雷主持主旨演讲。全国人大常委会副委员长郝明金在北京会场为张謇企业家学院授牌"中华职业教育社代表人士培训基地"，市领导黄巍东、王小红、陆卫东、王洪涛、姜永华、陈冬梅、单晓鸣、马啸平，市政府秘书长凌屹参加活动。

12月8日，第五批全省民营企业文化建设示范单位核查组来通检查指导中南控股集团、南通四建集团、中天科技集团民营企业文化建设工作情况，省工商联党组成员、副主席熊杰参加检查调研。

12月8日，江苏泽宇智能电力股份有限公司在深交所创业板上市，市委副书记、代市长吴新明出席"云敲钟"仪式。

12月9日,省民营企业进高校"三个一"活动走进南通大学,省委统战部副部长、省工商联党组书记顾万峰,市委常委、统战部部长王小红出席活动,省工商联党组成员、副主席熊杰主持分享会。

12月16日,南通企业文化研究会主办的第三届通商文化创新发展峰会召开。

12月16日,市委常委、统战部部长王小红赴深圳市南通商会及县级商会考察。

12月17日,第二届江苏质量大会在南京召开,南通市2家企业荣获省长质量奖,2家企业荣获省长质量奖提名奖,获奖数均居全省第一,8家企业获第二批"江苏精品"认证。

12月18日,崇川区工商业联合会(总商会)第二次代表大会召开,张东华当选为崇川区工商业联合会(总商会)第二届执委会主席(会长)。

12月19日,北京通商文化促进会第一次会员大会在京召开,中南集团董事局主席陈锦石担任第一届会长,市委常委、秘书长王洪涛讲话,北京市民政局局长李万钧、省政府驻北京办事处主任葛恒雷出席会议。

12月21日,启东市工商业联合会(总商会)第十三次代表大会召开,袁圣菊当选第十三届工商联(总商会)主席(会长)。

12月21日,全国工商联发布《中国民营企业社会责任优秀案例(2021)》,江苏中天科技和南通四建集团成功入选。

12月22日,全省民营企业文化建设推进会召开,中南控股集团有限公司、南通四建集团有限公司、中天科技集团有限公司3家民营企业被认定为全省企业文化建设示范单位。

12月23日,南通市新材料产业商会成立大会召开,江苏正威新材料股份有限公司总经理顾柔坚当选首届会长,市政府副市长赵闻斌参加活动。

12月24日,如皋市工商业联合会(总商会)第十二次会员代表大会召开,杜永红当选如皋市工商联(总商会)第十二届执委会主席、市总商会会长。

12月26日,如东县工商联第十二次会员代表大会召开,王毅敏当选为新一届如东县工商联(总商会)主席(会长)。

12月26日,海安市工商联(总商会)第十二次代表大会召开,赵剑波当选为新一届海安市工商联(总商会)主席(会长)。

12月28日,省企业联合会印发《关于授予"2020—2021年度江苏省优秀企业家""2021年江苏省先锋企业"荣誉称号的决定》,中天科技集团、中南控股集团、东成电动工具、神通阀门、新华建筑、寰宇东方等6家企业荣获"江苏省先锋企业"称号;通富微电总裁石磊、南通安装集团董事长丁建华、东成电动工具董事长顾志平、濠汉信息总经理李学钧、中天科技光纤有限公司总经理曹珊珊5位企业负责人荣获"江苏省优秀企业家"称号。

12月30日,通州区工商业联合会(总商会)第十二次会员代表大会召开,张斌辉当选为通州区工商业联合会第十二届执委会主席(会长)。

2021年南通市入围中国民营企业500强名录

序号	排名	企业名称	营业收入(万元)	所在地
1	10	中南控股集团有限公司	33 009 152	海门区
2	36	南通三建控股有限公司	16 777 160	海门区
3	96	江苏南通二建集团有限公司	8 602 674	启东市
4	113	南通四建集团有限公司	7 820 558	通州区
5	123	中天科技集团有限公司	7 183 181	如东县
6	142	江苏省苏中建设集团股份有限公司	6 402 683	海安市
7	193	龙信建设集团有限公司	5 014 875	海门区
8	199	江苏南通六建建设集团有限公司	4 918 672	如皋市
9	212	通州建总集团有限公司	4 686 350	通州区
10	353	南通化工轻工股份有限公司	3 041 959	崇川区
11	376	江苏江中集团有限公司	2 868 769	如皋市
12	453	中如建工集团有限公司	2 500 848	如皋市
13	486	南通建工集团股份有限公司	2 398 960	崇川区
14	489	南通五建控股集团有限公司	2 388 543	如东县

2021年南通市入围中国制造业民营企业500强名录

序号	排名	企业名称	营业收入(万元)	所在地
1	63	中天科技集团有限公司	7 183 181	如东县
2	455	江苏文凤化纤集团有限公司	1 125 573	海安市
3	476	通富微电子股份有限公司	1 076 870	崇川区
4	495	鑫缘茧丝绸集团股份有限公司	1 023 606	海安市

2021年南通市入围中国服务业民营企业100强名录

序号	排名	企业名称	营业收入(万元)	所在地
1	6	中南控股集团有限公司	33 009 152	海门区

2021 年南通市入围中国民营企业发明专利 500 家名录

序号	企业名称	排名	行业
1	中天科技集团有限公司	43	电气机械和器材制造业
2	通富微电子股份有限公司	109	计算机、通信和其他电子设备制造业
3	江苏神马电力股份有限公司	272	电气机械和器材制造业
4	南通通达矽钢冲压科技有限公司	293	电气机械和器材制造业
5	江苏金太阳纺织科技股份有限公司	353	纺织业
6	中南控股集团有限公司	355	房地产业
7	雅本化学有限公司	364	化学原料和化学制品制造业
8	通州建总集团有限公司	370	房屋建筑业
9	南通三建控股有限公司	387	房屋建筑业
10	江苏神通阀门股份有限公司	465	通用设备制造业
11	江苏南通二建集团有限公司	490	房屋建筑业

2021 年南通市入围中国民营企业研发投入 500 家名录

序号	企业名称	排名	行业
1	中天科技集团有限公司	57	电气机械和器材制造业
2	中南控股集团有限公司	102	房地产业
3	通富微电子股份有限公司	159	计算机、通信和其他电子设备制造业
4	通州建总集团有限公司	336	房屋建筑业
5	江苏文凤化纤集团有限公司	358	化学纤维制造业
6	南通四建集团有限公司	425	房屋建筑业
7	鑫缘茧丝绸集团股份有限公司	480	纺织业

2021年南通市入围江苏省民营企业200强名录

序号	企业名称	营业收入(万元)	排名
1	中南控股集团有限公司	33 009 152	2
2	南通三建控股有限公司	16 777 160	6
3	江苏南通二建集团有限公司	8 602 674	15
4	南通四建集团有限公司	7 820 558	18
5	中天科技集团有限公司	7 183 181	20
6	江苏省苏中建设集团股份有限公司	6 402 683	21
7	龙信建设集团有限公司	5 014 875	25
8	江苏南通六建建设集团有限公司	4 918 672	27
9	通州建总集团有限公司	4 686 350	28
10	南通化工轻工股份有限公司	3 041 959	53
11	江苏江中集团有限公司	2 868 769	57
12	中如建工集团有限公司	2 500 848	73
13	南通建工集团股份有限公司	2 398 960	86
14	南通五建控股集团有限公司	2 388 543	87
15	华新建工集团有限公司	2 280 666	95
16	中国天楹股份有限公司	2 186 749	96
17	启东建筑集团有限公司	2 003 114	99
18	南通新华建筑集团有限公司	1 918 263	101

序号	企业名称	营业收入（万元）	排名
19	江苏文峰集团有限公司	1 731 380	103
20	江苏文凤化纤集团有限公司	1 125 573	128
21	南通市达欣工程股份有限公司	1 100 258	132
22	通富微电子股份有限公司	1 076 870	135
23	江苏通州二建建设工程集团有限公司	1 063 429	137
24	鑫缘茧丝绸集团股份有限公司	1 023 606	140
25	江苏信拓建设(集团)股份有限公司	990 153	143
26	江苏新龙兴建设集团有限公司	989 993	144
27	江苏通州四建集团有限公司	921 509	151
28	江苏顺通建设集团有限公司	793 745	164
29	江苏启安建设集团有限公司	704 649	175
30	南通华强布业有限公司	693 529	178
31	梦百合家居科技股份有限公司	653 013	184
32	南通华荣建设集团有限公司	595 140	196

2021年南通市入围江苏省民营企业制造业100强名录

序号	企业名称	营业收入(万元)	排名
1	中天科技集团有限公司	7 183 181	13
2	江苏文凤化纤集团有限公司	1 125 573	82
3	通富微电子股份有限公司	1 076 870	85
4	鑫缘茧丝绸集团股份有限公司	1 023 606	89

2021年南通市入围江苏省民营企业创新100强名录

序号	企业名称	技术领域	排名
1	江苏中天科技股份有限公司	电子信息	2
2	通富微电子股份有限公司	电子信息	13
3	江苏林洋能源股份有限公司	先进制造与自动化	44
4	江苏铁锚玻璃股份有限公司	新材料	58
5	江苏天楹环保能源成套设备有限公司	资源与环境	94

2021年南通市获得江苏省省长质量奖名录

江苏联发纺织股份有限公司

南通江海电容器股份有限公司

2021年南通市获得江苏省省长质量奖提名奖名录

中国天楹股份有限公司

南通中远海运川崎船舶工程有限公司

2021年南通市市长质量奖获奖名录

江苏铁锚玻璃股份有限公司

南通万达锅炉有限公司

江苏林洋能源股份有限公司

江苏泰慕士针纺科技股份有限公司

江苏鹏飞集团股份有限公司

2021 年南通市市长质量奖提名奖获奖名录

江苏金太阳纺织科技股份有限公司
江苏爱朋医疗科技股份有限公司
南通中远重工有限公司

2021 年南通市市长质量奖个人类奖项获奖名录

精华制药集团股份有限公司总经理　　周云中

2021 年南通市市长质量奖个人类奖项提名奖获奖名录

启东建筑集团有限公司董事长　　陈向阳
江苏恒辉安防股份有限公司董事长　　王咸华

2021年"张謇杯"杰出企业家名录

严圣军　中国天楹股份有限公司董事长
顾志平　江苏东成电动工具有限公司董事长、总经理

2021年杰出通商名录

石　磊　通富微电子股份有限公司总裁
冯树君　广州丰纪源实业集团有限公司董事长
庆　九　南通醋酸化工股份有限公司党委书记、董事长
许世俊　江苏海力风电设备科技有限公司董事长
吴建新　江苏神通阀门股份有限公司总裁
张　强　通光集团有限公司 党委书记
耿裕华　南通四建集团有限公司名誉董事长、达海控股董事长
倪张根　梦百合家居科技股份有限公司董事长、总裁
崔建华　福然德股份有限公司董事长
潘卫国　南通国盛智能科技集团股份有限公司董事长、总经理
薛庆龙　江苏联发纺织股份有限公司 党委书记、董事长

2021年南通市优秀民营企业名录

江苏海迅实业集团股份有限公司
江苏鹰球集团有限公司
江苏华艺服饰有限公司
江苏亚威变压器有限公司
南通市康桥油脂有限公司
海安市申菱电器制造有限公司
东部家具材料市场海安有限公司
南通中力科技有限公司
海安海太铸造有限公司
南通华强布业有限公司
江苏普泽医药有限公司
南通江中光电有限公司
江苏兴华胶带股份有限公司
南通星球石墨股份有限公司
江苏天南电力股份有限公司
南通斯密特森光电科技有限公司
江苏永大化工机械有限公司
南通海泰科特精密材料有限公司
江苏万达特种轴承有限公司
南通三荣实业有限公司
南通华东油压科技有限公司
江苏华医大健康服务股份有限公司
南通柏源汽车零部件有限公司
江苏嘉好热熔胶股份有限公司

凯晖科技股份有限公司
南通玉兔集团有限公司
江苏恒辉安防股份有限公司
南通雅本化学有限公司
江苏爱朋医疗科技股份有限公司
汇鸿(南通)安全用品有限公司
南通强生轻工集团有限公司
江苏世纪燎原针织有限公司
江苏盛纳凯尔医用科技有限公司
江苏湘园化工有限公司
如东县丰利机械厂有限公司
南通科顺建筑新材料有限公司
南通常佑药业科技有限公司
南通巴大饲料有限公司
海正药业南通有限公司
南通金陵农化有限公司
启东盖天力药业有限公司
启东乾朔电子有限公司
南通三信塑胶装备科技股份有限公司
江苏捷捷微电子股份有限公司
启东东岳药业有限公司
江苏康耐特光学有限公司
南通润邦海洋工程装备有限公司
江苏联测机电科技股份有限公司
南通市久正人体工学股份有限公司
江苏和和新材料股份有限公司
广汇能源综合物流发展有限责任公司
启东市旭能电子科技有限公司
江苏业勤服饰有限公司

钰泰半导体南通有限公司
南通航海机械集团有限公司
绿洲物流股份有限公司
南通吉华物流有限公司
南通闹海信息科技有限公司
江苏国芯科技有限公司
江苏易实精密科技股份有限公司
南通康尔乐复合材料有限公司
江苏九一网络科技有限公司
南通先知投资有限公司
南通新华建筑集团有限公司
江苏亚伦集团股份有限公司
雄邦压铸(南通)有限公司
南通格莱德纺织用品有限公司
南通江华机械有限公司
南通华新环保科技股份有限公司
江苏宏德特种部件股份有限公司
南通市江海公路工程有限公司
江苏格雷特起重机械有限公司
南通山口精工机电有限公司
海门海螺水泥有限责任公司
江苏晨牌药业集团股份有限公司
金轮蓝海股份有限公司
江苏万高药业股份有限公司
江苏大艺机电工具有限公司
江苏雄风科技有限公司
海门市沪海有色铸造有限公司
南通海腾铜业有限公司
江苏铁锚工具股份有限公司

海门艾郎风电科技发展有限公司
南通夏克体育用品有限公司
澳斯康生物制药(南通)有限公司
江苏美罗家用纺织品有限公司
南通海珥玛科技股份有限公司
南通瑞升运动休闲用品有限公司
江苏力德尔电子信息技术有限公司
南通三圣石墨设备科技股份有限公司
江苏润邦重工股份有限公司
南通天盛新能源股份有限公司
江苏天舒电器有限公司
江苏恒太照明股份有限公司
南通永盛汇维仕纤维新材料有限公司
南通励成生物工程有限公司
南通奥凯生物技术开发有限公司
南通东力新能源科技有限公司
江苏萌达新材料科技有限公司
江苏帝奥微电子股份有限公司

图书在版编目(CIP)数据

南通民营经济发展报告.2021—2022/陆建新主编.--北京:中华工商联合出版社,2022.8
ISBN 978-7-5158-3519-8

Ⅰ.①南… Ⅱ.①陆… Ⅲ.①民营经济—经济发展—研究报告—南通—2021—2022 Ⅳ.①F121.23

中国版本图书馆 CIP 数据核字(2022)第 130992 号

南通民营经济发展报告(2021—2022)

主　　编:	陆建新
出 品 人:	李　梁
责任编辑:	李红霞
封面设计:	刘　兵
责任审读:	付德华
责任印制:	迈致红
出版发行:	中华工商联合出版社有限责任公司
印　　刷:	南通今典印刷科技有限公司
版　　次:	2022 年 8 月第 1 版
印　　次:	2022 年 8 月第 1 次印刷
开　　本:	710mm×1000mm　1/16
字　　数:	310 千字
印　　张:	19.75
书　　号:	ISBN 978-7-5158-3519-8
定　　价:	79.00 元

服务热线:010-58301130-0(前台)
销售热线:010-58302977(网店部)
　　　　　010-58302166(门店部)
　　　　　010-58302837(馆配部、新媒体部)
　　　　　010-58302813(团购部)
地址邮编:北京市西城区西环广场 A 座
　　　　　19-20 层,100044
http://www.chgslcbs.cn
投稿热线:010-58302907(总编室)
投稿邮箱:1621239583@qq.com

工商联版图书
版权所有　侵权必究

凡本社图书出现印装质量问题,请与印务部联系。
联系电话:010-58302915